社会学视角下的反酷刑问题

Analysis of Anti-torture Issues from the Perspective of Sociology

陈瑞华 编

图书在版编目(CIP)数据

社会学视角下的反酷刑问题/陈瑞华编. —北京:北京大学出版社,2012.10
(刑事法律论丛)
ISBN 978-7-301-21351-3

Ⅰ.①社⋯　Ⅱ.①陈⋯　Ⅲ.①刑罚-研究　Ⅳ.①D914.04

中国版本图书馆 CIP 数据核字(2012)第 236547 号

书　　　名:	社会学视角下的反酷刑问题
著作责任者:	陈瑞华　编
责 任 编 辑:	郭薇薇
标 准 书 号:	ISBN 978-7-301-21351-3/D·3189
出 版 发 行:	北京大学出版社
地　　　址:	北京市海淀区成府路 205 号　100871
网　　　址:	http://www.pup.cn
电　　　话:	邮购部 62752015　发行部 62750672　编辑部 62752027
	出版部 62754962
电 子 信 箱:	law@pup.pku.edu.cn
印 　刷 　者:	北京世知印务有限公司
经 　销 　者:	新华书店
	965 毫米×1300 毫米　16 开本　16.25 印张　252 千字
	2012 年 10 月第 1 版　2012 年 10 月第 1 次印刷
定　　　价:	32.00 元

未经许可,不得以任何方式复制或抄袭本书之部分或全部内容。
版权所有,侵权必究
举报电话:010-62752024　电子信箱:fd@pup.pku.edu.cn

走出刑讯逼供的阴影(代序言)

陈瑞华[*]

刑讯逼供是一个严重困扰我国刑事司法制度的问题。围绕着严禁刑讯逼供(又称为"反酷刑")问题,我国立法机关进行了持续不断的立法努力。早在1979年,我国立法机关就曾围绕着被告人供述和辩解的审查判断问题,确立了一些基础性规则。例如,在证明力方面,法律强调对一切案件的判处都要"重证据,重调查研究,不轻信口供",也就是不夸大口供的证明作用,要求"只有被告人的供述,没有其他证据的,不能认定被告人有罪和处以刑罚;没有被告人供述,证据确实、充分的,可以认定被告人有罪和处以刑罚"。又如,在证据能力方面,刑事诉讼法则要求侦查人员"依照法定程序"收集包括被告人口供在内的各类证据,"严禁刑讯逼供和以威胁、引诱、欺骗以及其他非法的方法收集证据"。

刑事诉讼法对被告人供述和辩解所作的上述原则性规定,在实施过程中出现了很多问题。在被告人供述和辩解的审查判断问题上,有越来越多的问题需要得到立法的规范和解决。假如将被告人供述和辩解分为有罪供述和无罪辩解两个部分的话,那么,控辩双方对于被告人

---

[*] 陈瑞华,法学博士,北京大学法学院教授。

的辩解的合法性很少发生争议,却会对被告人供述的证据能力提出质疑。又假如将被告人的有罪供述分为庭前供述和当庭供述的话,那么,被告人庭前供述的合法性却经常会受到被告方的挑战。至于辩护律师,在法庭上以被告人"受到刑讯逼供"为由,要求法庭审查被告人供述笔录的合法性,甚至申请将这种笔录排除于法庭之外,这几乎成为一种程序上的常态。与此同时,被告人供述和辩解在证明力上也经常会面临争议。尤其在被告人庭前作出不一致的供述或者当庭翻供的情况下,法庭经常会面临对其真实性判断上的难题。究竟是采纳被告人的供述还是无罪辩解,究竟是采纳被告人庭前供述还是当庭陈述,这几乎成为困扰每一个初审法院的制度难题。不仅如此,在被告人作出有罪供述的情况下,法庭即便对其证据能力和证明力都不持异议,也会面临一个司法证明方面的难题:在被告人作出有罪供述,特别是供述了几乎全部犯罪构成要件事实的情况下,法律没有确立认定被告人有罪的具体标准,结果造成司法裁判的混乱和无序。

2010年由最高人民法院会同其他四个部门颁布实施的两个证据规定,初步确立了我国的刑事证据规则。① 作为具有司法解释效力的规范性文件,这两个证据规定对被告人供述和辩解的证据能力作出了具体规范,确立了非法证据排除规则,其中针对"采用刑讯逼供等非法方法收集"的被告人供述和辩解,确立了"强制性排除规则"。而对于那些在取证程序上存在不规范情况的"瑕疵证据",两个证据规定则确立了"可补正的排除规则"。② 为对被告人翻供的情况进行有效的规范,两个证据规定还确立了口供印证规则,从而为法院在被告人供述和辩解之间进行选择,确立了可操作的法律标准。两个证据规定还确立了口供补强规则,对于法院依被告人有罪供述来认定有罪的标准作出了明确规范。

继两个证据规定之后,2012年通过的《刑事诉讼法》在规范被告人供述和辩解的证据能力方面,又确立了一些新的证据规则。该法重申了两个证

---

① 2010年6月,最高法院、最高检察院、公安部、国家安全部、司法部联合发布了《关于办理刑事案件排除非法证据若干问题的规定》和《关于办理死刑案件审查判断证据若干问题的规定》。对这两部司法解释,本文分别简称为《办理死刑案件证据规定》和《非法证据排除规定》,或者一并简称为"两个证据规定"。

② 有关两个证据规定所确立的非法证据排除规则的分析,可参见陈瑞华:《非法证据排除规则的中国模式》,载《中国法学》2010年第6期。

据规定的非法证据排除规则,特别是以基本法律的名义确立了针对非法口供的"强制性排除规则"。与此同时,2012年《刑事诉讼法》还提出了一个非常重要的命题:"不得强迫任何人证实自己有罪。"这是我国立法机关首次将"禁止强迫自证其罪原则"确立在基本法律之中,无论是在理论上还是在法律规范层面都是值得高度关注的问题。

可以说,围绕着被告人供述和辩解的证据能力和证明力问题,我国法律近年来确立了一系列新的证据规则。概括起来,这些变化主要发生在以下三个方面:一是针对被告人供述笔录的证据能力作出了越来越严格的限制性规则;二是针对被告人供述和辩解的证明力问题,确立了一些带有"法定证据主义"色彩的证据规则;三是围绕着根据被告人有罪供述来认定有罪的证明标准问题,确立了具有可操作性的证据规则。

然而,徒法不足以自行。与《刑事诉讼法》在严禁刑讯逼供方面所做的持续不断的立法努力形成鲜明对比的是,我国司法实践中的反酷刑工作正面临着一系列严峻的挑战。在诸多案件的刑事侦查过程中,刑讯逼供的时常发生已经成为不争的事实。而对于这些发生过刑讯逼供的案件,检察机关很少通过法律监督途径加以制止和纠正。偶有侦查人员因刑讯逼供造成嫌疑人人身伤亡后果的,检察机关也会以刑讯逼供罪、故意伤害罪或者故意杀人罪提起公诉,但这类案件的数字可谓少之又少。至于那些被告人当庭推翻有罪供述、诉称侦查人员实施过刑讯逼供并提出排除非法证据要求的,法院在绝大多数情况下都拒绝加以审理,或者即便加以审理,也一般都草率地作出拒绝排除非法证据的决定。中国刑事法庭对于侦查行为的合法性所采取的拒绝加以司法审查的态度,甚至对于非常明显的刑讯逼供行为所持有的纵容方式,已经变得越来越普遍化了。

很显然,仅仅从立法对策的角度研究刑讯逼供问题,已经大大不合时宜了。我们需要一种多角度、多视野的研究。一般来说,某一种不公正制度或不正常现象的发生,总是有其复杂的成因。立法者所推行的种种立法方案,假如没有"对症下药"的话,那么,这种立法努力不仅不能取得成功,反而有时会"错过最佳治疗期",以至于陷入更为严重的困境。对于法学研究者来说,与其做一些劳而无功的对策研究,倒不如站在社会科学的立场上,踏踏实实地对刑讯逼供做一些实证研究,对这一不正常现象的形成机理作出多角度的解释和分析。假如我们对刑讯逼供的成因逐渐有了一些共识,假如我们对治理刑讯逼供的立法努力为何屡屡失败产生一些理性的认识,那么,我们也就逐步掌握了这一现象出现的基本规律,这离彻底治理刑讯逼供也就为时不远了。

有鉴于此,我在香港亚洲法律资源中心的支持和帮助下,主持进行了一个题为"反酷刑与司法改革"的实证研究项目。参与项目的人士除了专门从事刑事诉讼法学研究的学者以外,还有几位刑事法官、检察官和律师。为完成这一项目,我们进行了较为深入的调研,接触了大量相关案例,对刑事法官、检察官、辩护律师、警察进行了访谈,还就反酷刑问题举办了专题研讨会。值得指出的是,我们还遴选出一个案例,请大陆和香港的司法界人士分别举行了有关"排除非法证据"的观摩庭审。在这次庭审中,参与者对中国大陆的法官和律师注重法庭辩论的特点,与香港同行对警察的当庭盘问技巧产生了较为深刻的印象。

本书是这一实证研究项目的研究成果。编入本书的文章主要包括以下三类:一是从社会学的角度对刑讯逼供的发生原因进行理论解读,二是对刑讯逼供进行多视角的实证研究,三是针对我国近几年出台的法律法规讨论刑讯逼供的防治方案。

从社会学的角度研究刑讯逼供的发生原因,是本书的研究重点和特色之处,共有五篇文章与此相关。在《刑讯逼供缘何屡禁不止》一文中,谢川豫教授从经济学投资和收益的角度分析刑讯逼供发生的原因。她提出,警察动用刑讯逼供可以获得口供,能够破案并且破案将为办案人员带来一系列切身利益,刑讯逼供还能起到一定威慑犯罪的效果,收益颇丰;警察为刑讯逼供支付的直接物质成本很低,人力成本和心理成本未受重视,警察因动用刑讯逼供而不能破案或者被追究法律责任、承担经济赔偿,以及受到社会谴责的风险均较小。因此,刑讯逼供难以从根本上杜绝的原因与我国现行的法制体系和公安机关的行政运作模式有很大的关系,只有消除了刑讯逼供背后的"经济源动力",降低侦查办案人员从刑讯逼供中获得的利益,提高侦查办案人员刑讯逼供的成本和为此承担的风险,才能为遏制和禁止刑讯逼供提供根本的解决方案。

马忠红教授在《社会学视角下的刑讯逼供问题》一文中提出,从社会学视角研究刑讯逼供问题,应当从关注行为的"单个性"到"互动性"的研究,从关注其行为的"违法性"到"攻击性"的研究,从关注其行为的"规范"性因素到"价值"性因素研究,从关注侦查人员的"人权保障者"到"角色冲突"的研究,从关注刑讯逼供的"制度化控制"到"非制度化控制"研究。刑讯逼供的社会学研究可以解释为什么在美国、香港等国家和地区的刑讯逼供对策,却不一定适合我国:因为,我国侦查人员的"价值观"并不是短时间内能够改变的;我国侦查人员面临的压力和风险使侦查人员控制"攻击性"行为能力相对较弱;我国侦查人员面临着多种角色冲突;我国的"非制度化"控制因素有待进一步完善。

毛立新博士在《口供与刑讯》一文中使用社会学中的理性选择理论,分析了作为刑讯逼供实施者的办案机关为何偏爱口供,为何选择刑讯手段获取口供,并在此基础上提出了抑制刑讯逼供的基本思路。从办案机关的角度来说,其之所以偏爱口供,是因为口供具有有用性,在特定情况下口供具有不可替代性,而且口供使用本身非常经济。获取口供的方式有很多,办案机关选择使用刑讯的手段,也有若干原因,如刑讯具有威慑、突破、辅助、惩罚功能,在特定情况下刑讯具有不可替代性,且刑讯的时间、经济和风险成本都较低。基于以上分析,作者认为遏制刑讯应当注意,警方具有追求口供的天然倾向,对刑讯的遏制不能建立在对口供的否定之上;消除口供及刑讯的不可替代性,是立足长远的治本之策;提高刑讯逼供的成本,是当下最为现实和有效的途径。

吴丹红副教授在《力量博弈下的刑讯逼供》中,从力量博弈的角度分析了刑讯逼供在我国屡禁不止的原因。他提出,刑讯逼供存在的根本症结在于侦查权背后的利益博弈和权力配置的错位。刑讯逼供案件涉及多方主体,既有代表国家行政权力的公安机关,也有代表国家司法权力的检察机关、审判机关,既有个案中的犯罪受害人和犯罪嫌疑人,也有代表民意的群众和舆论力量,甚至还有掌控上述力量的政治权力。刑讯逼供的发生过程中,存在着多方的利益博弈以及多次博弈,相互博弈的双方或多方之间不仅存在着利益依存关系,而且也可以构成互相制约的关系。因此,由某一个部门主动对刑讯逼供的处理与遏制,或者作一些技术性的小修小补,永远是头痛医头、脚痛医脚,不能深入。要真正遏制刑讯逼供,就应当触动当下围绕讯问的权力配置状况,改变造成刑讯逼供的情境以控制角色扮演,重新组合刑讯逼供背后的力量博弈。这种情境的改变不能满足于建立一种新的技术或者措施,而是转换旧有的各种消极因素。

吴纪奎博士在《证据供需失衡与刑讯逼供》一文中,从证据供需的角度分析刑讯逼供发生的原因。通过梳理学界关于刑讯逼供成因的论述,他认为目前理论界只是揭示了刑讯逼供产生的促进因素,其尚未真正触及刑讯逼供的决定性因素——证据供需失衡。从本质上说,控方的高证明责任以及较短的证明时间所引发的证据高需求与证据的社会、法律、技术的低供给之间不可调和的矛盾,才是诱发刑讯逼供的根本原因。事实上,刑讯逼供只不过是常规证明方法无法奏效的情况下,侦查机关解决证明不能的一种本能反应而已。因此,破解刑讯逼供屡禁不止难题的治本之策在于改革刑罚制度并调整证据的供需关系。

本书中共有四篇文章从实证的角度研究刑讯逼供问题。《刑讯逼供的挫折—攻击理论》一文中,马忠红教授和张韩旭同学立足于刑讯逼供行为的攻击性特征,以社会学"挫折—攻击"理论,对刑讯逼供现象进行分析并提出可行性对策。作者利用学生假期参与公安实习的机会,针对各地刑侦部门开展实地调查,以发放调查问卷和抽样调查、结合访谈的方法掌握了各地侦查部门一线讯问工作的实际情况,对调查走访获取的反馈资料进行数据的定性和定量分析;在此基础上,运用实验和模型模拟方法验证攻击型转化程度,考察挫折因素以及攻击性行为的内在关联性。作者认为,刑警的挫折感对于其采取的攻击性侦查讯问行为有着直接、密切的关联性。作为刑事讯问主体的刑侦民警的挫折感不仅仅来源于职业行为和与犯罪嫌疑人的直接对抗,社会层面上对于刑警队伍的一些不良影响为其挫折感的产生提供了更深厚的社会土壤。遏制刑讯逼供,不能期待讯问人员单方面的加强自我约束和克制,而应当从外部入手,特别是设立一系列使侦查顺利开展的支援保障制度,消减负面压力,减轻讯问人员负担,把讯问程序纳入一个规范化的轨道。

吴丹红副教授在《非法证据排除规则的实证研究》一文中,对抑制刑讯逼供的非法证据排除规则进行了实证考察。通过普查式的数据分析、亲历式的现场描述、旁观式的个案展示,作者对中国三个地区法院处理刑讯逼供辩护案件的情况进行展示,提出我国非法证据排除规则在司法实践中的尴尬处境,既有立法技术方面的原因,也有司法制度和价值观念层面的原因。因此,在完善非法证据排除规则方面,不能仅限于证据规则层面的努力,而应该在更广阔的视野中推动相关配套制度的改革,包括价值观念、司法制度等方面的努力。

在《近年来我国刑讯逼供发生的变化及其成因》一文中,黄士元副教授提出目前我国刑讯逼供问题仍非常严重,但近几年已经大为减少,且刑讯强度已经有所降低。对这种变化的原因,作者认为包括以下五点:公安机关内部的严格要求、督导和惩罚,公安机关考核标准的变化;"禁酒令"的影响;检察机关监督力度的加大;公民权利意识(维权意识)增强,媒体的监督;警察对刑讯认识的变化,警察对工作、对生活看法的变化。这种现状对于抑制刑讯逼供的发生具有以下几点启示:一是重视法治教育,使警察、社会公众能深刻认识到"刑讯是野蛮的、不人道的","通过刑讯办案是无能的表现","破案很重要,但是不能靠刑讯破案";二是公安机关内部、检察机关要进一步加强对讯问行为的监督,进一步加强对刑讯行为的惩罚、起诉,法院应严格贯彻非法证据排除规则;三是增加警察人数,保证警察的正常休息,改革考核方式,注重警察的心理健康。

王进东律师在《检察机关自侦案件中的刑讯逼供问题》中,对检察机关自侦案件中刑讯逼供的典型案例进行分析,提出了刑讯逼供发生的以下原因:检察侦查权的监督缺位是检察机关刑讯逼供的制度性根源,有罪推定的思维是检察机关刑讯逼供的思想根源,对口供的过分依赖是检察机关刑讯逼供的动因,非法实物证据排除规则的缺失放纵了检察机关的刑讯逼供,单一粗暴的讯问方法是侦查人员选择刑讯逼供的黔驴之技。基于此,遏制检察机关在自侦案件中实施刑讯逼供,应采取以下对策:加强对检察侦查权的监督和制约,提高侦查人员的程序意识,建立非法证据排除制度,提高侦查人员自身的业务技能,优化讯问方法和技能。

最近几年,我国相继出台了两个证据规定和2012年《刑事诉讼法》,其中包含了防治刑讯逼供问题的立法方案,本书中的三篇文章从此角度展开论述,这同样是分析刑讯逼供问题的重要视角。在《被告人审前供述的证据能力》一文中,张颖副教授分析了两个证据规定和2012年《刑事诉讼法》确立的非法证据排除规则,认为被告人审前供述的排除范围狭窄。对于实践中存在的取证主体不合法所获取之供述,威胁、引诱、欺骗所获取之供述,重复自白,违反录音录像义务所获取之供述,侵犯律师帮助权所获取之供述,对其证据能力问题应当有必要的规范,并根据具体情况适用强制性的排除、自由裁量的排除、可补正的排除规则。同时还应该看到在目前实施的背景条件和配套措施先天不足的情况下,如口供中心主义依然盛行,讯问时间、地点容易失控,供述自愿性的保障规则难以实现,未确立沉默权制度,犯罪嫌疑人不能进行角色的选择等,证据能力规则的实施将面临一系列的困境。

褚福民博士在《防治刑讯逼供立法方案的功效与限度》一文中,对2012年刑事诉讼法草案中防治刑讯逼供的立法方案进行了分析。概括而言,该法确立了一项基本原则(不得强迫任何人证实自己有罪原则)、三项预防措施(拘留、逮捕后立即移送看守所,限定讯问地点,录音录像)、一项排除规则(非法证据排除规则)。上述措施对于抑制刑讯逼供的发生具有积极功效:限制讯问场所,能够防止看守所外讯问中的刑讯逼供;对讯问过程进行录音录像,通过制度设计防治刑讯逼供;建立相对完整且具有可操作性的刑讯逼供所得口供的排除规则,通过剥夺违法所得的利益抑制刑讯逼供的发生。当然,立法方案对于防治刑讯逼供具有特定的限度:上述三项制度本身不完善将是立法方案解决刑讯逼供问题的首要障碍;三项立法方案初步形成了防治刑讯逼供的规则体系,但是该体系仅仅是初步规范,距离完整、严密的刑讯逼供防治规则体系还有很大的差距;即使立法方案能够得到系统完善,其在执行中可能遇到的制度障碍和体制羁绊也会限制其积极功效的发挥,综合考察立法方案在司法实践中的可操作性,是分析其解决刑讯逼供问题限度的重要角度。

高咏博士在《非法口供缘何难以排除》一文中提出,《非法证据排除规定》的实施和刑事诉讼法的修改为排除非法口供、遏制刑讯逼供带来了新的希望,但实践中,非法证据排除规则的实施依旧困难重重。究其原因,有以下五点:一是程序启动的艰难。体现在两个方面:法律关于被告人提供相关线索或证据的规定不够详尽和准确,难以操作,客观上使得法庭是否启动调查程序的自由裁量权过大;法官对法律的理解与接受程度也是一个不可忽视的因素。二是证据能力实质审查的缺失。法庭对控方用以证明程序合法的证据不进行任何审查而直接确认其具有证据能力,这个问题突出体现在侦查机关的书面说明材料、侦查讯问录音录像资料和侦查讯问笔录这三种证据上。三是证明责任分配机制的虚置。按照证明责任分配的原理,检控方应对侦讯合法性承担证明责任,其证据不能说服法官的,就应认为没有履行证明责任,受到质疑的证据就是非法证据。但在司法实践中,法庭排除非法证据的个案极其少见,法官在综合衡量各种利害得失后,一般还是会将争议证据作为定案的依据。四是无罪判决的困难。在审判实践中,法院排除非法证据的个案绝对是凤毛麟角,特别是对于以非法手段收集的影响定罪结果的证据,即便法官"深信"该证据系侦查人员违反取得,也不会作出该证据属非法证据并予以排除的裁判。五是救济机制的匮乏。在一审的排除证据申请失败后,如果被告人在上诉程序中继续提出排除非法证据问题,二审法院最常见的态度是坚决与一审保持一致,依旧对排除非法证据的辩护主张置之不理,不积极审查证据的合法性,也不会对辩方的申请作出明确的回复。

在本课题的研究过程中,香港法律资源中心给予大力支持和帮助,该中心的主任黄启成先生更是亲自参与研讨会并帮助筹办大陆和香港两地的观摩庭审,为这个项目的最终完成作出了富有成效的贡献。本项目的全体参与者为这项研究的展开投入了不少精力,写出了高质量的学术论文。我们再次对他们表达诚挚的谢意。北京大学出版社为本书的出版提供了便利,特别是该社法律事业部的邹记东先生和白丽丽、郭薇薇女士,更是为本书的出版做了很多工作。在此也向他们表示感谢。

当然,对于反酷刑问题的实证研究,本研究项目的完成仅仅是一个开始。我们期待着更多的学者投入到这一课题的研究之中,也期待着更多的学术成果面世。

2012 年 6 月 9 日

目录

刑讯逼供缘何屡禁不止
　　——以经济学为视角的分析　谢川豫 / 1
　一、刑讯逼供的"收益"分析 / 2
　二、刑讯逼供的"成本"分析 / 4
　三、刑讯逼供的"风险"分析 / 10
　四、启示 / 13

社会学视角下的刑讯逼供问题　马忠红 / 15
　一、刑讯逼供研究中社会学视角的引入 / 15
　二、从影响刑讯逼供的"规范"因素研究到"价值"
　　　因素研究 / 17
　三、从刑讯逼供的"违法性"研究到"攻击性"
　　　研究 / 19
　四、从刑讯逼供的"单个行为"研究到"互动行为"
　　　的关注 / 22

五、从侦查人员的"人权保障者"研究到"角色
　　　　冲突"的关注 / 24
　　六、从研究刑讯逼供的"制度化控制"到"非制度化
　　　　控制"研究 / 26

刑讯逼供的挫折—攻击理论　马忠红　张韩旭 / 29
　　一、依"挫折—攻击"理论,对刑讯逼供现象的
　　　　分析 / 30
　　二、刑事讯问过程中的挫折因素成因分析 / 34
　　三、刑讯逼供应对措施和对策机制 / 39
　　四、结语 / 45

口供与刑讯　毛立新 / 66
　　一、为什么偏爱口供? / 67
　　二、为什么选择刑讯? / 70
　　三、如何遏制刑讯逼供? / 76

非法证据排除规则的实证研究　吴丹红 / 80
　　一、材料分析:中国法院对待非法证据排除规则的
　　　　态度 / 81
　　二、问题展开:非法证据规则在中国的处境和
　　　　原因 / 84
　　三、路径选择:中国非法证据排除规则的未来 / 88
　　四、结语:不仅仅是证据规则的努力 / 92

力量博弈下的刑讯逼供　吴丹红 / 93
　　一、扑朔迷离的刑讯逼供 / 94
　　二、力量博弈的官方视角 / 100
　　三、力量博弈的民间视角 / 109
　　四、力量博弈下的困境及其出路 / 114

近年来我国刑讯逼供发生的变化及其
  成因 黄士元 / 120
    一、当前我国刑讯逼供的现状 / 120
    二、导致当前刑讯变化的因素 / 122
    三、对进一步抑制刑讯逼供的启示 / 136

检察机关自侦案件中的刑讯逼供问题 王进东 / 140
    一、检察机关实施刑讯逼供的现状 / 140
    二、检察机关在自侦案件中实施刑讯逼供的原因
       探析 / 142
    三、遏制检察机关在自侦案件中实施刑讯逼供的
       对策探析 / 156

证据供需失衡与刑讯逼供 吴纪奎 / 163
    引论 / 163
    一、证据的高需求 / 168
    二、证据的低供给 / 178
    三、结语:敢问路在何方? / 186

被告人审前供述的证据能力 张 颖 / 188
    一、创新:证据能力规则的突破 / 189
    二、局限:审前供述证据能力存在的若干问题 / 192
    三、后果:违法所得审前供述的排除 / 201
    四、反思:证据能力规则运行的困境 / 203

防治刑讯逼供立法方案的功效与限度 褚福民 / 208
    一、防治刑讯逼供的立法方案 / 209
    二、立法方案对于解决刑讯逼供问题的功效 / 212
    三、立法方案解决刑讯逼供问题的限度 / 219
    四、结语 / 225

非法口供缘何难以排除
——非法证据排除规则实施的困境分析　高　咏 / 226
一、问题的提出 / 226

二、艰难的程序启动 / 228

三、缺失的证据能力审查规则 / 231

四、虚置的证明机制 / 234

五、罕见的无罪判决 / 239

六、无力的二审救济 / 242

刑讯逼供缘何屡禁不止
——以经济学为视角的分析

谢川豫*

在我国刑事诉讼领域,刑讯逼供及其治理是一个老生常谈的问题,学界关于刑讯逼供的原因、危害、治理对策的研究不计其数,公、检、法联合或单独开展的治理刑讯逼供运动也并不少见,各办案部门关于严禁刑讯逼供的内部文件多如牛毛,媒体和公众对刑讯逼供的关注和斥责更是不绝于耳。然而,刑讯逼供犹如刑事诉讼领域的"牛皮癣"般久治不愈。这一奇怪的现象使笔者陷入了对刑讯逼供缘何屡禁不止的沉思。由于刑事诉讼中的刑讯逼供行为主要发生在刑事侦查阶段,刑事侦查的主体又主要是公安机关,为研究的方便,本文以公安机关办理刑事案件过程中刑讯逼供屡禁不止的现象为研究对象。又由于用"公安机关的侦查办案人员"这一称谓过于冗长,为行文的方便,本文中均用"警察"一词来替代。

本文借用经济学"投资—收益"理论,采纳西方古典经济学中的"经济人"假设,将侦查人员视为能通过

---

* 谢川豫,中国人民公安大学教授,法学博士,硕士研究生导师。

考察成本、风险和收益来对侦查手段进行优化选择的,以最小的成本投入换取最大利益回报的理性的"经济人",试图探究在刑讯逼供问题上是否存在着某种"经济源动力",以期对我国治理刑讯逼供提供一些有益的思路。

一、刑讯逼供的"收益"分析

人们通常不会对那些费力不讨好的事情感兴趣,理性的"经济人"在采取某种行动时,会自觉地计算和预期该行动可能为自己带来的收益。正是各种实实在在的利益,驱动着警察实施刑讯逼供行为。

(一)直接收益——口供

警察实施刑讯逼供的直接收益是获取口供。绝大多数人都难以承受刑讯逼供的残酷,何况身处不利地位的犯罪嫌疑人。嫌疑人被施加了难以忍受的酷刑之后,通常都会向警察提供口供。而无论嫌疑人的口供是否是自愿供述,目前在我国法律上都具有有效性,即它能够在庭审中被法庭采纳作为定案的根据之一。在我国,非法证据排除规则目前还仅停留在理论层面的探讨和个别法院大胆的试验中,远没有在司法实践中被普遍地运用。公、检、法三部门对实体真实的重视程度远远超过对正当程序的追求,即使是办案单位刑讯逼供获得的口供以及由此口供得来的其他证据,只要查证属实或者口供与其他证据之间能够相互印证,法院即将其作为定案的根据,并没有因为缺乏证据的合法性而予以排除。因而,警察刑讯逼供获取的口供首先是有用的,在当前的司法中实践是能够被法院确认为证据使用的。

其次,口供通常被警察视为寻找其他证据的基础和泉源,是破案的关键。警察获取口供后,还可以根据犯罪嫌疑人的供述按图索骥地找到诸如作案工具、赃款、赃物等其他证据,并且使口供与各证据之间相互印证、形成完整的证据链;如果采取其他侦查手段如询访大量群众以获得线索,或者毫无线索地到处寻找案件的物证、书证等,而刑讯逼供使警察足不出户地获取口供,既可免去奔波之苦,又为警察节省了本来就不多的办案经费。因而,尽管我国《刑事诉讼法》已否定口供"证据之王"的地位,并强调"不轻信口供",但目前公安机关仍将口供作为刑事案件最重要的突破点,"口供乃证据之王"这一落后、守旧的观念仍在影响着大多数侦查人员。

(二) 根本收益——破案

破案是警察刑讯逼供追求的最根本的利益。根据我国公安机关目前的奖惩机制,公安机关侦查人员可能立功受奖的最重要途径便是破案,政府在听取公安机关的工作报告时,也对破案率表示了更多的关注。公安机关越是破了大案、要案、悬案、疑案、积案,警察个人和办案集体立功受奖的可能性就越大,公安机关的政绩就越突出。既然破案对于警察及公安机关如此重要,能够让办案人员获得如此大的"收益",在利益的驱动下,警察刑讯逼供就难以制止。

以那些被称为悬案、疑案、积案的案件为例,这些案件往往是相关线索和证据极度匮乏的案件,倘若在这些案件中警察能够排查出一个或者几个嫌疑人,警察怎能忍心放弃"救命稻草"!如果警察既无其他破案途径,又放弃了对嫌疑人刑讯逼供这一可能获取破案线索的机会因而破不了案,则一方面警察个人完不成破案任务,直接影响其工作业绩,以及建立在工作业绩基础上的一系列考核指标、立功受奖、晋升机会等;另一方面,同类情况的积累会使公安机关总体破案率大为降低,不仅政府会对公安机关打击犯罪的效果产生不满,而且公众会埋怨公安机关无能、打击犯罪不利、坏人未受到惩罚,等等。这样,实际上警察面临着两个选择:其一,使用刑讯逼供——获得口供——可能破案——完成破案任务——考核指标完成数提高、立功受奖、晋升机会提升等。其二,不使用刑讯逼供——得不到口供——破不了案——完不成破案任务——考核指标完成数减少、无立功受奖、晋升机会减小——领导不满、政府不满、公众不满。相比之下,在获得较高的收益和承受个人损失、招来各方面的不满之间,警察不会放弃从嫌疑人那里获取破案线索的机会,此时,刑讯逼供似乎就成了当然的选择。有学者对警察刑讯逼供问题进行了问卷调查,86.2%的警察认为法定办案期限以及实践中的限期破案、破案率指标会给办案警察带来压力而导致刑讯逼供。①

"深挖犯罪"被视为我国公安机关侦查讯问的重要任务之一。② 目前，警察深挖犯罪的线索主要就是从侦查讯问中获得。在讯问中，警察可能仅掌握犯罪嫌疑人少量的犯罪证据，却对犯罪嫌疑人进行恐吓、威胁和诱骗，以及动用残忍的酷刑，在不告知嫌疑人被控之罪的情形下，要求其交代个人及同伙的全部罪行。例如，警察常用"知道为什么把你带来吗"、"自己好好想想犯了哪些罪"等作为提出的问题，犯罪嫌疑人由于不享有沉默权而必须回答警察的提问，他们始终在揣摩警方到底掌握哪些犯罪证据，又由于他们始终处于信息不对等的地位，在难以承受肉体和精神的折磨时，便吐露出自以为警方已经掌握了的自己或他人的犯罪事实……而这恰恰可能成为警察侦办此案的"意外收获"。警察在刑讯逼供中，常常能够取得"破一案带一串清一片"的效果，这些"意外收获"更刺激着侦查人员选择那些令嫌疑人恐惧的酷刑。

（三）副收益——威慑犯罪

在我国法律史上，曾经将酷刑确立为合法审讯手段的原因之一，即在于酷刑对犯罪的威慑力。警察刑讯逼供的手段带有野蛮性和残酷性，一方面，对真正的罪犯来说是"以暴制暴"，能够起到一定预防再犯的威慑效果，尤其是对那些认为用武力、暴力才能主宰世界的犯罪分子，他们可能因害怕受到酷刑而不敢再次犯罪。另一方面，当那些曾受过刑讯逼供的人事后向他人描述所受之苦时，会使他人产生对警察的恐惧，这也起到一定威慑犯罪的效果。

二、刑讯逼供的"成本"分析

成本主要是指为了获得某种收益而必须为之付出的代价。从纯经济学

---

① 林莉红、余涛、张超：《刑讯逼供社会认知状况调查报告（下篇·警察卷）》，载《法学评论》2006年第5期。

② 王怀旭主编：《侦查讯问学》，中国人民公安大学出版社2004年版，第15—16页。

角度看,收益大于成本的预期是人们行为的基本出发点,因而是人类社会的首要理性原则。接下来,我们再来分析一下警察为刑讯逼供需要投入哪些成本。

(一) 直接物质成本

首先,警察实施刑讯逼供的直接物质成本很低。刑讯逼供主要采用对犯罪嫌疑人罚站、不准睡眠、冻饿、烤晒、令其保持一种受折磨和受侮辱的姿势、"车轮战"讯问等方式,警察甚至不需专门的用具便可实现刑讯逼供,当被刑讯人抗拒或者不听"指挥"时,绳索、电警棍或者其他就地取材的物品均可成为刑讯的用具。因而在整个刑讯逼供过程中,警察为此直接投入的物质成本极低。目前,我国大部分地方受当地经济能力所限,侦查装备和手段还相当落后,警察办案经费严重短缺。在许多地方侦查条件有限、办案经费有限的前提下,刑讯逼供以成本低廉且高效的特点,恰恰成为这些地方侦查手段的首选。

其次,刑讯逼供还可以大大节约侦查成本。在刑事侦查活动中,获得破案线索和收集证据是一系列复杂的工程:讯问嫌疑人、询问证人、勘验检查、搜查、扣押、鉴定、辨认,以及采取一些秘密侦查措施等,侦查人员要不断地或者反复地动用上述各种侦查手段,以使收集到的证据形成一个完整的证据链条,唯有如此方可能达到《刑事诉讼法》第 160 条的侦查终结条件——"犯罪事实清楚,证据确实、充分"。上述每项侦查措施都需要相应物质成本的投入,如一些高科技侦查设备、先进仪器的购入和使用等,每个线索的获得与证实都需要时间和物质资源的耗费。在当前我国许多地方侦查资源严重匮乏的情况下,如果对犯罪嫌疑人实施刑讯,使其直接招供,庞大的证据锁链将直接简化为可以作为直接证据的犯罪嫌疑人供述,省去了对间接证据的获取、调查、鉴别、印证等中间环节,以最小投入达到破案目的,从而大幅节约侦查物质成本。有学者还认为,我国《刑事诉讼法》第 118 条规定"犯罪嫌疑人对侦查人员的提问,应当如实回答",提倡犯罪嫌疑人的主动供认,也从侧面表露了国家对侦查成本的节约心态。[①]

---

① 刘玲:《刑讯逼供的法经济学思考》,载《兰州学刊》2007 年第 5 期。

(二) 人力成本

刑讯逼供是由"人"来实施的,因而有人力成本的投入。但是,刑讯逼供本身不是技术含量很高的侦查手段,公安机关无需为刑讯逼供提供高素质的人力。与勘验检查、侦查实验、摸底、排查、走访、逻辑推理和分析等侦查破案手段相比,刑讯逼供取证方法对实施者并无专业素质要求,实施刑讯逼供的人不必具备很高的专业素质和综合素质,不必像侦探小说中描写的那样要求侦查人员有很强的判断力、逻辑思维能力、语言表达能力和应变能力等。因而,对于那些专业素质较低、侦查技术手段和设备落后的侦查队伍,可能在动用其他侦查手段方面力不从心,但在实施技术含量不高的刑讯逼供手段时毫不费力。

其次,当前我国警察的人力成本总体"造价"很低。在各种刑讯手段中,都需要有人看押并监督被刑讯者遵循警察指令;在"车轮战"式讯问中,警察还需要加班或熬夜,这些都是警察为刑讯逼供支付的人力成本。如果警察的工资待遇、加班补助费都很高的话,则公安机关为刑讯逼供支付的人力成本也相应地较高。但是,我国大部分地区警察的工资不高、警察加班补助相当低廉,这样,在刑讯逼供中支付的警察人力成本远比动用高科技手段、高端侦查设备所需支付的成本低廉很多。实践中,我国警察已经长期习惯于加班、熬夜、连续作战,他们甚至认为没有经过加班、熬夜破的案就不够精彩、不足以表明为公安事业献身的精神。尤其是在"限期破案"、"招标破案"、"命案必破"等奖惩机制下,办案人员连续作战、加班熬夜似乎是他们分内的事,根本不被公安机关考虑为成本问题。

(三) 心理成本

刑讯逼供行为使警察的正常心理和心态受到损伤,这是警察为刑讯逼供支付的心理成本。许多警察谈到,当他们第一次亲眼看到被刑讯逼供的人受到非人的折磨时,心理受到强烈的刺激,内心极度矛盾和不安,甚至产生上前阻止刑讯逼供的冲动,他们为自己在工作中"必须"面对并实施这些残忍的行为而感到痛苦不堪。在此后每次实施和见到刑讯逼供时,心里仍然感觉"怪怪的"、"很不舒服",在刑讯逼供之后也容易心情不好、烦躁、脾气暴躁。从成本的角度分析,警察因刑讯逼供经受了心理矛盾、不安、自谴的过程,心灵上遭受扭曲和折磨,这些是警察为刑讯逼供付出的心理代价,这个心理代价应被视为警察为刑讯逼供支付的心理成本。

但是,心理成本是"非物质"成本,由于警察自身、公安机关以及社会普遍地忽视警察心理健康问题,导致这种心理成本未受正视,成为一种"隐形"成本。究其原因,有以下几个方面:

首先,警察刑讯逼供行为能够得到同行的认同,其矛盾心理能够得到"抚慰"。当共同侦办一个案件、共同使用刑讯逼供的警察决定动用刑讯逼供手段时,警察之间会产生相互间的心理支持和信赖,这能够缓解他们的心理压力,使矛盾、扭曲的心灵获得一些安慰。长期的侦查工作中,警察逐渐地学会了自我心理调适,从最初的不忍和怜悯被刑讯者变得逐渐地冷漠,逐渐地能够适应刑讯逼供的场景。

其次,公安机关内部的"阶级斗争"氛围加剧了侦查人员与犯罪嫌疑人的敌对心理。我国警察长期以来受到的教育是:警察是国家暴力机器,是国家专政的工具;打击犯罪好比阶级斗争,破获案件是取得"战果"。警察与犯罪嫌疑人的关系天然地对立起来。在这种对立中,我国《刑事诉讼法》并没有给犯罪嫌疑人提供能够与警察公平对抗的武器,相反,《刑事诉讼法》第118条规定"犯罪嫌疑人对侦查人员的提问,应当如实回答"的义务更加剧了警察与犯罪嫌疑人之间不对等的地位,使双方的敌对更加激烈:身处逆境的犯罪嫌疑人在被侦查人员讯问时首选的自卫武器是辩解,甚至不惜撒谎和狡辩来保护自己。而警察在有罪推定的思维定式下将所有的辩解均认为是狡辩,尤其是警察受到犯罪嫌疑人的欺骗和愚弄、发现犯罪嫌疑人非常狡猾时,就有了强烈的受挫感觉,进而产生强迫犯罪嫌疑人回答的报复欲望,使警察陷入讯问—受挫—报复—刑讯逼供的怪圈之中。在"阶级斗争"氛围中,侦查人员产生为打击犯罪而刑讯逼供的"正义感",逐渐抵消了曾经产生的怜悯、自责、矛盾和痛苦感受。尤其当警察因"手软"而被犯罪分子愚弄,或者遇到那些"狡猾"且罪大恶极的案犯时,侦查人员会产生强大的职业仇恨和报复的欲望,更进一步突破了对刑讯逼供的心理障碍。

再次,"好猫理论"在公安机关内部盛行,使包括心理成本在内的与结果无关的过程都受到忽视。侦查工作中的"好猫理论"的本质是只重实体(破案结果)正义,忽视程序(破案过程)正义,把程序视为工具,忽视程序本身(破案过程)也有独立的价值(如保障人权)。警察们普遍认为只要能破案、打击犯罪就是好警察,至于破案的过程中采取一些"特别措施",或者警察心理上受到一些扭曲,与破案结果相比起来,都是微不足道的,这样,从警察自身到公安机关领导都容易忽视刑讯逼供中警察受到巨大心理损害这一事实。

最后,警察内心的道德谴责在破不了案将面临的上级公安机关施加的压力、自身的职业升迁的压力、社会舆论的压力、一些受害人上访或闹事的压力等面前变得渺小起来。刑事案件破案率、逮捕率、起诉率等①指标始终是警察办案的"紧箍咒",侦查人员在"限期破案"、"招标破案"、"命案必破"等压力下,要面对是"破不了案受批评"还是"不择手段地破案后受表扬"的选择。在巨大的压力下寻不到嫌疑人人权保障的空间,警察在侦破上级交办案件或社会影响恶劣的案件时,以及在"严打"期间,刑讯逼供更被认为是必不可少的、高效的,至少是不得不采用的侦查手段。久而久之,警察尊重人性的道德意识便逐渐淡化,谴责变弱,直至刑讯逼供的行动演变成了习惯,道德谴责便不复发生,矛盾心理和痛苦感受不复存在,警察可能再也感觉不到他为刑讯逼供已经支付了巨大的成本——自己的怜悯心和道德观。

从眼见刑讯逼供的不安与自责到理直气壮地实施刑讯逼供,从一个痛苦但心理健康的人,变成一个麻木的心理疾病患者,警察为刑讯逼供支付了巨大的心理成本,但是警察的心理健康问题却未受到社会应有的关注。那些长期从事危险大、压力大、高度紧张、工作辛苦的侦查人员存在不同程度的心理问题。② 不少警察都道出过他们必须克服种种心理"障碍"才能下得

---

① 公安机关除要求警察办案的破案率外,目前还普遍规定逮捕率、起诉率的指标或者要求。所谓逮捕率,指警察办案中对犯罪嫌疑人采取刑事拘留措施以后,通过一段时间侦查,由刑事拘留转为逮捕措施的比率;起诉率,指刑事案件立案后,经过侦查、取证,能够成功移交检察院、由检察院提起公诉的比率。如果说追求破案率是重实体、轻程序的表现,那么规定逮捕率、起诉率更是将警察办案逼到了重打击犯罪、轻人权保护的死角。
② 《法制日报》2005 年 5 月 21 日第二版刊登《民警心理健康应当受到关注》一文指出:据有关部门对宁夏 201 名公安民警进行的无记名心理健康状况问卷调查发现,在所有的应急性职业中,民警心理压力最大、心理障碍最多,属于高风险、高负荷、高强度的"三高人员"。尤其是长期在基层一线的民警由于经常加班加点,没日没夜地超负荷工作而得不到应有的休息,导致 90% 的民警不同程度地存在各种心理疾病。

了手去打骂、体罚、虐待或摧残嫌疑人的肉体和精神。作为研究者、冷眼旁观的人,能够清醒地意识到警察为刑讯逼供支付了巨额的心理代价;但是作为亲历者,由于警察已经能够逐渐适应并认同刑讯逼供,因而自身很难感受到他们为此支付了心理上的代价,也很难自觉地去节约和降低这个成本。

（四）社会成本

侦查人员在动用刑讯逼供时,除了有物质成本、人力成本和心理成本的支出外,还支出了一定的社会成本,即刑讯逼供使整个社会在某些方面付出了一定代价。首先,刑讯逼供以肉刑或变相肉刑,使犯罪嫌疑人的肉体和精神受到极大伤害、人格尊严受到侮辱,人权受到侵犯。正是由于刑讯逼供这一痼疾的"内耗",我国刑事诉讼领域的人权保障水平一直饱受诟病,刑事法治受到破坏,整个社会的法治进程也直接受到影响。其次,政府的天职是为人民谋福利、为人民服务,公安机关作为政府的一个职能部门,本应体现人民公仆的形象,刑讯逼供却使侦查人员残酷地对待尚未被法院定罪的嫌疑人,使侦查人员露出狰狞的面目,警察和政府形象受损害,人们对政府的信任度降低。这些都是刑讯逼供所消耗的社会成本。

但是,刑讯逼供所消耗的社会成本被分摊到每一个社会成员身上,实施刑讯逼供的侦查人员个人并不需要为此直接支付什么代价。这好比"警察消费、社会埋单",警察感受不到支付的"痛感",因而也很难从节约社会成本的角度来约束刑讯逼供行为。

从以上分析来看,虽然刑讯逼供所消耗的有直接物质成本、警察人力成本、警察心理成本和社会成本,但是前两项成本的"造价"低廉、简单易取,警察心理成本被"隐形",社会成本不由警察来承担,因而警察大多认为刑讯逼供的投入小、收益丰厚,是很划算的侦查手段。但是,这还不足以必然地驱动人们进行这种低成本高收益的"投资"。人们在采取某种行动时,还会衡量"投资"所带来的风险有多大。低成本高收益但高风险的投资,会使大部分人在做决定时望而却步,只有成本低、风险也小的投资才会强烈地吸引着可能的投资者。

刑讯逼供在我国公安机关是非常普遍的现象,这似乎暗示着警察刑讯逼供所承担的风险可能较小的结论。以下,我们做进一步的分析。

三、刑讯逼供的"风险"分析

刑讯逼供的风险表现为侦查办案人员实施刑讯逼供后发生不利于侦查人员的后果的可能性。对于侦查人员来说,刑讯逼供的不利后果无非是工作业绩下滑、被追究法律责任、承担经济赔偿责任和被社会谴责等方面。

(一)不能得到口供破案的风险

衡量侦查人员工作业绩的主要是破案率,而刑讯逼供后仍不能破案的几率极低。经验事实表明,虽然冤假错案中往往少不了刑讯逼供这一要素,但是刑讯逼供并不是必然地导致冤假错案,绝大多数刑讯逼供行为发生在那些不是被冤枉的犯罪嫌疑人身上。经验事实还表明,用刑比不用刑得出的口供真实几率更大。即便用刑之后得出的口供可能是假的,并不必然妨碍案件的了结,个别侦查人员为了完成破案指标,甚至直接逼取假口供,如事先写好了供述的内容让被讯问人签字,或者直接用想象出的假设来诱导嫌疑人"交代"作案经过、作案工作等。虽然刑讯逼供也有可能导致冤假错案,但"冤"和"错"并不影响侦查人员单纯追求破案和结案的结果,只有在事后被认识到错误并且有机会得以纠正的,才称得上冤假错案。

(二)被追诉法律责任的风险

从司法实践来看,警察因刑讯逼供被追诉罪责的案例并不多见,所有被追究刑讯逼供罪的案例均有一个共同的前提,即被讯问者的无辜。从我国现行刑事诉讼制度来分析,要查明刑讯逼供、追诉办案人员刑讯逼供罪责的可能性很小。这大概有几下几方面的原因:首先,在侦查阶段刑讯逼供主要发生在讯问过程中,而我国对犯罪嫌疑人的讯问主要是在侦查机关内以及由侦查机关控制的羁押场所,讯问的环境具有封闭性,加之我国并没有建立讯问时律师在场制度,因而犯罪嫌疑人完全处于侦查部门的控制之下,犯罪嫌疑人及其律师对刑讯逼供的指控难以举证。其次,即便犯罪嫌疑人及其律师提出初步证据控告侦查人员有刑讯逼供行为,由于我国法律对查处刑讯逼供案件没有实行举证责任倒置（即由侦查机关负有证明自己没有进行刑讯逼供的责任）的规则，法庭往往以"不能认定公安机关存在刑讯逼供行为"而予以驳回。① 再次，虽然根据我国宪法和《刑事诉讼法》的规定，人民检察院行使法律监督权力并有权直接立案侦查公安机关刑讯逼供行为，但是我国宪法同时也强调公、检、法三机关之间的互相配合。实践中公、检两机关配合多、监督少，如果不是最后在结果上发现了冤假错案，检察机关一般不主动追诉警察在办案程序中的刑讯逼供罪。最后，我国公、检、法三机关之间相互配合的关系使法院更倾向于打击犯罪。在一些案例中，甚至当被告人在法庭上亮出伤痕、血衣时，法官却以"不要再纠缠这些问题了"②不予回应刑讯逼供的指控。

上述原因，使得警察因刑讯逼供被追究法律责任的风险非常低。虽然在立法上警察因刑讯逼供可能受到追究，但实际上这类案件不起诉的多、起诉的少；判处缓刑的多、判实刑的少。那些被追究了刑讯逼供罪的多是事后被发现是错案的，或者因刑讯逼供致人伤残、死亡，影响极为恶劣的案件。例如，"佘祥林案"中要不是"死人"——佘祥林的前妻突然活着回到佘家，"杜培武案"中若不是真凶因其他犯罪落网并交代了杀人事实，这两起冤案几乎不可能因为被刑讯逼供而得以纠正，"聂树斌案"中要不是有王书金自报曾强奸杀人、不愿让无辜者替他背黑锅，聂树斌可能被冤杀、可能受到过刑讯逼供等问题根本不会暴露出来，即便如此，"聂树斌案"目前仍无审查结果。③ 这似乎证明了这样一个逻辑：刑讯逼供可能导致冤假错案，但警察所

---

① 《最高人民法院再审刘涌案刑事判决书》（2003）刑提字第5号中有这样一段："对于再审被告人刘涌及其辩护人提出的公安机关在本案侦查阶段存在刑讯逼供的辩解及辩护意见，经查，庭审中公诉人出示的参与刘涌一案的预审、监管、看守人员的证言证明，公安人员未对刘涌及其同案被告人刑讯逼供；辽宁省人民政府依法指定的鉴定医院沈阳市公安医院2000年8月5日至2001年7月9日对刘涌及其同案被告人先后进行的39次体检病志载明，刘涌及其同案被告人皮肤粘膜均无出血点，双下肢无浮肿，四肢活动正常，均无伤情。刘涌的辩护人在庭审中出示的证明公安人员存在刑讯逼供的证人证言，取证形式不符合有关法规，且证言之间相互矛盾，同一证人的证言前后矛盾，不予采信。据此，**不能认定公安机关在侦查阶段存在刑讯逼供，刘涌及其辩护人的辩解和辩护意见，本院不予采纳**。"（加粗字体为作者所加）

② 在云南"杜培武杀妻冤案"中，当杜培武在法庭审判中向法庭出示被刑讯逼供的血衣时，审判长让法警收起血衣，并说："不要再纠缠这些问题了。"关于杜培武案的报道，详见《杜培武的'死囚遗书'催人泪下：世上还有包青天吗》，载《南方周末》2001年8月24日。

③ 《"聂树斌冤杀案"悬而未决 防"勾兑"公众吁异地调查》，载《南方周末》2005年3月24日。

体验的风险并不来自非法用刑本身,而是在于冤假错案在多大程度上可能被追查出来。如果连冤案的纠正都要靠"死人复活"和"真凶归案"才能纠正的话,对刑讯逼供、尤其是在非冤案中的刑讯逼供又在多大程度上可能被追究责任呢?

(三) 承担经济赔偿责任的风险

警察因刑讯逼供而承担经济赔偿责任的风险也非常小。这是因为,侦查人员承担经济赔偿责任的前提是警察因刑讯逼供被追究法律责任。如前文所述,警察因对犯罪嫌疑人用刑被追究法律责任的几率非常低,因而经济赔偿也无从谈起,即便因刑讯逼供被追究了法律责任,根据我国《国家赔偿法》的规定,也是由国家对其工作人员导致的损失先行赔偿,然后国家有权向具体责任人员追偿。而实践中,国家对具体责任人员的追偿很难或者很少执行。《国家赔偿法》的这种规定不仅容易误导侦查办案人员认为刑讯逼供属于职权行为,也使他们对承担经济赔偿责任风险的感受程度大大降低。

另外,有些侦查人员在不断"研究"新的既能达到肉体折磨和精神摧残目的,又不至于致死人命或致人伤残的逼供手段,如罚站、车轮讯问战术、不让睡眠等,这些手段都是在攻击犯罪嫌疑人的生理极限,让对方痛不欲生,达到逼取口供的目的,但又不至于致人伤残或死亡,以降低被追究刑讯逼供罪及承担经济赔偿责任的风险。

(四) 被社会谴责的风险

社会的态度左右着刑讯逼供在一个国家的生存状态。在我国,刑讯逼供能够得到社会在某种程度上的认同。有学者对我国普通民众进行的问卷调查显示,多数人认为,对于涉嫌严重犯罪的人,只要实体正确,可以实施刑讯逼供手段。[①] 普通民众往往视刑讯逼供为对作恶多端的坏人的必要惩罚,认为只要不是无辜者,"对坏人打几下是应该的"。尤其是在社会治安有所恶化的情况下,从许多民众口中能够听到"杀了某某(犯罪嫌疑人)都不够,应该把他千刀万剐"、"抓住这样的人(犯罪分子)就打死他也活该"之类的

---

① 林莉红、赵清林、黄启辉:《刑讯逼供社会认知状况调查报告(上篇·民众卷)》,载《法学评论》2006 年第 4 期。

愤怒言语;甚至不少犯罪分子也认为自己犯案被抓了肯定会挨打。刑讯逼供曾经随着杜培武、佘祥林冤案,以及可能的冤案——聂树斌案①的曝光点燃了人们心中的怒火。但是,稍作观察即可发现,民众关注的焦点实际上是受刑者的无辜。对于真正的罪犯,人们对刑讯逼供的反感与谴责并不强烈,刘涌案就是典型例证。二审法院因为"不排除公安机关在讯问中存在刑讯逼供的可能性"而改判刘涌死缓,社会并未对刑讯逼供引起关注,相反,却为"黑社会头目被留有一命"深深激怒。② 正是由于民众对酷刑普遍持认同和容忍的态度,侦查人员因施用酷刑受到社会谴责的风险比较低。

四、启示

从投资和收益的角度来分析我国刑讯逼供屡禁不止的原因,我们发现:警察在刑讯逼供中获得了口供、破案和威慑犯罪等收益,尤其破案关系警察的切身利益;而警察为刑讯逼供支付的直接物质成本非常小,人力成本和心理成本又不受重视或者被隐形;同时,警察因刑讯逼供不能破案、被追究法律责任、承担经济损失和被社会谴责的风险都比较小。如果将侦查办案人员视为以最小成本投入换取最大收益回报的"经济人"的话,则他在成本、风险和收益的比较中,认为收益大于成本和风险,因而,即便警察明知刑讯逼供为我国法律所不容,仍难免倾向于动用刑讯逼供这一低成本、低风险、高收益的破案手段,这恐怕就是在我国刑讯逼供屡禁不止的原因!

以上的分析还表明:刑讯逼供屡禁不止作为一种社会现象,不仅是办案人员个体选择的结果,还是一个国家法制体系和公安机关行政运作模式选择的结果。因而,那些以"提高警察素质、加强警察法治和人权理念"为解决方案的思路对消除酷刑问题只能是"隔靴搔痒",要想根治刑讯逼供在我国

---

① 根据现有的对"聂树斌案"的报道:可能的"真凶"王书金对当年强奸杀人案的现场描述与现场情况高度一致,被害人父亲对聂树斌是凶手也很怀疑,聂的亲属坚信聂树斌不可能强奸杀人,聂树斌案一审、二审判决书所显示的该案除了聂树斌口供并无其他证据,等等。虽然根据这些情况媒体和公众普遍推测聂树斌是被冤枉、冤杀,可能曾受刑讯逼供,但是该案自2005年由媒体披露后至今尚未启动再审程序,尚无最终的司法结论,因而聂树斌案只能被笔者称为"可能的冤案"。
② 付强、刘昂:《从外部遏制力量缺陷看警察刑讯逼供的生成》,载《当代法学》2008年第6期。

的肆虐,必须解决刑讯逼供屡禁不止背后的制度因素。应当把刑讯逼供屡禁不止视为当前我国社会的一个病症,如果要遏制和禁止刑讯逼供,同样可以借用"投资—收益"理论,即减少侦查人员从刑讯逼供中获得的收益,提高他们为刑讯逼供所支付的成本,加大其承担不利后果的风险,消除酷刑滋生的社会环境——这至少为从根本上遏制和禁止刑讯逼供提供了一个可借鉴的思路。

社会学视角下的刑讯逼供问题

马忠红[*]

刑讯逼供是一个长期以来困扰侦查部门的难点。关于"刑讯逼供"的原因、对策,理论研究部门成果不计其数,侦查对策部门也是不断出台相关措施和规定,但"刑讯逼供"问题依然存在。这使我们不得不反思原来的理论研究成果是否有所遗漏,侦查对策部门的措施是否药不对症。

一、刑讯逼供研究中社会学视角的引入

据说在学术的百兽园中,原来群兽各安其位,井然有序,一头大象来得最晚。它始则小叩门扉,探进鼻子,继则迈开大步,踏破围栏,结果,不但群兽为之震骇,整个学术的情势也幡然改观。而社会学,就是这头迟来的大象。[①] 许多年前,美国社会学家伯格在撰文向人们介绍社会学科的魅力和视野时说:社会学的第一个智慧之在于"世界并不是它们看起来的样子"、"社会学教我们用

---

[*] 马忠红,中国人民公安大学教授,主要研究方向为侦查学。
[①] 张立升主编:《社会学家茶座(精华本卷一)》,山东人民出版社2006年版,第1页。

一种新的视野和角度来看待我们终其一生生活在其中的这个世界"。①

那么,社会学是一门什么样的学科?为什么刑讯逼供研究要引进社会学的视角?运用社会学方法研究刑讯逼供与我们原有的法学视角、经济学视角、心理学视角有什么不同?运用社会学视角研究刑讯逼供意义何在?

问题一:为什么刑讯逼供研究需要引入社会学视角?社会学是研究社会行为的科学。②但是并非所有的行为都是社会学研究对象,只有当这种"个体"行为成为一种"社会"公众行为时才被纳入社会学研究范围。如婚姻问题,社会中一对夫妇离异,这也许是他们自身的原因,但如果社会1/4婚姻关系以离婚而告终,这表明它已成了社会问题,应当纳入社会学研究内容。同样,如果刑讯逼供只是"个别"现象,那么没有必要将其纳入社会学研究视野,但是,如果刑讯逼供是一个屡禁不止的现象,那么,这一行为就已经不是个别侦查人员的个人问题,而是与这个社会的结构特别是法律制度、侦查制度等紧密相关了。熟悉中国现行刑事诉讼制度的读者不难看出,当下的刑事诉讼问题很多都不再属于一种"规范法学"层面的问题。③于是,在刑讯逼供问题研究上引入社会学的视角不仅必要而且十分迫切。

问题二:社会学视角的刑讯逼供研究有何特殊之处?目前在关于刑讯逼供的理论研究中,有关于刑讯逼供的历史研究、法学研究、心理学研究、经济学研究,引入社会学视角有何特殊之处?对于社会生活中的各种现象和社会行为,不同人眼里是不一样的,法学家、史学家、哲学家们对社会的现象和行为有着自己的观点,他们所看到的结果及其解释也互不相同。社会学视角的独特在于"超出个人范围去观察社会行为"。④如"文革"期间,城市中学生变成农村知青;改革开放,农村姑娘成为城市打工妹……而造成所有这些个人经历和个人行为的原因绝非他们个人的力量所能左右,这些看似属于个人特征的东西,实际上却是产生于社会结构之中。因为,在一个社会工业化进程中,农民不管其自己是否愿意,也会变成城市的工人。社会学中这种"超越个人范围"寻找个人经历与"社会结构"之间的复杂关系正是社

---

① Peter L. Berger, *Invitation to Sociology*; James M. Henslin Eds, *Down to Earth Sociology*, The Free Press, 1991, pp. 3—5.
② 孙本文:《社会学原理》,商务印书馆1946年版,第46页。
③ 陈瑞华:《刑事诉讼的中国模式》,法律出版社2008年版,第2页。
④ 风笑天主编:《社会学导论》,华中科技大学出版社2008年版,第3页。

会学研究方法与其他学科研究视角的不同所在。而目前刑讯逼供的理论研究现状,正如有学者指出:对于刑讯逼供现象,研究者动辄会根据"严禁非法取证"的原则,揭示诸如"口供自愿法则"、"任何人不得被迫自证其罪原则"的立法原意,而不会从社会政治环境的角度考察这一现象发生的原因。[1]

问题三:社会学视角的刑讯逼供研究意义何在?社会学的研究范围非常广泛,内容十分庞杂,对象形形色色,它的目的在于引导我们像陌生人一样来观察和重新认识我们所熟悉的世界,要求我们对以往不假思索就认为合理的世界重新进行思考和检验,揭示社会发展变化的本质和规律。"社会学家并非观察不为任何他人所知的现象。他是以一种与众不同的方式来观察同一现象。"[2]社会学其实是意识的一种特殊形式。因此,社会学不仅是一门科学,更是一种视角,一种观人观物观红尘观大千世界,而且也反观自身的"社会学之眼"。刑讯逼供行为是一种侦查部门长期存在的顽疾,理论研究部门和对策部门更是不遗余力倾心研究,提出诸多对策,并取得了不少的成效,但是刑讯逼供情况依然严峻。我们并不否定以往理论研究的成果,但我们也不得不反思原有理论成果的局限性,社会学视野下的刑讯逼供研究也算是一种拾漏补遗吧。

二、从影响刑讯逼供的"规范"因素研究到"价值"因素研究

在探讨刑讯逼供问题时,我们首先意识到刑讯逼供是一种侦查人员的行为。社会学中的"行为"是社会中具有意义的举动,是在与他人交往过程中作出的种种表现。根据社会学的理论,决定或影响一个人行为的主要因素是"规范"和"价值"。

规范就是在社会活动中,决定人们行为的心理活动。[3] 规范以语义的形式为人们提供行为指针。比如"应该……"代表义务、"不许……"代表禁止。规范的产生是为了防止社会整体的利益遭受损害,而规范在产生的同

---

[1] 陈瑞华:《刑事诉讼的中国模式》,法律出版社2008年版,第6页。
[2] Peter L. Berger, *Invitation to Sociology: An Humanistic Perspective*, Penguin Books, 1963, p.40.
[3] 欧阳叔平:《社会学》,南海出版公司2008年版,第18页。

时,不仅调整着人们的行为,还使社会延续发展。在多人构成的群体及社会中,要互相信任地生存下去,规范是必不可少的,规范必须遵守。人们通过遵守规范,就可以防止产生不愉快或者损失,社会成员就可以安心且舒适地生活,人们违反规范,则应当受到严惩。

既然规范是决定人们行为的心理活动,那么,人只按照规范活动吗?社会学告诉我们:决定行为的还有另一个准则——价值,即人们期望的事或物。价值是以社会中稀少的事物为追求目标,所以为了追求这些价值,人与人之间便产生了竞争、对立和斗争。

在现有的刑讯逼供理论研究中,我们不难发现,诸多学者在探讨刑讯逼供发生原因时大多集中在缺失相关的"规范"上,如无完善的非法证据排除规则,无完善的侦查监督规则,无完善的无罪推定规则等。于是,研究人员提出了通过"法制"达到"法治",提出了"沉默权"、"零口供原则"、"非法证据排除规则"、"侦查人员讯问律师在场原则"等。但是,是否有了这些规范,以及因违反这些规范的严惩措施,侦查人员就不刑讯逼供了呢?为什么理论研究部门设计探讨的一系列理论上十分完美的"规范"却在实践中成效甚微呢?引用社会学的理论,"规范"只是决定行为的一个重要准则,"价值"则是决定行为的另一个重要准则。社会学甚至认为"价值是决定行为的首要因素"。① 我们现有的刑讯逼供理论研究在侧重"规范"因素研究时,忽视了"价值"因素的研究。需要指出的是,理论研究部门并不缺乏应然性侦查价值的研究,缺少的是现实中侦查人员对口供的实际价值认识是什么的研究,即侦查实践中侦查人员对"口供"的价值认识,对"刑讯逼供"的价值认识是什么?

首先,在侦查人员眼中,口供是有价值的。尽管理论研究部门一再强调"证据中心主义",反对"口供中心主义",而且理论研究部门提出了一系列"零口供原则"、"沉默权原则"旨在通过削弱甚至否定口供的"证据"价值和"法律"价值,防止侦查人员对口供的依赖性。然而,即便是通过法律规范将口供的法律价值及证据价值趋于零,在侦查人员心目中,口供仍具有发现事实真相的强大功能,可以印证侦查线索,可以"沿供求证",可以尽快破案,可

---

① 欧阳叔平:《社会学》,南海出版公司2008年版,第28页。

以完成目标考核,可以深挖余罪、隐案、积案等,这种"价值观"无疑影响着侦查人员的审讯行为。其次,尽管刑讯逼供违反人权,但仍有侦查人员认为刑讯逼供是一种"目的合理性行为",认为行为者本意并非想将犯罪嫌疑人打死或打伤,而只是想以此查明事实真相,是为公非为私,甚至对受到处罚的参与刑讯者抱有一定同情。再次,对于绝大多数侦查人员而言,至少在主观意识层面,不当审讯通常是不得已而为之的最后选择,即审讯的最初阶段都采用合法的方式,如果没有产生任何效果再转而使用较为轻微的不当审讯方式,而"刑讯逼供"不过是"最后手段"。最后,社会民众的价值观又影响着侦查人员的价值观,在当前社会治安形势比较严峻的情况下,普通民众在总体上对犯罪的恐惧和敌视使之在相当程度上能够接受侦查人员的一些极端化做法。这种观点反过来又影响着侦查人员的价值观,而侦查人员的价值观又必然影响着侦查人员的审讯行为。

规范和价值是决定行为的重要因素,价值甚至是决定行为的首要因素:规范是社会本位的东西,是可以在短时间内改变的,是可以在社会群体中统一的;价值则是自我本位的东西,是长时间积累形成的,而且是人各不同、参差不齐。如果我们无法在短时间内提高侦查人员整体的价值观(而不是个体的价值观),那么刑讯逼供现象就会存在。完善"规范"可以指日而待,但是完善侦查人员整个群体的"价值观"却是任重道远。

三、从刑讯逼供的"违法性"研究到"攻击性"研究

刑讯逼供行为无疑是一种"违法性"行为,但是,刑讯逼供更是一种"攻击性"行为。现有的理论研究在关注刑讯逼供的"违法性"同时,忽略了其"攻击性"的属性。探讨刑讯逼供的"攻击性"有助于我们更好地理解刑讯逼供行为发生的情境因素。

攻击行为是指意图伤害他人的身体行为或者言语行为。对于人类,社会心理学家将攻击行为分为"敌意性"和"工具性"。敌意性攻击行为以引起伤害为目的;工具性攻击行为只是把伤害作为达到其他目的的一种手段。大多数恐怖活动属于工具性攻击。罗伯特.佩普对1980—2001年发生的所

有自杀性爆炸事件进行研究后指出："所有自杀性恐怖活动的一个共同特征是都有明确的、现实的和战略性的目标——迫使自由的民主国家从恐怖分子眼中属于他们家园的领土上撤军。"① 刑讯逼供则是兼有敌意性及工具性的攻击行为，即有时是侦查人员出于一种对犯罪嫌疑人不如实陈述的愤怒，有时而且绝大多数是将其作为获取口供破获案件的一种途径。

社会学家认为攻击行为是对挫折的自然反应，又称"挫折—攻击理论"，即挫折总会导致某种形式的攻击行为。这里的挫折是指任何阻碍我们实现目标的事物，当我们达到一个目标的动机非常强烈，当我们预期得到满意的结果，却在行动过程中遇到障碍时，挫折便产生了。于是，一旦有攻击线索"拔掉了瓶塞"，受挫者就特别容易大发雷霆，把愤怒"倒个底朝天"。那么，又是什么因素导致侦查人员产生了"挫折感"？为什么侦查人员明知刑讯逼供违法却又无法控制地采取了这种攻击性行为呢？

首先，审讯对侦查人员来说是一个充满挫折的活动。美国审讯专家弗雷德·英博说过："自我谴责和自我毁灭不是人的正常行为特征，人类一般都不会主动、自发地供认自己的罪行。"② 从审讯心理学角度，一个共识性的理论是：有罪犯罪嫌疑人通常不会主动地供认罪行，除非审讯人员提供了适当的心理条件。在审讯中，侦查人员需要面对的一个常态是犯罪嫌疑人不会主动交代犯罪事实的"困境"，这是一个侦查人员不得不经常面对的"挫折"。在教育、感化无效的情形下，部分侦查人员常常借助于不当审讯以创造供述条件。

其次，侦查风险使侦查人员充满挫折感。一是不是所有案件都能被破获。2004 年 6 月 10 日，公安部部长助理张新枫在全国刑警大练兵动员部署电视会议上公布了这样一组数据：2003 年，我国共立刑事案件 439 万起，破案 184 万起，破案率为 41.9%，有超过一半的刑事案件没能破获。如果如实立案，估计全国目前刑事案件破案率只在 30% 左右。也就是说，侦查部门承担侦查破案的任务，但是却存在着大量案件破不了的现实现象。于是，侦查人员要经常因为这些破不了的案件，面对上级部门的考核，面对政府部门的

---

① 〔美〕戴维·迈尔斯著：《社会心理学》，张智勇、乐国安、侯玉波译，人民邮电出版社 2006 年版，第 279 页。

② 〔美〕弗雷德·英博著：《审讯与供述》，何家弘译，群众出版社 1992 年版，第 2 页。

评估,面对社会群众的指斥,面对媒体的舆论。二是即使是破获的案件中,侦查人员往往也是经历"大海捞针"、"沙里淘金"等艰难迂回曲折过程,克服诸多困境,经过"假说—肯定—否定"的诸多次轮回,"苦尽甘来"、"柳暗花明",最后走到抓捕犯罪嫌疑归案这一步的。三是近二十多年来,全国公安机关共有七千多名警察牺牲、十七万人负伤。其中相当一部分警察是在侦查破案过程中牺牲、负伤的,特别是在搜查、扣押、追缉、堵截、拘留、逮捕等侦查措施使用过程中,遭到犯罪嫌疑人及其家属、亲友和不明真相群众的反抗、袭击、谩骂和围攻而受害。据统计分析,因公伤亡警察的年龄大多数在30岁左右,这些警察是家里的"顶梁柱",上有年迈的父母,下有未成年的子女,他们的伤亡不但给公安机关带来巨大损失,也给家庭带来巨大的痛苦。① 2004年上半年,全国公安机关共有229名警察因公牺牲,2826名警察负伤。② 特别是面对涉枪涉爆等暴力犯罪,刑警的自身安全系数小,职业风险大。可以说,警察尤其是从事侦查活动的警察是和平年代共和国流血牺牲最多的一个行业。因此,侦查职业、侦查风险使侦查人员必须经常面对案件破不了的困境,经常经历案件侦查的迂回曲折的过程,经历案件侦查的不断肯定和否定过程,尤其还要经常面对生与死的考验。因此,侦查风险使侦查人员必须经常面对挫折。

再次,侦查考核方式使侦查人员时常面临"挫折"。近几年,为了加强公安队伍的正规化建设,基层刑警单位普遍实行了案件首办责任制,岗位目标责任制、错案责任追究制和等级化管理制度,并逐步推行了末位淘汰制、下岗分流制;实施了破案率、批捕率、移送起诉率、判决有罪率等考核指标;实施了招标破案、限期破案、挂牌督办、命案必破等破案方式。这一方面大大增强了刑警责任感,紧迫感和危机感,另一方面也使基层刑警的压力过大、负担过重,经常处于紧张、焦虑状态。侦查人员常常处于一种害怕完不成任务、达不到目标的状态,常常处于一种担心遭到责任追究、末位淘汰的状态。

最后,面对挫折侦查人员普遍控制能力较弱。尽管侦查人员时常面对挫折,但如果侦查人员具有一定的控制能力,挫折感并不必然引起刑讯逼供,刑讯逼供仍可以遏制。然而,现实中却有不少侦查人员在审讯中出现明

---

① 许国华:《民警因公伤亡问题的再探讨》,载《公安教育》2004年第7期。
② 朱红艳:《谈刑警的心理压力与缓解》,载《河南公安高等专科学校学报》2005年第1期。

知不该为而为之的刑讯逼供行为,这是一种明显的失控行为。考察现实中国侦查人员的控制能力,许多人都认为:刑警处于侦查破案的第一线,特殊的职业要求他们有强壮的身体、冷静的头脑、超群的能力来处理各种突发问题。而刑事案件作为突发问题的极端形式,更需要刑警有较强的心理控制能力。按理说,刑警的心理控制类型和心理控制能力应比一般人好。但据调查研究结果表明,在职刑警比在校侦查专业学生差,工作时间长的刑警比工作时间短的差,公安院校毕业的刑警比非公安专业的差。① 研究结果表明,刑警因工作需要长期接触社会阴暗面,长期以往使刑警思维、性格和情绪等出现不正常的波动;刑警因工作特点,长期的加班、熬夜、连续作战,加上身体的疾病、心理的疲惫导致他们心理控制力下降。心理及身体健康不佳容易导致刑警自我控制能力下降,激惹性增高,遇到犯罪嫌疑人的对抗难以控制自己,有时明明知道刑讯逼供违反社会规范和人权,但仍然实施刑讯逼供。

四、从刑讯逼供的"单个行为"研究到"互动行为"的关注

所谓相互行为就是在多个人之间进行交流的行为。"行为"是指在社会中具有意义的举动,而相互行为必须要有两个及以上的人才能进行②,即一个人向对方做了一件事,并得到了对方的回应,两人之间形成了交流,就成为相互行为。一方作出行为,向另一方发出某个信息,而对方也实施了行为,对这一信息作出回应,这就是相互行为。

行为是构成相互行为的一部分,是相互行为的基本单位。人与人之间的相互行为才是社会学中的基本单位。在社会学中,个别行为或单独行为是不存在的。换言之,打招呼与回答这样的个别行为分别是相互行为的一部分,理论上可以分离,但现实中却不可能从相互行为中分割出来而单独存在。社会就是多个人之间进行交流、交换信息的一连串相互行为。"人们永

---

① 彭科莲、郭子贤:《刑警心理控制能力的现状与分析》,载《贵州警官职业学院学报》2006年第3期。
② 欧阳叔平:《社会学》,南海出版公司2008年版,第34页。

远无法逃脱别人的存在这一事实,在人一生的旅途中,别人总是自己的伴侣;没有一个人能够塑造一个不和别人密切相关的自我,我们每一个的自我确定是在我们的行为同其他所有陪伴我们度过人生旅途的人的行为相互交织作用的过程中实现的。"① 社会互动行为有交换、合作、竞争、冲突和顺应等对称性与非对称性互动。其中,冲突是指双方为了某种利益或价值观念而产生的相互排斥、伤害、剥夺甚至毁灭的互动方式。刑事审讯中,侦查人员主要是想获取有关犯罪嫌疑人违法犯罪的情节和证据,相反,犯罪嫌疑人往往会对其提供无罪、罪轻的辩解和供述,双方存在着根本利益的不同。这种冲突从方式或程度上可分为:辩论、口角,最后发展成为刑讯逼供。

刑警在执法中所接触的犯罪嫌疑人,无论其有罪或无罪都会维护自身的合法权利,这不可避免地引发刑警与犯罪嫌疑人之间的冲突。作为无罪的犯罪嫌疑人由于受到人民警察的怀疑,甚至被采取强制措施而限制了人身自由,其难免会对警察不满,在言语上流露出不满和怨恨,在行为上表现出与警察不合作。这种情绪会导致警察产生消极情绪,个别警察由于情绪控制能力差,便实施了刑讯逼供行为。而作为有罪的犯罪嫌疑人,由于其侥幸心理及畏罪心理的影响,以及出于趋利避害的心理不可能轻易交代罪行,经常会表现态度十分恶劣。这些情况都会引发警察的消极情绪,个别警察会因为受消极情绪的驱使实施刑讯逼供。如一位侦查人员说其辖区接连发生耕牛被盗案件,寒冬腊月他带领侦查人员连续蹲坑守候了好几夜,最终他们发现盗牛者并尾随到其家门口将其抓获。明明是人赃俱获,可盗牛者却狡辩说:我在路上走着走着,突然脚下被什么东西绊了一下,发现是一根绳子,就捡到手里,哪知道后面还跟着一头牛。侦查人员太气愤了,实在忍无可忍,当场打了他一嘴巴。②

因此,我们考察一个事件时,不应单独地考察单个行为,而应考察相互行为,即我们在研究考察"刑讯逼供"现象时,不能仅仅考察侦查人员的"刑讯逼供"行为,而应考虑与侦查人员共处于事件之中的犯罪嫌疑人行为,甚至被害人的行为,甚至检察官、法院的行为,甚至当地政府的行为。在研究刑讯逼供问题时,我们在考察侦查人员整体素质、水平时,我们不能忘记考

---

① 张敦福主编:《现代社会学教程》,高等教育出版社 2008 年版,第 66 页。
② 王敏:《民警刑讯逼供的心理状态有其矫治》,载《湖北警官学院学报》2002 年第 1 期。

察侦查人员在当前社会中面对的整个犯罪嫌疑人员群体情况、被害人群体、政府情况等。如在佘祥林杀妻案中,开始时侦查人员经过初步审查已将佘祥林杀妻嫌疑排除并解除了羁押措施,然而"被害人"张在玉的家属不断上访,并聚集公安局门口、政法委门口、政府门口,要求为张在玉申冤,最后在被害人家属及政府部门的施压下,侦查部门再次将佘祥林抓捕审讯……

五、从侦查人员的"人权保障者"研究到"角色冲突"的关注

在传统的刑讯逼供理论研究中,学者们特别强调侦查人员是"人权保障者"。然而我们仔细研究不难发现:侦查人员是集多种角色于一身,而且角色与角色之间存在一定的冲突。

角色就是符合一个人地位的行为举止。[①] 一个地位往往附有多个角色,一个人总是拥有多个地位和角色。作为一个法律人,侦查人员的角色定位是由法律所赋予的。解读法律,我们可以看出,侦查人员应该是一个国家利益维护者、犯罪嫌疑人权益保障者、被害人利益的维护者,他应该是一个刑事追诉者、无罪推定者、举证责任者等多种角色。[②] 然而,反观侦查人员承担的这些角色,我们却发现侦查人员的多种角色之间存在一定的冲突。

冲突之一:刑事追诉者与辩护者的冲突。首先,侦查人员是刑事追诉者。与法官不同,侦查人员不是中立的,从主动追究犯罪、主动发动侦查程序就可以看出,侦查人员是带有明显追究倾向的。其次,从侦查人员搜集犯罪嫌疑人无罪、罪轻证据角度看,侦查人员一定程度上承担着为犯罪嫌疑人辩护的职能。法律一方面赋予侦查人员侦查权,让其负担破案和追诉的职能;另一方面又让其收集罪轻和无罪的证据,充当辩护的角色。这实质上是基于客观公正的要求,但却过于理想化。追诉的职能和搜集无罪、罪轻证据,这两个诉讼角色是直接矛盾和对立的。从逻辑上看,从事着相互矛盾的诉讼职能的侦查人员要么会偏重无罪证据而忽视追诉犯罪,要么倾向于侦

---

① 欧阳叔平:《社会学》,南海出版公司 2008 年版,第 48 页。
② 马忠红:《侦查学基础理论》,中国人民公安大学出版社 2006 年版,第 114 页。

查犯罪而疏于无罪证据的搜集,而不可能对两者加以兼顾。① 在侦查中,追诉和辩护的角色集中到一个人的身上,这是和心理学的全部规律相矛盾的。

冲突之二:国家秩序维护者、被害人权益维护者与犯罪嫌疑人权利保护者的冲突。被害人权利、国家利益、犯罪嫌疑人权益,都是属于正当性、合法性的权利。从法律的角度,每一个法律意义上的人(个体、团体、国家)都有在法律的限度内追求和获取自己最大利益的正当权利,也有在法律的限度内维护和保护自己利益的正当权利。但同时,由于人类在利益追求上的类同性,又形成了利益追求上的趋同性。于是,一个人在追求他的利益的时候,大多数情况下,是同其他人的利益互进、互益和互动的。但是,也有在特殊的情况下,一个人的利益追求同其他人的利益发生冲突和碰撞,相互之间形成一种对立和紧张关系。如犯罪嫌疑人的权益与被害人的权益、犯罪嫌疑人的权益与国家的权益是存在着相向性、冲突性和不可调和性的。正如丹麦学者伊娃、史密娃教授曾指出:"一方面,社会希望减少刑事犯罪,另一方面,又希望维护公民最大程度的法律安全。这两者是矛盾的,人们必须在减少犯罪行为和广泛保护个人之间作出选择。不管是选择前者还是后者,有一个结论是必需的,那就是这种选择要求付出不愉快的代价。"②

冲突之三:犯罪嫌疑人权益的限制者与犯罪嫌疑人权益的保障者。一方面,为保障侦查及整个诉讼顺利,侦查人员有必要对犯罪嫌疑人采取一定的强制性措施。侦查活动的展开以及侦查措施的采用几乎都是以限制甚至剥夺犯罪嫌疑人或第三人的人身、财产权益为前提的,不可避免会给涉讼公民的生活权益造成强制性损害。同其他权力形式一样,侦查权具有较强的扩张性和攻击性,侦查权的行使往往伴随着对公民个人权利的强制性侵犯。另一方面,犯罪嫌疑人并非单纯的被追诉的对象,为了防止发生错误的追诉,维护犯罪嫌疑人的合法权益,法律又确认了犯罪嫌疑人在诉讼中的当事人地位,赋予其广泛的诉讼权利,这样,犯罪嫌疑人在受到追诉的时候,不只是消极地接受侦讯的对象,而且还是积极地行使辩护权利的诉讼一方当事

---

① 参见陈瑞华:《问题与主义之间》,中国人民大学出版社 2003 年版,第 32 页。
② 〔丹麦〕伊娃、史密娃:《如何保证在诉讼中增加公平处理的机会》,1998 年北京国际诉讼法学研讨会论文。

人。① 侦查人员必须重视并切实保护犯罪嫌疑人的合法权益。于是,侦查阶段是控制犯罪与保障人权两种利益最容易发生冲突的阶段,侦查人员往往既是犯罪嫌疑人权益的限制者,又是犯罪嫌疑人权益的维护者。

冲突之四:举证责任者与犯罪信息弱势者之间的冲突。在我国刑事诉讼中,侦查部门承担举证责任,犯罪嫌疑人不承担举证责任。侦查中,犯罪嫌疑人是一种犯罪信息源。犯罪嫌疑人对自己是否实施了犯罪行为,犯有什么罪,以及犯罪的全部过程了解得最清楚、最全面、最细致、最准确,尤其在作案动机、目的等心理活动及犯罪的细节和手段方面,具有其他知情人及证据不可替代的作用。而侦查人员在接手刑事犯罪案件时,往往对犯罪行为所知了了,甚至一无所知。那么,即便通过一系列的侦查行为,一定程度上查明了犯罪行为,但由于所依赖的犯罪证据的分散性、可逝性,加上一些自然和人为破坏因素,有些证据难以发现、难以获取、难以利用,侦查人员需要承担侦查不利、举证不利的结果。相反,最了解证据所在、证据种类、证据形式、证据证明力的犯罪嫌疑人却完全不承担举证责任。这种角色的冲突,容易导致侦查中取证盲目性,直接加大侦查取证工作量,加大了侦查人员的压力,甚至不当审讯。

侦查人员集多种角色于一身。如果侦查主体多种角色之间不存在冲突,甚至相互之间还存在着一种相互依赖、相互联系、相互促进的关系,那么多种角色的定位将有助于侦查人员职责的履行和侦查目的的达到。但是,如果两种或多种角色之间处于一种对立、排斥、矛盾、抵触的关系,那些这种角色的设计不仅不能建立起有效的操作标准,还会导致这一目的在实践中的落空,有违初衷,甚至适得其反。角色冲突可能导致侦查人员的消极、被动、效率低下,甚至司法不公、不当审讯等。

六、从研究刑讯逼供的"制度化控制"到"非制度化控制"研究

与越轨行为、失控行为、攻击行为相关的就是社会控制。社会控制作为

---

① 参见张韬主编:《刑事侦查程序研究》,中国人民大学出版社 2000 年版,第 33—34 页。

一个重要的社会学概念,最早是由美国社会学家爱德华·A.罗斯提出的。当前关于社会控制的比较一致的看法是,社会控制是指社会组织体系通过社会规范以及与之相适应的方式和手段,对社会成员或群体行为进行指导和约束,从而协调社会关系的各个部分,维持社会秩序,推动社会发展的过程。社会控制的具体方式包括法律、道德、舆论、风俗习惯、宗教、信仰、教育、个人理想、礼仪、艺术、人格、启蒙、社会价值观、伦理法则等二十多种工具。也就是说,社会控制的方式是多种多样的,为了便于说明,社会控制的主要方式可以分为:制度化控制和非制度化控制(或者说正式的社会控制和非正式的社会控制)。前者指法治、文明的规章制度的控制,后者指习俗控制、道德控制、舆论控制等。制度化控制即按照一整套业已形成的条文的规定,由某种组织体系加以推行的一种社会控制形式,包括法律控制、规章制度控制等。制度化控制依照严格、清晰的规范进行,任何行动者都可以依据这些法规对自己的行为及其后果作出比较清晰的判断和预测。非制度化控制,即不是按照明文的规范和科层制度来实现社会控制,而是依据人们在日常生活中形成的非正式的、非明文的方式以及社会成员之间的相互影响来实现控制目的。任何一个社会的秩序维系都不可能只依赖制度化控制,而同时必须依赖非制度化控制。

制度化控制和非制度化控制是相辅相成,二者不可缺一的。在现代化社会中,制度化控制处于社会控制的核心地位,其中法律控制又在整个制度化控制中处于关键位置。但是,制度化控制的作用总是有限;非制度化控制在社会控制中则占据着基础性地位,其中非制度化控制的道德因素在社会控制中占有基础性作用,而且对制度的尊重必须建立在相应的道德基础上。

同样,在探讨刑讯逼供的对策时,我们不仅应探讨制度化控制对策,更要探讨非制度化的控制。因为,只有非制度化控制是一种内在控制,它是通过引导侦查人员自我激励并遵守合法审讯的过程,是通过引导侦查人员对群体或社会的规范的认同来达到遏制刑讯逼供的目的。一旦社会规范的内化成功,一个人通常会继续遵守它,即使无人监视他时也一样。源于内化的对规范的遵从与怕招致处罚的遵从大不相同,后者是对社会应用制度化控制的反应。对社会规范的内化使侦查人员自制,非制度化控制是对刑讯逼供行为的最有效控制途径。有关刑讯逼供的非制度化控制应该从侦查文化、侦查道德、侦查艺术、侦查水平、侦查手段等方面考察。

综上所述,本文引入社会学研究视角,旨在对现有刑讯逼供研究拾漏补遗,提出有关刑讯逼供的研究应当从关注其行为的"违法性"到"攻击性"研究;从关注其行为的"单独性"到"互动行为"研究;从关注其行为的"规范"因素到"价值"因素的研究;从关注侦查人员"人权保障者"到"角色冲突"研究;从关注其"制度化控制"到"非制度化控制"的研究。同样,刑讯逼供的社会学研究可以解释为什么在美国、香港等国家和地区的刑讯逼供对策,却不一定适合我国:因为侦查人员的"价值观"并不是短时间内能够改变的;我国侦查人员面临的压力和风险及侦查人员控制"攻击性"行为能力相对较弱;我国侦查人员面临着多种角色冲突;我国的"非制度化"控制因素有待进一步完善。

刑讯逼供的挫折—攻击理论

马忠红　张韩旭[*]

刑讯逼供现象作为我国法制建设中的痼疾，是严重阻碍刑事案件侦办质量提升，社会公理正义实现的一大障碍，理论学界不断地对刑讯逼供现象的产生原因和相应对策进行研究，同时，实战部门也和侦查对策机关协作推出了一系列的相应措施和管理规定。受制于各方面共同作用，刑讯逼供现象已经得到好转，但在我国基层公安机关仍然存在。检视过往的研究，我们把更多的精力投入刑讯逼供现象的"违法性"研究，而忽视了其"攻击性"的内在属性。[①] 本文立足于刑讯逼供行为的攻击性特征，广泛搜集参阅社会学和法学相关理论著作，进行初步的文献分析；同时利用学生假期参与公安实习的机会，针对各地刑侦部门开展实地调查，以发放调查问卷和抽样进行半结构式访谈的方法掌握了各地侦查部门一线讯问工作的实际情况，对调查走访获取的反馈资料进行数据的定性和定量分析，形成了现状研究的可靠结论。在此基础上，运用实验和模型模拟方法验证攻击型转化程度，以社会学"挫折—攻击"理论，对刑讯逼供现象进行分析

---

[*] 马忠红，中国人民公安大学侦查系教授；张韩旭，中国人民公安大学侦查系2009级刑事侦查方向在读本科生。

[①] 马忠红：《刑讯逼供的社会学分析》，载《政法学报》2008年第6期。

并提出可行性对策。

一、依"挫折—攻击"理论,对刑讯逼供现象的分析

(一) 刑讯逼供现象的攻击行为本质

依我国的界定,刑讯逼供是指"司法工作人员采用肉刑或者变相肉刑折磨被讯问人,以获取其口供的方法"。可见刑讯逼供现象的本质是一种强烈的攻击性行为[1],在这个定义之中,其暴力表征在实施过程中十分明显。根据美国著名社会学者多拉德(John. Dollard)、米勒(N. Miler)、杜博(Doob)等人的"挫折—攻击理论",攻击性行为的发生总是以挫折的存在和加剧为先决条件的,换言之,挫折的存在也势必会导致以各种形式外演化表现的攻击行为。挫折会产生一系列不同类型反应的刺激,其中之一是引起某种形式的侵犯刺激。据此反观刑讯逼供行为,是一种发生在特定环境下(发生刑事案件)、特定的主体(依职权对客体进行讯问的公安机关刑侦人员)与特殊客体(具有作案嫌疑的被怀疑者)之间的典型的侵犯攻击行为(实施肉刑或者变相肉刑),符合"挫折—攻击假说"的情境预设,用该理论对之进行分析,对于洞察刑讯逼供行为主体的心理动因具有重要的意义。

(二) 挫折的定义以及挫折感的衡量界定

挫折是指个体在从事有目的的活动过程中,遇到了障碍或干扰又不能克服,使其目标无法实现、动机或目标不能满足时引起的情绪状态。[2] 引起挫折的前提一般包括三个要件:其一为个体所期望或追求的目标是重要的(至少是自认为重要的);其二是认为主客观上认定该目标是有可能达到的;其三为在实践中目标与现实间存在着不可克服的障碍。在刑讯逼供中,就

---

[1] J. Dollard, L. Dobb, N. Miller, *Frustration and Aggression*. K. Paul, Trench, Trubner & Co., Ltd., 1944.

[2] 宋浩波:《犯罪学新编》,中国人民公安大学出版社2007年版,第154—155页。

指刑侦人员在对犯罪嫌疑人依其职权进行刑事讯问的过程中，由于种种原因无法获取口供而产生的一切负面情绪和感受的总和。

在笔者进行的针对刑侦部门的调查走访中，使用了多种具体的情绪、行为和相应的情景作为衡量挫折感的标准。情绪是情感的外向性表现，诸如急躁、愤怒、迷茫、焦虑和失落感等情绪，往往与心中的挫败感和抑制感密切相关。笔者认为，情感以行为或者表意展现出来，就代表着挫折感已经超出了主观能够限制的范围，易向强攻击性的具体行为演变。在调查中还发现，可以通过一定的生理指标的变化，诸如血压，心率，呼吸频率变化和瞳孔收缩情况，心血管疾病患病情况等，来确定挫折感程度，但由于个体体质的差异等因素，目前还很难提出具体可行的统一标准。此外还应引入一些具体情境，如讯问陷入僵局，嫌疑人拒不招认，态度张狂等；侦查员表现出低幼行为、病态的固执行为（指被迫重复某种无效的动作，这种行为具有强制性特点，不能被适当的反应所取代，人们在受挫状态下往往发生固执行为）等与挫折心理相关的行为也应考虑和情绪表现、生理指标共同构成衡量挫折的标准体系。

（三）挫折与攻击之间的关联程度

依据挫折—攻击理论，行为主体的挫折感愈强烈，则其表现出的攻击性程度愈强，两者呈现出鲜明的正向关联性。该理论认为，攻击性的外向表现，包括积极、消极和妥协三种形式。联系我国刑侦工作实际，居于强势地位的刑侦民警多倾向于消极而简单的表现形式——暴力性的方法。此外，二者的关联性强弱还受到其他几项指标的影响，包括：

（1）反应受阻引起的驱力水平，在刑讯逼供的情境下，就是指作为行为主体的刑侦人员主观上对于打击犯罪，获取事实真相的主观意愿。绝大多数的刑侦民警在讯问这个对抗性的认识活动中，均表现出较强烈的获取事实真相的愿望，这一方面是由警察打击犯罪的使命感决定的，另外一方面，也与公安机关加强刑案首办责任制等机制有关。求取事实真相的反应在受阻的情况下，会对大多数刑警产生强烈驱力，驱使其采取各种措施获取案件的情况。

（2）挫折的累积效应，也称挫折容忍效应。在该情境中指刑侦人员长期从事高强度、高对抗性的刑事案件侦办工作,受到各方面的挫折因素而又难以寻找到合理的途径来宣泄,这些因素的负面作用在长期的刻意抑制之后程度渐强,削弱主体抗受挫折因素的能力,甚至有可能造成对主体永久性的负面影响。

(3) 所为攻击反应而可能受到的惩罚程度。此处的惩罚程度不仅仅是指代行为后可能产生的法律后果,也涵盖了社会对其的负面评价等非强制性的"惩罚"。由于观念因素影响,社会和司法机关对刑讯逼供多持功利主义的态度,注重打击犯罪的效果,强调打击的首要性,而往往忽视程序性违法问题(尤其是在未产生相应的恶性后果时)。据我国刑法和相应法律法规的规定,刑讯逼供处罚力度不可谓不重,但笔者在实地调查中发现,基层侦查机关利用法律条文宽泛规避法律的现象屡见不鲜,基层督察纪检制度相应的薄弱,又降低了主体进行刑讯逼供被发现的风险。反过来说,即使被怀疑有刑讯逼供行为,实践中也很难惩办,甚至根本无从证实:实践中相当多被指控刑讯逼供的案件是因证据不足作出无罪判决的,即使确有刑讯逼供行为,但未造成死伤严重后果,通常只会免予刑事处罚①,更多时候甚至不会引发法律后果。打击犯罪的效果可以量化,获得相应酬偿,而对程序的尊重却不能产生相应的效果。② 对比之下,刑讯逼供的收益之大与成本之小、风险之低,判若鸿沟。如果把讯问者作为"理性人"和"经济人"考虑,那么在利益的驱动下,刑讯逼供也就可以理解了。③

上述三种因素在刑侦讯问中的作用见图1。

---

① 不论是从《公安部关于坚决制止公安干警刑讯逼供的决定》关于"对造成严重后果,群众反应强烈的案事件严肃处理"还是从理论学界关于刑讯逼供罪的结果犯类别理解中都不难发现,在我国的司法实践中,对刑讯逼供罪的认定,多是以造成后果为要件。尽管这在理论界还有争议,但是根据笔者的调查,在某市2010年公开的三起刑讯逼供中,全部是以证据不足,不予立案了结,其行为人均是受到行政或者党纪处分后调离讯问预审部门。
② 吴丹红:《非法证据排除规则的实证研究——以法院处理刑讯逼供为例》,载《现代法学》2006年第5期。
③ 吴丹红:《角色、情境与社会容忍——法社会学视野中的刑讯逼供》,载《中外法学》2006年第2期。

刑讯逼供的挫折—攻击理论

图 1

刑讯逼供现象的发生,离不开两个方向因素的共同作用,即正向推动力(促使其为刑讯逼供行为的作用力)和反向抵制力(阻止其为刑讯逼供行为的作用力)的此消彼长。上述因素,均能巩固行为主体的行为意愿,弱化行为主体的顾虑和忌惮,其作用流程参见图 2。

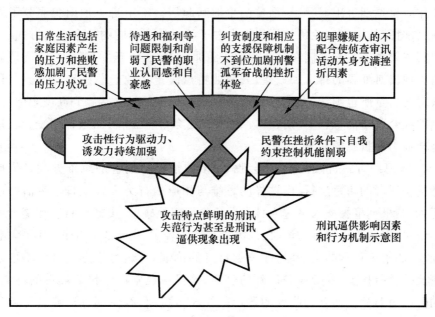

图 2①

---

① 空间所限,只能在示意图中列出部分原因因素,其余原因参见后文。

二、刑事讯问过程中的挫折因素成因分析

(一) 主观方面原因

1. 巨大压力导致的身心不健康：我国刑警数量仅十二万余，承担着侦破全国每年多于五百万起的刑事案件的任务，人均任务繁重，加之我国处于改革转型和经济发展转轨的关键时期，刑案发案数激增，刑警面临着空前的压力和巨大的挑战，其工作性质决定了他们长期在高负荷和高压力条件之下工作运转，生活的不规律，工作的强对抗性和随时随地的风险，导致其身体机能受到影响，出现生理不健康或者亚健康，进而导致精神消极，心理抑郁，出现相应的心理问题并投射在职业行为之中。

2. 长期接触社会阴暗面导致的心理戒惧和排斥：刑事侦查工作的主要工作对象是刑事犯罪分子，刑警的生活和起居会不由自主地向犯罪分子靠拢，长时间的工作和轮班使得他们失去了与正常人相同的社会生活方式，以致其主要生活都被限制在一个类似于犯罪地下社会一般的群落内。刑警普遍表现出对外界的排斥和戒备，其职业特点决定了他们总感到自己被一种敌对的力量所包围。[①] 他们会比普通公民有更多的机会接触到高度集中、激烈的社会阴暗面，刑警长期在这种不良刺激条件下工作，而这种刺激会轻易地转成为挫折感的源泉。

3. 思维方式、价值观与社会脱节：多数情况下刑警的思维方式是依据社会执法者的角色进行，而这样的思维与相应的行为方式与日常生活格格不入，结果刑事警务人员进入日常生活往往四处碰壁，屡遭挫折。在笔者对一位40岁的资深刑警访谈时，该民警对笔者表示，由于工作繁忙，几乎无暇他顾，偶尔过正常的生活时，才惊觉自身的价值观念、思维方式早已不再被主流社会所接受，身处职务以外的生活，该民警经常产生恍若隔世的感觉。同时因为与社会的互动收到的评价往往较为负面，致使部分刑警对于自身职业的认同度较低，职业自豪感较差，根据笔者进行的社会调查中，受访民

---

① 李玫瑾：《警察违法暴力心理原因分析》，载《中国人民公安大学学报》2001年第1期。

警对自身职业很满意的仅占到13%左右。职业所能够带给刑警的积极作用和正向推动力不足使职业所产生的愉悦和荣誉感达不到预想的水平,试想,一个不热爱自身职业的刑警,面对生死决于一线的刑侦工作,会采取什么样的工作方式,产生什么样的结果,也就可想而知了。

4. 个人素质和能力的缺失:讯问是一个说服过程,需要刑警具有相关的说服工具①,也就是一定的审讯技巧。概括地说,讯问人应该具备这样一些能力:法律知识、较好的语言表达能力、观察能力、分析判断能力、一定的心理学理论知识。② 而现实是刑讯逼供行为者大多在这些能力方面存在重大欠缺。面对日益复杂的社会现实和花样翻新的犯罪案件,刑事警察的个人综合素质和专业技能往往不能很好地满足其职务的内在标准。不少的刑警面对着花样翻新,屡禁不止,屡打不绝的刑事犯罪,表现出有心无力,疲于应付的无力感和虚弱感,这种心态会直接加大主体应对工作的负担,一方面会使刑警对违法犯罪行为的抵触和憎恶等情绪加剧,另一方面会使刑警产生在讯问工作中的急躁和焦虑情绪,这些情绪往往与刑讯逼供现象存在紧密的联系。

5. 对刑讯工作错误的心理预期:在笔者的调查走访中发现,比之于社会招录警务人员,由公安院校毕业而从事刑侦工作的警务人员在对待刑讯行为的认识和预期上存在更加显而易见的错误,他们对讯问抱着一种错误的预期,包括:对审讯对象的配合态度和配合义务的错误估量,认为犯罪嫌疑人在权威之下会如实回答其提问,而忽略了人的趋利避害本能使嫌疑人总是想方设法寻求反审讯的对策,而使审讯具有相当的艰难性;对审讯结果的错误预期,行为个体通常将案件取得突破的希望寄托在审讯之上,不重视其他调查取证,因此其审讯的预期目标表现出主观性的特征,当讯问与主观目标之间存在差异时,挫折感也就应运而生了。

(二) 客观方面原因

客观原因作为影响刑警的外部环境,对刑讯逼供现象的发生扮演着外

---

① 这里对工具的理解,不仅仅限于物质性器具,还应包括法律专业素养,亲和力,说服力等非物质性讯问必要的技能。

② 毕惜茜主编:《侦查讯问理论与实务探究》,中国人民公安大学出版社2004年版。

因的角色。这些客观因素以各种形式加剧挫折的产生和积累,同时通过刑侦民警内在的问题发挥作用:

1. 侦查水平因素:我国的刑事侦查起步较晚,对于相关的侦查技术,起初并未得到足够的重视,导致了我国刑事科学技术手段方面的先天薄弱。即使是在刑事科学技术受到重视的当下,我国在刑事侦查技术方面的投入,比之于其他法治程度较高的国家仍然相去甚远,其后果就是侦查装备落后,侦查技术水准低下,侦查对口供的依赖度高。试想,如果侦查人员可以通过先进的技术手段以物证等形式确定案情和事实,找到定案证据,何必还要拷掠求供,滥施淫刑呢?我国刑侦机关人员在讯问中,缺少助力,只能以人为主力,针对嫌疑人开展深入的讯问调查,许多刑讯逼供情况,就出现在此中。

2. 刑侦工作的保障和责任机制因素:根据世界经验,对刑案侦办,各国多采取全方位支援方式,从人力、物力、财力到技术、情报信息,刑侦部门获得公共安全机关内部力量支援的途径更为畅通,获取口供以外的其他形式证据和线索更为便利,相应的对口供的依赖度不特别强烈。反观我国,侦查部门与治安管理、网络监管、技术支援等部门难以形成无缝对接,力量分散,使得刑警处于孤军奋战的尴尬位置,严重地掣肘了刑侦工作,加剧了刑警的挫败感和焦虑感。同时,民警职务行为中遭遇困难后的协调和支援机制普遍缺位,致使其在讯问中与各种挫折困难不期而遇。在案件陷入僵局时,迫于内外压力,刑讯逼供这一违法却"有效"的方式,往往成为办案民警突破案件的最后选择。

在《刑事诉讼法》规定的期限和《人民警察法》规定的相关权责以及责任制度之外,各地公安部门纷纷出台"倒查机制"、"首办责任制"、"命案必破"等机制和要求,配合以破案数、破案率为准的绩效考评机制,来加强民警的责任感和使命感。在笔者的调查走访中,北京、上海、浙江、河南、辽宁等地公安机关,均不同程度存在以下现象:刑侦部门每年甚至每月都有刑事案件指标,它不仅与单位的评优和奖励密切联系,而且也与刑警个人的福利休戚相关。是否破案、在多少时间内破案,不仅关乎集体荣誉,更关乎个人利益、晋升和命运。而所谓的"命案必破"则更把这种利益权衡推向了极端化。事实上,预定指标往往难与后来的事实相吻合。刑事案件是错综复杂的,即使拥有很强的侦查能力,也不能保证在规定的短时间内,得到案件的重要线索,获得有价值的证据。一些硬性指标实际上否定了受主客观因素的影响而导致在较长时间内不能破获的案件,过高估计了在侦查活动中刑侦部门的主观能动性。① 抛开道德因素,以趋利避害的人性角度分析,当切身利益受到影响时,刑侦人员和普通人一样,也会力求避免不利结果。在一些地区,民警办错案子要承担责任,侦破了案件却缺乏相应的奖赏与激励。一味地强调责任,强调速度,强调数量和比例,进而赏罚失当,出现"只究责任,不给鼓励",会给办案民警以极大思想压力。在思想负担过重,而案件侦办又确有难度或者存在超出民警认知能力的情况时,一些民警在受到剧烈挫折后,不免会选择具有强暴力色彩和攻击性质的手段,力争完成交办工作。

　　3. 待遇和福利因素:刑事侦查工作,是一项高危险、高对抗性的公务行为,根据法律法规,我国刑事警察属于行政编制,实行专项管理。周永康同志曾经在2004年全国侦破命案工作会议上强调:"各级公安机关尤其是领导干部,对刑警要高看一眼、厚爱一分。"② 从事这种工作的刑事警察应享受较之于其他公务人员更为优厚的待遇和福利,实行衔级制度的刑警队伍也应享有在衔级等方面的倾斜。但是在各地工作实际中,刑侦部门的待遇和福利水平常常难以保障,正如笔者访问的一位辽宁刑警所言:"刑侦不如禁毒、缉私部门,甚至远不如经侦部门的福利待遇,别的单位根据国务院规定,可以有一部分的罚没和追缴资金返还本单位促进工作,给发福利,而刑侦部门本身涉及的经济利益就少,况且也没有相关规定。在我们XX市,对一名立功刑警的奖励就是将他调进经侦部门!"

　　根据笔者的调查,同样警龄职务,刑警的工资水平比之同级公安其他部门相对略低,再将各级公安机关内部的福利和奖金等因素考虑进去,差距更大。刑侦部门内部的晋升机会不足,民警立功的机会少,门槛高,在公安机关内已经是公开的秘密,各地公安机关内部对于晋升的标准不尽一致,但是在其他警种,多是以不出现失误的"排斥"型尺度为标准,而对于刑侦部门则采取"要式"型破案数、破案率等指标进行衡量,这就以内部不平等的形式,加剧了刑侦部门的工作压力。其实质上是一种对工作的不肯定和不认

---

① 马忠红:《侦查的本质》,载《人民检察》2004年第8期。
② 公安部办公厅:《2004年全国侦破命案工作会议纪要》,2004。

同,与挫折的产生和刑讯逼供等侦查中的失范现象存在密切的正向关联性。

4. 家庭因素:刑警一样有着自己的家庭生活,相关研究证实,家庭对于社会人的职业行为会产生相当大的影响,刑警的工作性质决定了其生活方式和生活规律和正常人存在较大的差异,应警出动,随叫随到的特点,使其基本没有时间进行职务以外的行为,根据调查反馈,我国刑警家庭离婚率高,家庭成员不和睦情况严重,其家庭对其产生不良影响的比例已经超过六成(H省公安厅和H市公安局刑侦部门各级干警的离婚率均已经超过了半数,而且青年干警面临的择偶和婚恋困难严重,大龄青年未婚较为普遍)[①],据笔者的调查,几乎所有受访民警都认为,家庭生活中积累起来的不良情绪会影响自己在侦查审讯活动中的情绪和状态,在回收的调查材料中反映出,在一线刑侦部门,甚至会出现家庭生活与本职工作出现尖锐对立的情况,越是在工作上卓有建树,屡立功勋的刑警,越容易发生家庭矛盾,之后,在家庭因素的作用之下,这些民警的状态和能力均受到影响,而状态不佳又加剧了民警的心理压力和焦虑。

5. 犯罪嫌疑人的不合作:根据一些理论观点,刑事侦查活动本身就是一个具有对抗性,充满挫折因素的认知过程,这个观点虽极端,却也道出了基层刑侦工作的实际困境:公安机关有国家强制力为基础和依托,锻炼出了精干的刑侦队伍,掌握了相当的刑事科学技术,但是,刑事犯罪分子这一极端危险的社会群体,也并未停滞不前。侦查,是一个道魔比高,相生相长的过程。如果将侦查活动作为一个社会现象进行考查,可以发现,纵观各个历史时期,侦查力量和犯罪力量的对比,总体上虽以侦查力量居于较为强势的地位,但始终是维持在一个较为平衡的状态下,从来不曾出现过侦查力量全面占据决定性优势的情况。这样的力量对比反映在讯问活动中,作为"理性人"的犯罪分子基于趋利避害的考虑,对于侦查和讯问往往心存抗拒或侥幸,国家强制力和权威对其的震慑并不明显。在当前条件下,许多案件取得突破的希望还依赖于审讯,因此其审讯的预期目标表现出主观性特征,当审讯结果与其主观预期目标之间存在差异之时,而又超出了主观可控的范畴,

---

① 《离婚率一半以上,谁松动了刑警的温馨家庭小舟?》,中国网:http://www.china.com.cn/chinese/difang/795893.htm,2011年5月18日访问。

挫折感也就产生了。

6. 社会舆论和氛围：随着改革开放的不断深入，法制化社会进程持续加速，我国人民群众的权利意识水平不断的迈上新台阶，政府面临着从管理者到服务者、保障者的角色转变。公安机关被赋予了相应的强制权力，对于保护人民群众的生命财产安全负有责无旁贷的义务，人民群众也对于公安机关寄予厚望。在群众切身关切被犯罪行为侵害之时，他们需要依靠公安部门来保护权益；而一旦公安机关不能很好符合其期望时，群众会迅速转为失望，之后自然而然地演变成对公安机关的效率、方式、态度方面的不满、猜疑、批评（根据相关调查，每一次重大的刑讯逼供冤假错案被曝光后，公安机关的形象和群众满意度就会剧烈下滑）。[①] 而在侦查活动中，群众的配合度和响应度低，会给案件侦办带来意想不到的困难。刑侦队伍在恶性循环中，背负起无形的巨大压力，攻击性行为作为一种应激性行为，在高压之下，更容易外向地表达出来。

三、刑讯逼供应对措施和对策机制

2011年8月，全国人大法律工作委员会向全国人大常委会提交了最新《刑事诉讼法修正案（草案）》，其中一些改进被广泛地解读为应对侦讯违法的措施，在笔者的调查中，许多受访民警对此寄以厚望，但是我们也应当清醒地认识到，中国的客观实际情况较为复杂，仅仅依赖法律是不可能从根本上毕其功于一役的，为了弥补法律的不足，我们应该使用制度建设等方法，和法制建设构成合力，在超出"规范法学"之外的层面[②]和空间开展相关建设，采取措施，力争从根本上刨除刑讯逼供存在的根源。

---

① 《冤狱"复制"：原地反思最无趣》，南方周末网：http://www.infzm.com/content/44882，2011年5月18日访问。
② 陈瑞华：《刑事诉讼的中国模式》，法律出版社2008年版。

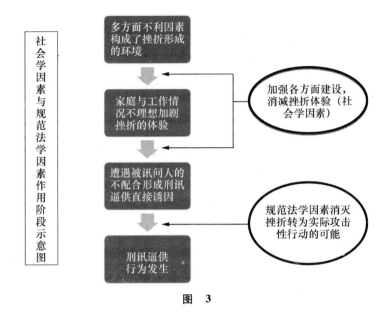

图 3

（一）切实加强侦查能力建设

刑讯逼供发生的最根本原因就是侦查能力的缺失和不足,我国的侦查能力水准和发达国家间还存在较大的差距,这些差距的形成,一方面由于人员素质参差不齐,一方面由于队伍装备和技术水平滞后。

1. 提高队伍素质,使刑警原始挫折程度维持在低水平

（1）人员招录:刑事侦查部门有别于一般公安岗位,需要从业主体具备相当的专业性和特殊知识与技能,所以在招录刑警时,应尽可能地招录在公安高等院校接受过正规的侦查专业教育的毕业生以及具备侦查工作经验的人员,进行必要的岗前培训,组织专项执法资格考试,综合检验其素质和能力,严把入口关。

（2）内部转任:在公安机关内部人员转任制度上,应安排年富力强、已经从事过社区警务、交巡警、治安等工作,具有丰富经验和完备履历的同志从事刑侦工作。在刑侦部门工作一个阶段之后,达到一定年龄标准(根据西

安市相关调查和北京市执行标准,认为40岁后不宜继续从事刑侦一线工作)①,视其工作情况,结合个人意愿和个人状况,选择性地转至其他部门。

(3) 教育训练:在队伍建设与人员在职培训上,贯彻部党委提出的"公安大教育"理念,开展轮值轮训,对在职刑侦民警,定期开展贴近实战,简短凝练,不脱离工作的培训,不仅注重实战技能的培训锻炼,也推进法律素养的养成,切实推动在职民警侦查业务能力的提高。

2. 优先保障装备,优先推动技术发展

当代社会的刑事犯罪表现出鲜明的复杂化、智能化趋势,为了应对来自犯罪分子的挑战,绝不能再墨守成规,依靠陈旧的思路和落后的侦查技术来开展工作。根据物质交换原理,任何物质一经接触,必然会发生接触层乃至于内部的物质交换②,从理论上讲,任何犯罪都不可避免地会留下痕迹,造成变化。只是受限于现有的认知水平,相当数量的物质证据不能被发现和利用,只要切实提高刑事科学技术水平,合理地把科学技术带来的认识水平的提高应用到侦查实践中来,侦查能力能够极大地增强。限于我国的实际情况,目前还很难将尖端装备和技术应用到全国各级侦查部门,但是我国已经建成了以公安部第二研究所为核心,各地物证鉴定中心和研究所为枝干的刑事科学技术支援系统,我们可以建立各地侦查部门和物证检验鉴定部门信息协作平台,理顺各方关系,形成协作的顺畅机制。

(二) 建立健全福利保障,提高相应的待遇

刑警为了打击犯罪日夜奔波,舍生忘死。高风险、高付出与低待遇产生巨大反差,工作压力加剧与保障水平迟滞不前凸显了问题。民警的社会属性并不因其职业而改变,他们多数都还有对家庭,对社会的责任,对晋升的渴望。如果对其愿望视而不见,会导致日常之中更多的负面因素的累积,削弱其职业认同感和归属感,减弱主观上对待刑讯逼供的自我控制能力。

1. 工资待遇低,福利保障少:刑警的工作量远远超出了公务员平均水平,根据笔者的调查,一线城市,刑警的日工作量是其他公务人员的约4倍,

---

① 傅政华主编:《物证技术学》,中国人民公安大学出版社2005年版。
② 《西安:让心理帮助走近一线民警,帮刑警找到最佳"临场状态"》,http://www.legaldaily.com.cn/zbzk/wc/fzwcj819/fwa/ywya1.htm,2011年5月18日访问。

在二三线城市和广大乡村,刑警工作日工作量是其他公务人员的2.5到3.3倍,而工资水平基本只相当于文职公务人员的约75%—83%。无论是从劳动力给酬原则还是从兼顾队伍士气的角度,均应该对刑警的工资待遇适当上调,其幅度可以比照公安现役部队调整。而落实相关待遇政策的关键在于:刑侦部门的工作不像经侦、禁毒、治安等部门能够带来显著的经济效益,往往无法得到地方政府在财政预算、经费福利上的倾斜。在目前将公安机关全部改为垂直管理时机尚不成熟的情况下,可以考虑将刑警等警种的管理进行试点改革,调整为由各地省和自治区一级政府编列预算。除了工资待遇,福利保障方面也应该相应加强,此处不仅仅强调物质福利,更包括了各级公安机关领导干部,应有针对性爱警惜警,为刑侦民警争取较为理想的社会生活福利保障政策,防止挫折因素在民警的正常生活中累积。

2. 政治待遇低,晋升机会少:在受访的多地公安机关刑侦部门中,刑侦部门领导职务比例大约为每5.8人之中产生一个科级职务,每100人中产生2.5个处级领导职务。这个比例远远低于同级其他政府部门的职级比例。许多在基层长期工作的民警,多年无法得到提拔和正常的晋升,个人诉求被抑制,形成了对工作本身和工作对象的抵触和不满。我国现行的警衔和职务管理规定已经为此设计了相应的方案,这一问题,完全可以依托现有的衔级制度来解决,对于领导岗位警官,按照行政序列晋升,对于履行警务执行职责的警员,按照多层级的警员序列晋升,这可以解决一大批非领导岗位的刑侦民警的职级困境,摆脱老警察"科员退休"的不公局面,缓解刑侦民警因为晋升艰难,职务卑下带来的挫败感和抑郁等情绪,也相应地带动了民警待遇的提高。

(三)建立相应的援助制度

刑事犯罪侦查工作的对抗性和证明性,使得办案民警难以仅靠自身完成侦查。只有各种支援保障机制,诸如法制、情报信息、技术、后勤保障体系共同良好运作,才能够使得一线刑侦民警更好的打击犯罪。这就要求基层刑侦部门的负责人,摆脱单纯靠数量、"眉毛胡子一把抓"的旧办法,培养组织统筹能力和分工合作,多线并行观念,合理地分配人员,建设相应的支援保障制度,努力维持其良性的运作,使其能够高效地服务侦查,协助侦查人员开展相关工作。

此外,刑侦民警在职务行为中,尤其是和犯罪人直接冲突的侦讯阶段,会在一些激烈的行为和情境之下,产生应激行为或者出现心理问题。这从客观上产生了对侦查心理支援机制和生理监测机制的需求。笔者在走访中发现,在紧张忙碌的侦查中,83%的民警抑郁和强迫症状明显,如"感到自己的精力下降"、"感到难以完成任务"、"感到苦闷"等;60%的民警还有不同程度的敌意躯体化症状,如"容易烦恼和激动"、"自己不能控制地大发脾气"、"有想打人或伤害他人的冲动"等;有相当数量的民警经常感到"头痛头昏"、"食欲不振"。面对如此严峻的心理健康状态,侦查心理支援机制的建立刻不容缓。应通过向刑侦部门安排一定数量兼有侦查业务能力和心理健康疏导知识的公安心理咨询师,及时发现问题,尽早处理,切断心理和精神问题转为实际行为的可能,这些心理咨询师不宜以心理辅导身份进入侦查部门,而是最好以刑技人员或者内勤的角色参与刑侦工作,不动声色地对办案民警的心理状态进行监测,对于发现的心理问题,通过聊天和劝慰等形式,善加引导,用温和而有效的方法,化解刑讯过程中由挫折感产生的致暴因素。根据挫折攻击理论系统观,如果主体能够保有足以进行选择的理性思维,而又能够得到足够的外力协助来摆脱挫折应激的自然反应——攻击,那么攻击性行为有可能实现转化,转向防卫性行为,更有可能通过防卫性行为中的升华与补偿机制,实现推动认知能力提升,事业心和责任心增强,推动案件侦办的正面作用。

此外,侦查询问活动中,可以在专业人员指导下对民警的生理指标进行监测,将所得结果与日常对民警生理指标(诸如血压,心率,新陈代谢速率,肌肉松弛程度)进行比较,应该建立常态化的民警健康数据资料库,记录民警的生理心理信息,得出相应的指标界限,在侦查讯问中,一旦发现有超过指标的现象,立即采取物质隔离或者更换询问人的方法来防止发生违法行为。给其相应的时间,调整心态,舒缓心情,为之安排相关的心理咨询和体检,及时处理潜在的威胁民警身心健康的因素,体现"从优待警,关心爱护"的精神。

(四)正确引导社会舆论,追究不实报道和诬告陷害的法律责任

在浏览互联网门户网站和一些报纸杂志,收看电视节目过程中,我们能

够发现大量的涉警负面信息,其中不乏捕风捉影,以讹传讹的恶意中伤和攻击。这些媒体罔顾作为新闻媒体的责任和担当,一味迎合社会上存在的"仇警"心理,借此扩大影响,为自身牟利。这种社会话语权掌控者对警察尤其刑警队伍的妖魔化刻画,导致了刑警队伍在群众心目中的形象恶化。刑警具有希望得到社会承认,获取社会积极评价的需求,长期在社会的不接受和不理解之中工作,遭遇到社会各阶层的拒纳、冷漠甚至是敌意,不可避免地会累积挫折情绪。针对于此,应当加大新闻管理监督力度,对那些以偏概全,观念偏激,甚至是捏造事实,造谣生事的报道坚决予以打击和控制,对其中涉嫌诽谤、侮辱、诬告陷害的单位和个人,严格依法追究其刑事和民事责任。同时以人民群众喜闻乐见的方式,更多的报道刑警队伍为打击犯罪和保卫人民群众生命财产安全作出的努力,付出的牺牲和代价。具体的做法可以参照解放军宣传部门举措,由公安部新闻宣传局牵头,各省市公安机关协同,选出优秀刑警作典型,以拍摄电视剧,谱写歌曲等方式,向社会展现刑侦部门的努力,牢固树立刑警的形象和地位。

(五)从日常教育和法制建设入手,树立警察权威

刑侦活动的对抗性是不可回避的,但是如果能够采取措施,消减犯罪人的抗拒意识和不合作态度,那么刑侦民警应激产生的攻击性行为也势必能够相应的削弱甚至是归于消灭。应在日常生活中加强对一切公民的守法教育,使得所有社会成员形成对于代表国家公权力履行打击犯罪职能的刑警的服从,在其因违法犯罪接受调查讯问过程中,这种观念会自然地动摇其顽抗意志。在当前的一些案件讯问中,嫌疑人不管主观态度如何,都会得到一样的处理,受到同标准的追诉,这就使得他们抱定了抗拒到底的心理,针对这种情况,应该要以更加细化的法律,制度式地明确在讯问中,犯罪嫌疑人的主观态度对其日后的量刑的影响,使得犯罪嫌疑人了解到,要为自己主观抗拒态度付出相应的代价,承担后果。如此,嫌疑人会权衡利弊,计较得失,放弃顽抗,采取配合态度,也就改变了讯问的模式。

四、结语

本文主要在社会学的视角下,以关注刑讯逼供多发的侦查讯问阶段为切入点,考察挫折因素以及攻击性行为的内在关联性。我们认为:刑警的挫折感对于其采取的攻击性侦查讯问行为有着直接、密切的关联性。作为刑事讯问主体的刑侦民警的挫折感不仅仅来源于职业行为和与犯罪嫌疑人的直接对抗,社会层面上对于刑警队伍的一些不良影响为其挫折感产生提供了更深厚的社会土壤。遏制刑讯逼供,不能期待讯问人员单方面地加强自我约束和克制,而应当从外部入手,特别是设立一系列的使侦查顺利开展的支援保障制度,消减负面压力,减轻讯问人员负担,把讯问程序纳入一个规范化的轨道。这是本文的一个基本结论。

一个大跨步走向文明和法制的国家,必然不允许刑讯逼供的存在。刑讯逼供损害的是作为权利主体的公民的尊严和价值,破坏的是我们孜孜以求的注重程序正义的法治秩序,毁坏的是整个国家的道德原则和法律建设进程。本文愿以一得之愚,为我国公安机关侦查部门的法制化,正规化建设稍效绵薄之力。

附件 1:

侦查人员挫折因素转化攻击性行为实验报告

实验时间	2011 年 11 月 4 日星期五 15:00—17:30
实验地点	中国人民公安大学 12 号楼 5 层警苑空间 中国人民公安大学 12 号楼 4 层 09 侦查中队中队长办公室
实验仪器	弹簧测力器(规格 150 N)×1 家用型血压测量计 ×1 计时器(秒表)×1
实验目的	通过模仿刑讯逼供发生时的环境和条件,考察挫折体验强烈的讯问主体采取外化方式表达宣泄情绪的可能性和强度。

	(续表)
实验内容	基于挫折攻击理论,通过为实验对象制造挫折感,加剧其挫折体验等方式,使其负面情绪积累。进而制造情境,使其有机会对自身可控制的对象(本实验中为物品)实施一切行为,考察其是否取一定方式的攻击性行为施加于特定物。
实验意义	以实证方法,创造类似情境,考查主体在特定的挫折条件和挫折体验之下,采取暴力特征明显的行为来宣泄情绪或者实现既定目的。进而佐证挫折因素与攻击性行为的内在关联性,考查二者关联程度。
实验方法和实施步骤	一、对象遴选: 在中国人民公安大学09侦查5,6,8区队学生中按照以下标准寻找实验对象: 1.参加过至少一次的公安专业实习,参与过刑侦讯问工作; 2.在校期间表现良好,已成为入党积极分子; 3.在2011—2012学年上学期,有可能成为(或已经成为)相关的评奖评优候选人或者进入党班学习、成为入党积极分子; 4.日常生活中,焦虑感较强、家庭督促严格或者家庭负担较重。 根据以上标准共有符合条件候选人6名,经过筛选,选出4人作为实验对象:A,B,C,D(应其个人要求隐去姓名)。 二、汇报请示: 此次实验上报中国人民公安大学侦查大队09侦查中队中队长批准,授权项目负责人张韩旭担任实验组织人。 三、数据搜集:搜集实验对象正常情况下的生理指标(血压,心率),测定打开12号宿舍楼5楼警苑空间房门所需要的正常的力的大小。 测得以下数据: A:血压79—110,心率67/min; B:血压75—102,心率71/min; C:血压88—120,心率74/min; D:血压82—117,心率69/min。 正常关闭房门的力为:55 N左右。 四、制造情境,加剧挫折:每名被选中的实验对象事先不知情,以推荐积极分子入党班进行考评谈话为由,由中队长安排正课时间(宿舍楼无人)在其办公室(12号楼417室)按照项目课题组制定的谈话提纲对四名实验对象分别进行谈话,在谈话中,表明以下信息: 1.在与该同学的情况介绍中,禁止发问,疑问会在另外的时机说明;

（续表）

	2. 该同学不能在本学期进入党班学习； 3. 该同学不能进入党班学习的原因是其表现不符合《中国人民公安大学发展学生党员工作暂行办法》的有关规定（具体条目故意不予说明）； 4. 该同学本次参加党班培训的名额已经被一个各方面条件不如该同学的学生E（应该与实验对象属于同一区队，但是在学生入党积极分子批次或者位次中排名靠后，且具有不及格科目或者违纪处分情况等显著劣势）取代； 5. 听完情况介绍之后，要求该同学到12号宿舍楼,5楼警苑空间等候队长开情况说明会。
实验方法和实施步骤	五、待谈话结束，实验对象走向12号学生宿舍楼5楼警苑空间时，保证警苑空间空无一人，在警苑空间房门把手处安置弹簧测力器，并且安排项目组专人在五层至六层转台处观察其反应。待其开门进入并关门后，另安排专人进入警苑空间，测定实验对象的生理指标。 六、以上实验进行四次，每次过程一致。 七、由项目负责人在12号宿舍楼5楼警苑空间说明情况，解释原因，感谢各位实验对象的协助。并进行数据的分析对比，得出结论。 实验结果和分析 经过测定，四人经过谈话后的生理指标和关门施加力的大小情况如下： A：血压90—115，心率73/min，关门力约等于117 N； B：血压88—122，心率79/min，关门力约等于109 N； C：血压99—128，心率85/min，关门力约等于106 N； D：血压91—125，心率78/min，关门力约等于121 N。 通过对四名实验对象的访问，每人都认为自己关门时的力度并不重，不是所谓的"摔门"、"砸门"。另外，有三人不认为自己处于自己认为的愤怒和激动的情绪状态之下。可见主体在挫折攻击机制中，对自己的行为的性质往往不能很准确的认识和理解。 可见，在经历了挫折刺激过程之后，这些本身就有一定的挫折因素积累的主体，会产生相应的负面情绪诸如急躁，愤怒，沮丧，挫败等。在这种情绪因素的作用下，主体在无人监管的状态，不自觉地会在自己的能力所及的范围之内，选择无法抗拒其力量的目标人或物体（门，桌椅）作为对象，采取较具有对抗性和暴力性的行为，进行无意识的情绪的宣泄和外显，以达成情绪的平衡和稳定。 类似的，刑事讯问人员的攻击行为机制也应与此相类，受到生活中的挫折压力因素，在遇到了某种特定的情况（诸如案件侦办不顺利，犯罪嫌疑人的挑衅和对抗）等，在犯罪嫌疑人没有能力当时对抗主体的前提下，采取暴力措施，一方面发泄负面情绪，宣泄挫败感；另一方面，拷掠求供，以求早日完成任务。

	（续表）
结论	在侦查询问者身上,明显地体现出挫折因素和后续的攻击行为的内在关联性。也即侦查讯问人员的刑讯逼供等讯问违法失范行为与日常和讯问过程中接受的挫折因素有直接密切的关系。

附件 2：

调研结果分析报告①

2011 年 4 月 28 日至 2011 年 9 月 29 日,"刑讯逼供的挫折—攻击理论研究"项目调查统计阶段,共计向中国人民公安大学赴杭州实习团队,赴丽江实习团队,浙江省杭州市西湖分局属各科所队和局属部门,景区分局及各局属部门,北京市公安局海淀区分局刑侦支队,辽宁省铁岭市公安分局刑侦支队,上海市杨浦区公安分局刑侦支队,湖北省武汉市武昌公安分局刑侦支队,河南省郑州市公安局刑侦支队发放调查问卷 100 份,回收有效调查问卷 86 份,问卷编号从 00001 至 00100(中间有间隔:00005,00008,00035,00037,00038,00043,00046,00052,00057,00060,00063,00079,00095,00099 问卷被认定为无效)。

问卷调查实施情况：

此次关于"刑讯逼供的挫折—攻击理论分析"的实证调查部分,采取了结构式调查问卷与半结构式调查访谈两种形式。问卷的设计分为三大部分,即对刑讯逼供行为的认知、挫折感的来源、挫折感的控制及对策。通过上述对调查反馈数据的分析可以看到,大多数民警对于刑讯逼供行为本身有着清晰正确的认识,但是在实践中,迫于现实情况以及办案的要求,会产生偏差。在挫折感来源的考察上,我们从主体自身和外在环境两方面进行调查,调查发现家庭,现有制度,上级领导对案件的关注度,福利待遇,犯罪嫌疑人的不配合,社会舆论等等都会成为挫折感的重要来源。其中,职业认同和民警个人素质对挫折感的产生影响不大。在第三部分对挫折感的控制调查中,我们针对一般控制、转化关系、物质对策、制度对策、压力排遣等几个方面展开。在受调查者选择中,选择的绝大对数民警和学警能够直接接

---

① 该调查的实施和报告撰写由中国人民公安大学 09 级侦查系刑事侦查方向在读本科生张韩旭和张艺怀、陈思共同完成。

触到刑讯逼供的案例,并且有刑侦从警经历,对此现象有着自己的观点。调查主体有着一定的指向性,对实证调查的结果不会产生结论性的影响。

统计情况:

一、受访人员个人情况之统计(不包含受访问学警)

1. 年龄:受访人员中,受访人员年龄分布体现出鲜明的年轻化特征,在职民警中,20—30岁年龄段的占60%,30—40岁年龄区间的占25%,40岁以上的只占15%,且多为各级侦查机关负责人。

2. 文化程度:受访对象中,文化程度以高职高专教育水平为主(约占70%),这与各地警察职业院校响应号召开展"大教育",轮值轮训有很大关系,这无疑极大地提高了民警的素质尤其是职业素养,带动了基层刑侦部门的进步。但是,也折射出了一线实战部门缺乏警官高等教育尤其是重点公安院校所谓"科班出身"高层次人才的实际情况。

3. 从事刑侦工作情况:在一线的干警之中,从事工作的时间普遍不长,在刑侦部门工作超过10年的只占10%,全体受访对象中,仅有3名地市刑侦支队的支队长和副支队长一级的领导干部非连续地从事了超过20年的刑侦工作。

4. 具体工作分工情况:受访者来自于全国各地,各地公安机关情况不同,有的已经贯彻了侦审合一,有的仍然采取内部侦审分离的制度,受访者担负的工作,基本涵盖了刑侦工作中包括外勤、预审、技术支援等各个方面。

二、对刑讯逼供的认知观感(包含受访学警)

1. 假如警方抓获一名犯罪嫌疑人,有确实证据证明他绑架了一名被害人,且被害人处于生命垂危的危险境地。您认为可否对其采取比较特殊的审讯方式,如使用强制力比较强的措施甚至是肉刑来保全被害人的生命安全:(这道题的设置旨在通过特定的场景考量受访民警的实际心理价值取向和对待刑讯逼供的实际态度,同时可以考察民警的独立决策能力和责任感)

选项	有效回答人次	百分比%
应当立即采取	24	28
不应当	56	65
服从领导的安排	5	6
不清楚	1	1

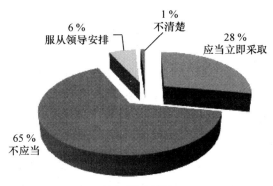

认知观感情况

通过结果的反馈,我们可以发现,相当大一部分刑侦民警在思想观念上已经接受了应当平等地保护嫌疑人和被害人的合法权益,但是也确有为数不少的民警依然不能摆脱对犯罪嫌疑人天然的偏见和传统有罪推定观念的影响,认为可以为了保障无罪人的合法权益而牺牲部分有罪人的合法权益。此外,可喜的是,大多数民警已经养成了不唯命是从,独立思考,冷静研判的思维习惯。

2. 犯罪嫌疑人对于侦查人员的提问,应当如实回答。您认为对于这一规定是否可以理解为:在审讯过程中,只要侦查人员认为犯罪嫌疑人没有如实回答,就有权利采取强制手段让其回答:

	有效回答人次	百分比%
完全同意该说法	3	3
不太同意该说法	41	48
完全不同意该说法	42	49

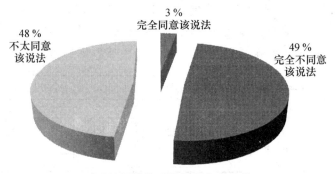

对刑讯逼供的理解是否存在偏差

刑讯逼供的挫折—攻击理论　51

通过该问题,我们可以发现,一线民警对刑讯逼供行为的行为内涵界定相当明确,并不存在重大而广泛的误差,但也可以看出,相当部分的民警对于刑讯逼供还是存有一定程度的认同感,并不能做到在各种条件下都能够坚定地摒弃之。

三、挫折感的来源

1. 家庭:您认为您的家庭情况(家庭成员关系,供养家庭等因素)对您在工作中的压力有什么样的影响:

选项	有效回答人次	百分比%
能够很好地消解挫败,舒缓压力	7	8
既有好的影响,又有坏的影响,但总体来说正面作用更大	38	44
既有好的影响,又有坏的影响,但总体来说更加加剧了压力和挫败感	40	47
基本没有正面作用,徒然加剧负担,扰乱情绪	1	1

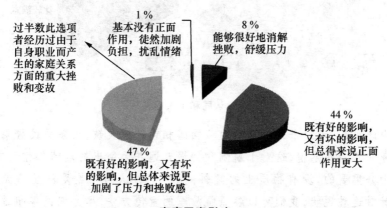

家庭因素影响

通过该问题,我们不难发现,存在相当部分的民警的家庭生活有一定的问题,对其生活、工作上的压力和挫折感产生了相当的负面作用。编号00004、00092的问卷还具体地阐述了负面作用:家人对工作性质的不理解,对薪酬不理想的抱怨,全家三代住在面积狭小的房子里的压力,以及婚姻家庭长期存在矛盾等因素。此外,我们又针41份选择"基本没有正面作用"和"既有好的影响,又有坏的影响,但总体来说更加加剧了压力和挫败感"的问卷进行了进一步的调查,这些受访者中有 10 人遭遇过由于工作家庭矛盾不可调和婚姻破裂,11 人经历过剧烈的家庭和婚姻生活的挫折。这从一定程度上展示了我国刑侦工作者家庭生活的不良现状。

2. 职业认同和个人因素:您对您所从事的刑侦工作怎么看:

选项	有效回答人次	百分比%
满意	11	12.7
比较满意	25	29.0
一般	46	62.7
不满意	4	4.6

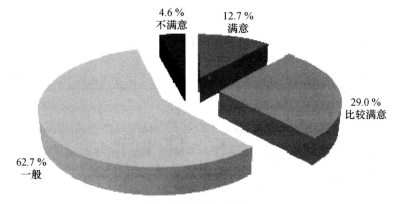

职业认同和个人因素

由此可见,刑警个人对职业的认同感相对较为欠缺,大多数民警对待职业本身并无特殊感情,这对于薪酬和待遇普遍并无突出的刑侦工作而言,恰恰是十分重要的,没有物质上的倾斜,精神上的认同和热爱就显得尤为重要。针对这种现状,我们可以参照解放军的宣传方法,尽力把民警塑造成为和平时期最可爱的人,引导舆论做好对刑侦民警的正面宣传和报道,引导人民群众更多地看到刑侦民警为了工作所付出的巨大牺牲和奉献。

3. 制度:您认为法律上法定的"办案期限",实践中的"限期破案"、"破案率"、"倒查机制"是否会给民警带来很大办案压力、思想负担而导致执法不规范甚至是刑讯逼供行为等情况的发生?

选项	有效回答人次	百分比%
是,与之有直接的联系	52	61
是有影响,但是与之没有直接联系,并不会直接导致侦查失范行为	27	31
不是,能好地激发民警的责任感	3	3
说不好	4	5

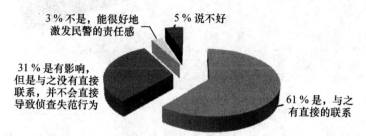

各种制度期限因素的影响

通过本题目,可以发现绝大多数的民警都认为"限期破案"、"倒查机制"等会加剧民警的办案压力,只有编号为00044、00085和00091的问卷选择了否定性的答案,根据我们的事后调查,这三位受访者均有在警务督察部门工作的经历,对无条件服从各项规章制度的意愿更为强烈。同时编号00092的问卷,还具体地阐释说"正常的法定办案期限我们确实应该不打折扣地遵守服从,这是建设法治国家必须的过程,但是另外一些领导(主要是各级政法委)人为设定的限期办案等,实在使我们疲于奔命,难以应对,很多的压力都来自于此"。

4. **领导因素**:上级领导对案件的过度重视或指挥不力是否会让您在办案过程中产生焦虑感和挫败感?

选项	有效回答人次	百分比%
总是这样	7	8
经常会	23	26
偶尔会	50	59
肯定不会	6	7

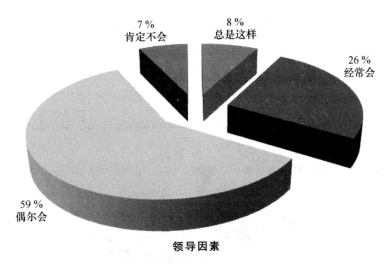

领导因素

统计结果显示,领导对于刑事案件侦办这一专业性较强的工作的过度干涉,会导致刑侦人员的挫折体验。结合访谈的结果,可以发现,尤其是在案件侦办陷入僵局的时候,来自握有"生杀予夺"大权的上级领导的压力是形成民警挫折感的主要来源,这给我们的启示是:在刑侦工作之中,切忌以外行领导内行,对于主管刑侦工作的领导干部的选任,应该尽量遵循专业素质和其他素质的结合,把专业素质和思想素质,政治素质放在同等重要的位置上加以考量。再回过头来审视湖北佘祥林、河北聂树斌、河南赵作海甚至是云南杜培武这一个个沉甸甸的案例,不难发现其中基本都有行政干涉司法、地方政府侵夺司法独立权的现象,如何从根本上解决这一存在于各级地方的痼疾,关键在于从把财政、人员编制等紧要环节独立出来,使公安机关刑侦部门不形成过度的对地方的依赖。

5. 您对所在部门的待遇、福利、工资以及个人晋升等组织实施情况满意度情况如何?

选项	有效回答人次	百分比%
很满意	3	3
比较满意	37	44
一般	43	50
很不满意	3	3

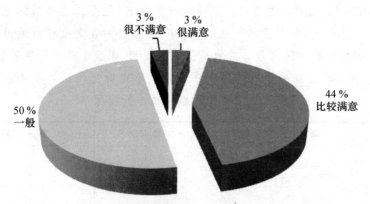

对于部门待遇福利和晋升情况的认同度

除很满意的不需回答外,选择其他三项的刑警认为上述情况的不够理想状况是否会影响到其在侦查讯问过程中的压力和挫折感的产生和加剧:

选项	有效回答人次	百分比%
会	73	89
不会	1	1
说不好	9	10

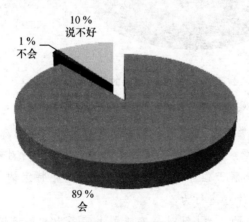

待遇的不理想与挫折感的关联性

调查显示,对于现有的部门福利待遇情况和个人晋升,多数民警表示不满意,其中编号00073和00092号问卷还具体地写明了意见"部门之间职级待遇差异悬殊,同级公安机关的不同部门之间福利待遇差别判若云泥,实在不公"和"公安机关别的部门工作没有我们辛苦,但是工资待遇却比我们强得不是一点半点,令人思之气结"。此外,民警们的答案也鲜明地揭示出了工作中的挫折感和压力与日常的部门待遇福利、职级晋升等因素息息相关。

6. 在审讯过程中如果遇到犯罪嫌疑人不主动交代犯罪事实或者其他不配合工作的情况,您是否会有挫折感及焦虑的情绪?

选项	有效回答人次	百分比%
会	4	5
经常会	50	58
偶尔会	31	36
不会	1	1

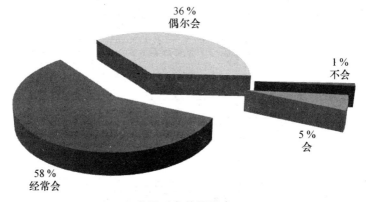

询问对象的不配合

通过数据反馈我们可以看到,调查中 **94%** 的民警认为犯罪嫌疑人的不配合会让办案民警产生挫折感。我们认为侦查活动本身就是一个具有对抗性的认识活动,警务人员与犯罪嫌疑人语言、心理上的对峙和较量,以至于冲突,在侦查人员居于强势地位的讯问过程中,在特定的情境,容易转化为侦查人员单方面的宣泄行为。

7. 来自社会的压力(针对公安机关办案不力和刑讯逼供等的谴责和质疑)是否会对您在侦查、预审中的行为产生压力?

选项	有效回答人次	百分比%
会	72	84
不会	1	1
说不好	13	15

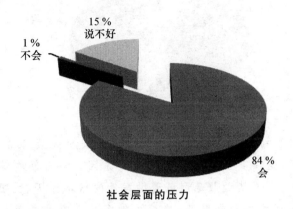

社会层面的压力

通过数据反馈我们可以看到，调查中84%的民警认为来自社会的舆论会增加其办案压力，并导致挫折感的产生。社会舆论主要来自人民群众，受害人家属以及媒体。当案件受关注程度越高，民警承受的来自社会的压力越大，当案件的调查进入瓶颈期，民警会感到更大的挫折感，进而激发对犯罪嫌疑人的攻击行为。

8. 您认为侦查装备和技术的落后，队伍人员素质参差不齐等因素是不是会加剧您的挫折感和抑郁感？

选项	有效回答人次	百分比%
会	79	92
不会	5	6
说不好	2	2

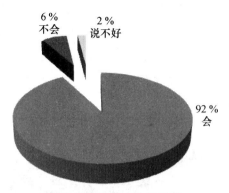

侦查装备和技术水平因素

我们可以看到调查中92%的民警认为公安机关装备落后,在办案过程中底气不足,是使其挫折感产生的重要原因。多份问卷填答人事后接受访谈时表示,力不从心乃是刑讯逼供案件的根本原因,民警对于刑讯逼供的性质和后果往往心知肚明,拷掠求供多是办案民警无计可施的最后选择。心理学认为,习得性的无力感会导致挫折感和压力,而这类在案件侦办中,确定嫌疑人有罪与否的关键步骤中一旦出现了习得性的无力感,会更加容易诱发民警的挫败感和焦虑,进而产生攻击性的逼供行为。

四、对策和思路部分

1. 您是否认同侦查活动本身就是一个充满了挫败感的对抗性过程,挫折感因素是采取任何措施都不可避免的?

选项	有效回答人次	百分比
是	2	2
不是	83	97
说不好	1	1

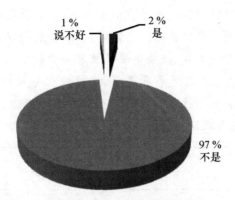

对挫折因素的可纠治性的认识

基本上绝大多数的民警认为,刑讯逼供行为作为一种社会现象,是具有可纠治性的,从感性和理性上也认同纠治行为的组织实施。

2. 在审讯过程中,在犯罪事实清楚,犯罪证据确凿的情况下,犯罪嫌疑人拒不交代犯罪事实,您通常会怎么做?

选项	有效回答人次	百分比
坚持耐心审讯	21	25
向上级反映	17	20
采取一定强制措施	44	52
其他	2	3

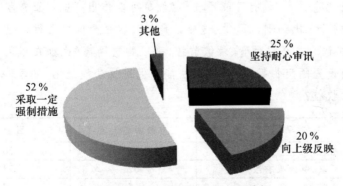

在犯罪嫌疑人拒不交代时的一般选择

在调查中,民警们的选项证明了在侦查陷入僵局之时,多数人依然倾向于选择加强惩戒性的措施,来推动讯问工作的开展,在之后进行的进一步访问中,选择采取一定强制措施的民警们表示,向领导反映困难在基层实战部门基本没有效果,而且会被认为是无能的表现,基层领导评判一名刑警的工作,主要还是依靠着破案数、破案率等机械单一的指标。

3. 您认为在侦查人员开展职务行为,侦查犯罪嫌疑人的过程中,各种生活中、工作中产生的挫折感和压力感会不会在特定条件下转换为一种攻击性较为明显的暴力或以其他形式的行为宣泄出来?

选项	有效回答人次	百分比%
会	80	95
不会	1	1
说不好	3	4

关于挫折感和攻击性关联与否

关于挫折感和攻击性行为的内在关联性,压倒性多数的民警支持我们的观点,即二者之间存在着特定的关联性和相互作用机制,00092号问卷表示:"挫折感愈强烈,越有可能不理性,就越可能作出一些在正常状态下被理智约束的行为,比如刑讯逼供,这应该是一种很强烈的攻击行为吧!"

4. 您认为在全程录音、录像监控,采取物质隔离(比如在讯问人员和嫌疑人之间设置隔阻物等)等物质方法能否促进执法规范化,更好地保障犯罪嫌疑人的权益?

选项	有效回答人次	百分比
能	17	20
可以,但效果有限	62	73
不能	5	7

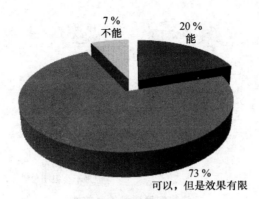

物质隔离措施的有效性

通过调查数据反馈可以看出，被调查者中90%以上的人认为，采取全程录音、录像监控，采取物质隔离等硬性措施对减少刑讯逼供的产生有相当的作用，但是就中国目前的情况而言，一方面条件有限，并非所有公安机关都有能力做到这些物理性措施，另一方面，在实际应用中，基层公安机关也势必会采取相应的对策来规避其规章制度。00084、00092、00003问卷都反映，规避这些设备和物质器材的手段十分简单，以纯物质手段难以解决刑讯逼供问题。

5. 制度对策：您认为律师介入侦查，犯罪嫌疑人沉默权，非法证据证据效力的排除等制度的引入能否促进执法规范化，更好地保障犯罪嫌疑人的权益？

选项	有效回答人次	百分比
肯定会	14	16
会有一定效果,但不会很明显	65	77
肯定不会	5	7

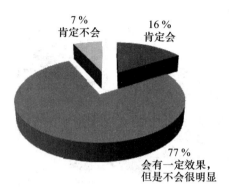

法律制度建设的有效性

通过调查数据反馈我们可以看出,绝大多数民警认为制度的改进能有效减少刑讯逼供行为的产生,而且多数也都表现出对我国 2011 年 8 月公布的刑事诉讼法修改草案的信心和支持,但是就中国国情而言,想要单靠完善某项制度的完善来抑制刑讯逼供行为的产生是很难达到预期效果的。而且,制度的变更与完善需要我们长期的努力。

6. 排遣压力的方法:是否有排遣压力、舒缓情绪、调节自身状态的方法?

选项	有效回答人次	百分比
有,效果明显	17	20
有,效果不明显	62	73
没有	5	7

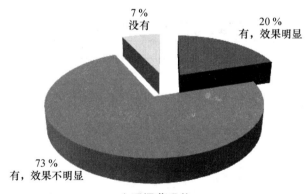

心理调节现状

通过调查数据反馈可以看到,被调查者大部分人都有自己发泄情绪的方式,但是效果明显的只占20%。说明当前我国民警对于心理上的压力能够有意识地去排遣,但是由于知识能力条件有限,自身的调适能起到明显作用的不多。开展针对在职民警的心理咨询与辅导是十分必要且重要的,这项工作对于减少民警的挫折感从而预防和减少刑讯逼供行为的产生是有一定作用的。

7. 民警的自身素质:日常工作中,您是否会选择相关措施来提高至少是维持自身的专业素养和职业能力:

选项	有效回答人次	百分比
会	84	100
不会	0	0

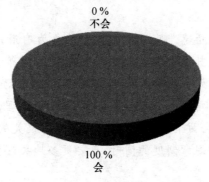

职业能力和专业素质培养

所有受访者均认识到了维持和提升专业素养和职业技能的重要性。

8. 您通常会通过哪里途径来增强以上素质(可多选)?

选项	有效回答人次	百分比
业务培训,专业咨询	47	29.9
阅读相关书籍	59	37.5
同行经验交流	42	26.7
其他	9	5.7

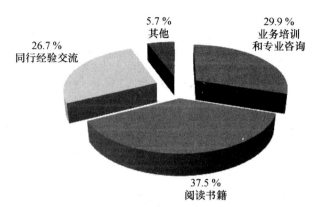

加强职业技能和专业素养的途径

总体而言,民警加强职业技能和专业素养的活动仍然较多地表现为一种个人行为,缺乏有效的统筹和整合,也缺乏一定的规范和标准。

通过调查我们发现:

民警普遍认同挫折感与审讯中的攻击性行为有着广泛和必然的关系,在控制这种挫折感及其激发的攻击性行为中,物质对策、制度对策以及减少民警办案压力都能起到一定的效果。从"挫折—攻击"角度来解读刑讯逼供行为是从社会心理的角度对此行为进行的分析,据此理论,想减少此行为的产生,要从内在和外在两个方面开展,即加强公安机关的硬件装备以及完善民警执法办案的相关规章制度的同时,也要更多地关注民警心理健康,减少挫折感体验和积累。

附件3:

刑警心理载荷报警积分管理系统草案

模块一		模块二		模块三		模块四	
家庭与其他因素	积分情况	职务与工作表现	积分情况	生理指标情况	积分情况	心理和情绪指标情况	积分情况
婚姻破裂失败	4	对于犯罪嫌疑人有超出正常水平的厌憎嫌恶	3	血压升高,呼吸急促	3	注意力分散	3
家庭负担重	3	有詈骂讯问人行为	3	心率加速或呈现紊乱	3	情绪化表征明显	3

（续表）

模块一 家庭与其他因素	积分情况	模块二 职务与工作表现	积分情况	模块三 生理指标情况	积分情况	模块四 心理和情绪指标情况	积分情况
家庭成员关系紧张	3	有轻微的推搡和指戳等对于被讯问人的敌意躯体化行为	4	脑电波异常	3	抑郁感增强，消沉，情绪低落	2
达到适婚年龄而未婚独居	2	在案件侦办中出现与嫌疑人超出案件范围的争执	3	出现无意识的固执行为	4	易激惹性增强，表现为易怒冲动等现象	4
子女升学等问题突出	2	遭到犯罪嫌疑人的威胁谩骂	4	出现与年龄不符合的低幼行为	4	焦虑急躁情绪明显	4
出现家庭成员重病亡故等情况	3	长时间讯问没有突破	4	皮电指标异常高	3	出现愤怒情绪特征	4

说明：

（1）该积分报警系统须附加在在"公安信息系统"二期工程"全国警员信息库"中运行，且应该建立在相应的公安民警心理健康和生理健康监测机制的基础之上。

（2）单项模块积分超过8分的自动报警，部门领导应该有针对性地对其进行调适。

（3）四个模块积分超过20分自动报警，在出现报警后，应该考虑给放假期，适当调整，暂时不使其从事讯问工作。

口供与刑讯

毛立新*

刑讯逼供,顾名思义,"刑讯"是手段,"口供"是目的。因此,它与那些不以口供为目标的酷刑或司法暴力不同,它是一种有着特定目的的自觉性活动。由其目的性所决定,刑讯逼供的发生,虽然不排除有可能是执法人员一时冲动、鲁莽和行为失控的结果,但更多的,则是精心计算、理性选择的产物。

证据种类多多,为何偏爱口供?讯问方法种种,为何选择刑讯?社会学上的理性选择理论(Rational Choice Perspective)告诉我们:社会行动者是"具有目的性的理性人",都有一定的利益偏好。社会选择的过程,正是行动者为追求一定利益,利用可能的环境条件或资源,在一定规范下的有目的的行为。概括而言,就是目标最优化或效用最大化,即理性行动者趋向于采取最优策略,以最小代价取得最大收益。①

以理性选择理论来解释刑讯逼供的发生,必须依次回答两个问题:一是为什么偏爱口供?二是为什么选择刑讯?

---

* 毛立新,北京师范大学刑事法律科学研究院讲师,法学博士。
① 丘海雄、张应祥:《理性选择理论述评》,载《中山大学学报(社会科学版)》1998年第1期。

一、为什么偏爱口供？

偏爱甚至迷恋口供，是刑讯逼供产生的动因。为什么会如此？当然不排除有历史传统、司法观念等因素的影响，但归根结底，仍是由口供自身的一些特性和功效所决定的。由这些特性和功效所决定，口供不仅有助于实现侦查目的，而且具有其他证据所不可比拟的便捷性、经济性特点，因而成为侦查机关和侦查人员的首选。

（一）口供的有用性

1. 直接证明案件主要事实

口供直接来源于犯罪嫌疑人、被告人，而他们作为案件当事人，是否实施了犯罪行为及如何实施的，自己最清楚，因此，其所做的供述可以直接、全面地反映案件事实情况，经过查证属实可以作为认定案件事实的直接证据。虽然被害人的陈述、目击证人的证言也同样具有证明案件的直接性，但与之相比，犯罪嫌疑人、被告人对犯罪的亲历性更强，对有关犯罪的过程、情节及犯罪的主观状态也更为了解，因此口供较被害人陈述、证人证言等其他直接证据的证明范围更大。[1]

通过检验口供的"知密度"，还可以直接认定或排除犯罪嫌疑人。所谓"知密度"，是指口供对于案件中的一些特定隐秘事实和犯罪现场细节的知情程度。[2]这些特定隐秘事实和细节，只有亲自参与实施犯罪的人，或者参与案件侦破的侦查人员才可能知晓，例如特定的作案工具和作案手段、隐秘的藏尸、埋赃地点等。在排除案情泄密和侦查人员诱供、指供的前提下，如果犯罪嫌疑人能够清晰地供出这些隐秘情节，无疑就能确定他是犯罪人。相反，如果犯罪嫌疑人自愿供述，但对一些特定隐秘情节却毫不知情，则可认定供述属假，排除他是犯罪人。

---

[1] 葛玲:《关于口供价值的理性思考》，载《证据科学》2008年第2期。
[2] 郭立新主编:《检察机关侦查实务——讯问对策、询问技巧、翻供翻证卷》，中国检察出版社2005年版，第289页。

2. 印证其他证据

在审查、判断证据时,作为直接证据的口供,能够用于验证其他证据的真伪。特别是在组织证据体系时,具有直接性和全面性特征的口供,可以起到穿针引线的作用,把一个个松散的间接证据串联起来,形成一个有机整体,最终达到"事实清楚、证据确实充分"。如果口供与其他证据之间能够相互印证,协调统一,则可以定案;相反,如果不能相互印证,出现了矛盾,就必须加以排除。

3. 指引侦查取证

口供对于侦查的效用,还体现在指引功能上。在口供指引下,侦查人员只需按图索骥,就可以轻而易举地获取与本案有关的其他证据和线索。例如,根据口供可以发现和提取被犯罪嫌疑人转移的赃款、赃物,被隐匿的尸体、作案工具等;在拐卖人口、绑架人质等犯罪中,可以及时发现和解救被害人;在爆炸、投毒等危害公共安全犯罪案件中,根据口供的指引,可以及时排除危险,消除隐患;在共同犯罪中,根据口供指引,可以发现和抓获其他同案犯等。

4. 深挖其他犯罪

口供是个信息库,在查明和证实本案犯罪事实之外,口供还能够为侦查机关和侦查人员提供其他有关犯罪案件的线索和信息,帮助发现和侦破其他违法犯罪。此即为侦查实务部门所热衷的"深挖犯罪"功能,它对侦查业绩的贡献是巨大的。以公安部"特邀刑侦专家"、被誉为"侦讯奇才"的上海市公安局闸北分局预审员季宗棠为例,1985至1994年8年间,曾从主审的一百余起疑难案件中,就深挖出刑事案件六百余起。[①]他曾提出:深挖是中国预审的发展方向,也得到侦查实务部门的广泛认同。

(二) 特定情形下,口供具有不可替代性

在很多案件中,或者在很多情境下,口供具有不可替代性,即:没有口供,即无法破案,或无法完成侦查任务。例如,在行贿、受贿等"一对一"案件中,由于犯罪是在双方当事人之间以极其秘密的方式进行的,所谓"天知、地

---

① 谢台生、俞海涛:《侦讯奇才季宗棠》,载《人民公安》1994年第7期。

知、你知、我知"。如果双方当事人都不供述,案件就难以侦破。①

对于一些只有犯罪嫌疑人才知晓的特定隐秘情节,例如杀人案的藏尸地点、犯罪工具隐匿地点,经济犯罪中赃款、赃物去向,绑架案件中的被害人关押地点,等等,如果离开了犯罪嫌疑人口供的指引,几乎无法发现,或在短时间内难以发现。例如,贵州省交通厅长卢某,听信算命先生的"要在老家搁一点钱才能镇邪"的说法,在老家安徽省金寨县老宅的灶房夹墙里藏匿了108万美元现金。试想,如此匪夷所思的藏赃之地,如果不是卢某亲口交代,负责办案的侦查人员又如何能够发现?

即使在侦查科技较为发达的西方国家,不得不依赖口供破案,也是一个无法回避的问题。美国刑事司法界著名学者之一的弗雷德·英博教授就认为,"犯罪侦查的艺术和科学还没有发展到能在案件,哪怕是大多数案件中通过查找和检验物证来提供破案线索和定罪依据的程度。在犯罪侦查中甚至在最有效的侦查中,完全没有物证线索的情况也是屡见不鲜的,而破案的唯一途径就是审讯犯罪嫌疑人及询问其他可能了解案情的人"。英博教授还列举了他所亲身经历的以口供来破案的数起案件,以此证明他所持观点的正确性。②

(三)口供的经济性

当然,大多数情况下,没有口供仍有可能破案,口供的功能可以为其他证据替代。但需要指出的是,从经济分析的角度看,口供仍然是最为经济的破案方式。侦查机关和侦查人员在口供的指引下,可以直奔侦查目标,减少大量的无效劳动,缩短侦查过程,在最短时间里达到侦查目的。相反,如果没有口供指引,侦查机关和侦查人员则不得不通过大量开展外围侦查工作,来一步步接近真相和证据,时间消耗和经济成本都将大幅度增加。

综上,由口供的特性和功能所决定,基于提高侦查效率和侦查业绩的动机,侦查机关和侦查人员偏爱口供几乎是一种天然倾向。口供对侦查机关

---

① 正如我国台湾学者所指出的:贪污犯罪"系在极端隐秘中进行,在犯罪现场几乎不可能有无关之第三人在,是以对于此种案件欲证明被告有罪,除非其事后自白或受贿者于离开时携带贿款,以至当场人赃俱获,否则缺少直接证据,无法治以应得之罪。"参见蔡墩铭、朱石炎:《刑事诉讼法》,五南图书出版公司1981年版,第99页。

② 〔美〕弗雷德·英博等:《审讯与供述》,何家弘等译,群众出版社1992年版,第2页。

和侦查人员的诱惑力,始终是一种强大而持久的客观存在,古今中外概莫能免。

二、为什么选择刑讯?

偏爱甚至迷恋口供,并不必然导致刑讯。这是因为:获取口供的方式、方法多种多样,未必非要选择暴力逼取的方式。从侦查实践看,广泛运用且行之有效的讯问方法,有说服教育法、使用证据法、利用矛盾法等诸多种。[1]在我国,犯罪嫌疑人在侦查阶段的认罪率一直较高[2],这也不能完全归功于刑讯。事实上,在很多案件中,侦查人员完全不依赖刑讯,也同样达到了让犯罪嫌疑人低头认罪、获取口供的目的。

需要探究的是:在讯问方法多元的情况下,为什么有人选择了刑讯呢?下面,笔者从刑讯的功能、刑讯的不可替代性和刑讯的经济性三个方面予以分析:

(一) 刑讯的功能

1. 震慑功能

侦查讯问是一个心理对抗过程。成功讯问的前提是建立讯问人员的心理优势,通过各种方法,打掉犯罪嫌疑人的自尊、自信和侥幸心理,制造一种泰山压顶、居高临下的情势。虽然有多种方法可以达致此目的,例如鄙视的态度、严厉的语气、称呼和待遇的改变、戒具的使用等,但刑讯无疑是有效的方法之一,且往往最为立竿见影。古来有所谓"杀威棒",其功效就在于此。

时至今日,抓头发、打耳光、蹲墙角、剃光头、穿囚衣,仍是我国司法实践中司空见惯的现象。和刑讯一样,它们的功效之一,就是要打掉犯罪嫌疑人的心理优势,通过"泄其气、消其势"来实现"攻其心、乱其谋、涣其志"的目

---

[1] 许昆主编:《预审学教程》,中国人民公安大学出版社 2001 年版,第 162—173 页。
[2] 有学者曾就犯罪嫌疑人在侦查阶段的认罪情况,在某省三个区县进行抽样调查,结果显示:整体认罪率达 98.91%,初次讯问中的认罪率达 87.93%。参见刘方权:《认真对待侦查讯问》,载左卫民主编:《中国刑事诉讼运行机制实证研究》,法律出版社 2007 年版,第 41 页。

的,摧毁其心理防线,为侦查讯问的有效开展做好铺垫。

2. 突破功能

讯问僵局的出现,是侦查实践中难以完全避免的现象。所谓讯问僵局,是指讯问人虽经反复讯问,但犯罪嫌疑人仍拒不交代,而使讯问活动陷入相持不下、对立的局面或状态。[1]导致讯问僵局的原因多种多样,既有讯问人方面的原因,例如准备不充分、方法策略不当、配合协调不够等;也有犯罪嫌疑人方面的原因,例如一些犯罪嫌疑人心理素质好、拒供心理强、抵触情绪大等。

如何突破讯问僵局,拿下口供,是对侦查机关和侦查人员的极大考验。不可否认,在很多情况下,侦查机关和侦查人员通过更换讯问人、调整讯问策略、重新选择突破口等方式,得以用较为和平的方式打破僵局、拿下口供。但也不可否认,在另外一些情形下,也许一切说服手段均告无效,而侦查机关和侦查人员又不甘于失败,于是就很可能诉诸法外手段——刑讯。"捶楚之下,何求而不得?"在肉体和精神的双重折磨下,对犯罪嫌疑人而言,选择供认或暂时的供认,也许不失为一种理性选择。

3. 辅助功能

由不同的讯问人员分别扮演"红脸"与"白脸",通过软硬兼施、恩威并用、打拉结合,使犯罪嫌疑人对"红脸"产生好感、信任并最终形成自愿供述的心理意愿,乃是古今中外通行的讯问策略。这其中,刑讯就有可能被用于体现"白脸"的无情和严厉,以映衬和配合"红脸"的友好和善意。此时,刑讯相对于说服,就起着辅助、配合作用。

需要指出的是,"红脸"与"白脸"之间的地位和作用是可以随时转换的,当说服与拉拢宣告无效时,刑讯就可能由辅转主。例如在云南杜培武一案中,昆明市公安局在讯问时,一位副局长就曾对杜培武说:"你要不好说,来跟我讲,我们都是公安嘛,给我讲了,我们能帮你就帮你。"[2]但在遭到杜培武拒绝后,警方即开始实施长达二十余天的刑讯逼供,最终迫使杜培武供认有罪。

---

[1] 郭立新主编:《检察机关侦查实务——讯问对策、询问技巧、翻供翻证卷》,中国检察出版社2005年版,第151页。

[2] 陈昌云:《劫后余生说噩梦——杜培武访谈录》,载《工人日报》2000年9月14日。

4. 惩罚功能

刑讯的手段主要是肉刑,而肉刑在古代本属刑罚的范畴,是用来惩罚罪犯的,例如笞、杖等。进入现代后,根据无罪推定原则,在法院判决被告人有罪之前,应将其假定为无罪,并不得施以任何处罚。但对警察、检察官而言,基于经验和常识,他们会自然地产生一种"进来的基本没好人"的思维定势。特别在获取部分有罪证据后,他们更会坚定"嫌疑人就是犯罪人"的信念,产生一种"确证偏见"。①

基于上述认识,出于对犯罪的痛恨、对被害者的同情,或者替天行道、匡扶正义的正义感,侦查人员会觉得:对这些作恶多端的"坏蛋",打几下,让他们吃点苦头,又有什么不可以呢?他们在犯罪时对人民群众如此残忍、疯狂,简直就是禽兽、人渣,对他们又何必心慈手软呢!基于惩罚的动机,甚至对于一些明知其不构成犯罪或者暂时无法追究刑事责任的嫌疑人,也要打几下,以示惩戒。

(二) 特定情况下,刑讯具有不可替代性

获取口供的方法,简而言之,不外乎说服和逼取两种。刑讯属于后者。从理论上讲,完全有可能出现以下情况:一切说服方法均告无效,刑讯成为拿下口供的唯一有效手段。此时,侦查机关和侦查人员所面临的选择是:要么刑讯,逼取口供,成功破案;要么放弃,释放疑犯,放纵犯罪。

虽然在实践中,这种绝对化的"两难"境地十分罕见,但它却最能检测一个国家刑事司法制度的价值取向:是惩罚犯罪优先,还是保障人权优先;是宁纵勿枉,还是宁枉勿纵。在我国,长期奉行功利主义思维模式,主张集体利益、国家利益至上,个人权利微不足道,必要时应牺牲个人权利以维护公共利益。体现在刑事司法中,就是"重打击、轻保护"、"重实体、轻程序"。近年来,虽然人权保障、程序正义的理念广为传播,但仍未发展到足以矫枉的地步。因此,在回答上述问题时,刑讯无疑仍是部分人的选择。

---

① 所谓"确证偏见",是指侦查人员对有待论证的侦查假说存在轻信或者偏执的信任,对自己的观点只满足于确证,而不反思它可能是错的,也拒绝承认别的可能性解释,以自我为中心取舍论据,甚至不惜伪造证据和进行诡辩。其发生通常包括三个阶段:先入为主阶段、自圆其说阶段、固执阶段。参见张成敏:《案史——西方经典与逻辑》,中国检察出版社 2002 年版,第 279 页。

在一份针对公众和警察的"刑讯逼供社会认知状况"的问卷调查里,有学者曾假设了以下情境:假如一个恐怖分子在长江大桥上放置了一枚定时炸弹,预定10月1日12时爆炸。10月1日10时警方将其抓获,并确有证据证明是其所为,但其拒不交代炸弹放置地点。您觉得可否对其用刑?调查结果显示:在接受调查的659名普通公众中,有24.2%的人赞同"立即用刑",44.8%的人赞同"只要有一线希望就不应当用刑",即共有69.0%的受访者赞同为及时排除重大公共危险,可以对在长江大桥上放定时炸弹的嫌疑犯实施刑讯。①在接受调查的487名警察中,有15.4%的人赞同"立即用刑",有42.3%的人赞同"只要有一线希望就不应当用刑",换言之,近三分之二的受访警察也是认为可以实施刑讯逼供的。②

可见,在相当部分的公众和警察眼里,犯罪嫌疑人的人权并不具有绝对性,当刑讯成为制止和打击犯罪、维护公共安全的唯一选择时,超过半数的人选择了刑讯。这就是功利主义的逻辑,也是刑讯逼供的生存逻辑。这种逻辑,使刑讯逼供具有了某种实质上的合法性、正当性,虽然在法律上它早已被宣布为非法。

(三)刑讯的经济性

应当承认,在侦查实践中,刑讯逼供不可替代的情形,仍属十分罕见。大多数情况下,刑讯只是获取口供的方法和途径中之一,并非唯一方法,或者不可或缺的方法。那么,在选择多元的情况下,侦查人员为什么会舍合法而取非法呢?这是因为,与其他讯问方法相比,刑讯不仅有效,而且更加便捷、更加经济。

1. 时间成本低

一般来说,采用说服教育、使用证据等说服式的讯问方法,获取口供的时间耗费往往较长。因为,从供述心理上讲,犯罪嫌疑人在作出有罪供述之前,会经历一个较长时间的试探摸底、对抗相持、动摇反复的变化过程,转化

---

① 林莉红、余涛、张超:《刑讯逼供社会认知状况调查报告(下篇·民众卷)》,载《法学评论》2006年第4期。

② 林莉红、余涛、张超:《刑讯逼供社会认知状况调查报告(下篇·警察卷)》,载《法学评论》2006年第5期。

的时间较长。如果使用证据来揭露犯罪嫌疑人的狡辩,打消其抗拒心理,还需要先期收集一定数量的证据,并经过查证属实。这些,都需要一个时间过程,甚至是一个旷日持久的过程。

而刑讯则直截了当得多。它把征服的对象由"心理"转向"肉体",可谓化复杂为简单,从而大大降低了时间耗费。例如美国 CIA 在审讯基地组织恐怖疑犯时广为使用的"水刑",就能够使嫌犯在"35 秒内招供"[①],其效果可谓立竿见影。在我国侦查实务中,一顿拳脚下来,犯罪嫌疑人就乖乖交代的现象,也历来为侦查人员津津乐道,"不打不招"、"一打就灵"几成经验之谈。其他稍为温和的刑讯方法,例如车轮战、冻、晒、饿、烤等方式,虽然时间耗费略长,但根据人的生理极限,也不过是旦夕之间的事。

正因为此,破案的紧迫性和时间要求,往往影响着侦查机关和侦查人员对刑讯逼供的选择。对破案时间的要求愈是紧迫,侦查机关和侦查人员选择刑讯逼供的可能性就越大。实践中各种不切实际的"限期破案"做法,实在是刑讯逼供的巨大推手。

2. 经济成本低

从经济成本上讲,刑讯所消耗者不过是侦查人员的体力和一些简单的器具,成本几乎可以忽略不计。而一旦获取口供,即可在口供指引下直奔侦查目标,达到侦查目的,节省大量经济成本。相反,如果舍弃刑讯逼供,不得不依靠大量的外围调查工作来步步接近侦查目标,其人力、物力、财力的消耗将成倍增加。

因此,以经济成本计算,刑讯逼供无疑是最经济、最节省的破案方式。基于此,侦查资源的供给情况,往往影响着侦查机关和侦查人员对刑讯逼供的选择。侦查资源愈是紧缺,侦查机关和侦查人员愈有可能倾向于选择刑讯逼供。

3. 风险成本低,而且可控

(1) 刑讯的风险成本

刑讯并非没有风险,轻则违法,重则犯罪,可能面临各种制裁。但从目前的制度设计和实践状况看,与其收益相比,其成本是低微的。主要体现:

---

① 李贝卡:《众议院反"酷刑"审俘没力度,美国中情局要"酷"到底》,载《青年参考》2007 年 12 月 18 日。

一是难以发现和证实。刑讯逼供发生在秘密性、封闭性较强的侦查程序中,且系执法人员知法犯法,因此,往往难以发现和查明。即使有犯罪嫌疑人一方的举报、控告,但由于证明责任分配、证明标准设置等方面存在问题,导致刑讯逼供往往难以查明和证实。

二是非法口供难以排除。虽然最高人民法院、最高人民检察院在司法解释中明确规定:使用刑讯逼供等非法方法收集的被告人供述等言词证据应予排除,不能作为指控犯罪和定案的根据。但从实际情况看,这一规定并没有落实。例如在云南杜培武案、辽宁李化伟案、河南胥敬祥案、湖北佘祥林案等一系列冤假错案中,刑讯逼供所获取的非法口供,不仅没有排除,还成为最终认定有罪的直接证据,以致造成冤案。

三是对刑讯者难以依法惩处。在惩罚刑讯者方面,司法、执法机关有"网开一面"、过分宽纵的倾向。检察机关立案查办的,多是造成重伤、死亡或冤假错案的恶性案件,而对未造成严重后果的刑讯逼供案件,却罕有介入,或者多作出不起诉处理;人民法院对刑讯逼供的定罪量刑,也"优惠"有加,刑讯者被追究"故意伤害罪"或"故意杀人罪"的寥寥无几,即使判刑也多以缓刑为主,许多案件还以种种理由被免予刑事处罚;侦查机关内部,更是极力隐瞒、掩饰,百般包庇、袒护,大事化小、小事化了。如此宽纵态度,无异于给刑讯逼供安装了"保险丝"和"避雷针",使之能够逃避处罚,有恃无恐。更产生了一种极其恶劣的示范效用,甚至起到怂恿、鼓励刑讯逼供的效果。

(2)刑讯的风险是可控的

刑讯的风险不仅低微,而且是可控的。从实践看,最终被发现和查处的刑讯逼供案件,主要有两种:一是刑讯逼供造成犯罪嫌疑人死、伤等重大后果的;二是刑讯逼供造成冤假错案的。对侦查机关和侦查人员而言,只要能够防止上述两种极端情形出现,刑讯的安全性就是相当可靠的。

第一个问题,即侦查实践中所称的"会打还是不会打"的问题,"会打"就能顺利破案、立功受奖,"不会打"就可能把自己打成罪犯。所谓"会打",是指要把握好刑讯的方式、方法和力度,不能操之过急,鲁莽行事,既达到目的,又不留痕迹。做到这一点,是需要经验积累的,不幸的是:如此邪恶的经验,也已成为一些侦查机关和侦查人员内部交流、私相传授的技能之一。

第二个问题,也涉及刑讯的方式、方法。刑讯逼供造成冤假错案,这是个通行的说法,也是我们反对刑讯逼供的重要理由之一。但对这一点,侦查实务部门历来不予认同。刑讯逼供一定会造成冤假错案吗?答案显然是否定的。冤假错案中往往都有刑讯逼供,但刑讯逼供却未必就是冤假错案的元凶。其实,冤假错案的根源并不在"刑讯逼供",而在"诱供、指供"。试想,如果一个人没有实施犯罪,单靠刑讯,就能打出与犯罪现场和犯罪过程一致的口供吗?显然不可能。那为什么会出现冤假错案呢?是"刑讯逼供"和"诱供、指供"共同作用的结果。正是在指供、诱供的作用下,没有实施犯罪的无罪犯罪嫌疑人,才能供出与犯罪现场、犯罪过程基本一致的虚假口供,从而酿成貌似"铁案"的冤案。基于这种认识,侦查人员会认为:不能把刑讯逼供与冤假错案画等号,只要不搞"诱供、指供",单纯地刑讯并不会造成冤假错案。

综上,刑讯逼供在总体上收益大、成本低、风险小,出于"利益最大化"的功利考量,侦查机关和侦查人员选择刑讯逼供,几乎是一种难以克服的倾向。正如一句西方谚语所称:"与其烈日下为证据疲于奔命,毋宁于树荫下撒红椒于嫌疑犯之双目。"[①]

三、如何遏制刑讯逼供?

(一)警方具有追求口供的天然倾向,对刑讯的遏制不能建立在对口供的否定之上

认真看待口供,是解决刑讯逼供问题的前提之一。如前所述,口供对侦查破案具有一些明显的、独特的、甚至是不可替代的功能和价值。基于此,侦查机关和侦查人员出于侦查效率、侦查业绩的考量,难免具有追求口供的天然倾向。因而,简单地否定口供,提倡所谓"零口供",并企图以此来消除侦查机关和侦查人员对口供的偏爱与迷恋,确属一种不切实际的幻想。

正视口供的功能和价值,充分认识口供所具有的吸引力和诱惑力,有助

[①] 转引自王兆鹏:《刑事被告的宪法权利》,台湾翰芦图书出版有限公司1999年版,第36页。

于我们防范和遏制刑讯逼供。打个不一定恰当的比喻：警察刑讯逼供，犹如猫儿偷腥，虽属一种禁忌，但却诱惑无穷。基于人性固有的缺陷，欲从根本上消除这种诱惑，在任何国家都难达到。现实的路径，是对这种天然倾向保持应有的警惕，并通过制度设计来层层设防，以最大限度地预防和遏制其发生。

（二）消除口供及刑讯的不可替代性，是立足长远的治本之策

1. 消解口供的不可替代性

消除口供的不可替代性，是化解口供情结，降低对口供需求和依赖的治本之策。解决这一问题的关键，是在口供之外，能够获取更多的客观证据。而做到这一点，有赖于社会控制机制、侦查能力的总体提升，是一个长期的过程。

在这方面，欧美发达国家的经验值得效仿。它们广泛运用现代科技手段，普遍建立起了完备的个人资料和指纹系统、出入境管理系统及金融电子系统等，从而为有效控制、发现和查明犯罪提供了巨大方便。比如，实行金融电子化、严格限制现金交易，就使偷逃税款、行贿受贿等经济犯罪难以实施，实施后也容易发现和查明；由于监控系统十分严密，被取保候审的犯罪嫌疑人往往很难弃保逃跑，逃跑了也会被及时发现。正因为此，这些国家和地区才能够气定神闲地一边高唱保障人权的高调，一边通过这些手段控制着社会。[①]

而在我国，由于相关监控系统的建设刚刚起步，导致社会控制机制存在许多疏漏，从而也削弱了侦查机关的侦查能力。比如，对流动人口疏于管理，大量不法分子混迹其中，使侦查缉逃工作变得十分艰难；金融监控系统不完善，现金交易盛行，使侦查机关一旦离开了口供的指引，就无法查明赃款去向等。

因而，充分运用现代科技手段，加快相关监控系统建设，增强社会控制能力，是提高侦查取证能力的必由之路，也是遏制和减少刑讯逼供的客观基础。

[①] 周伟：《社会控制能力——司法改革的物质基础》，载崔敏主编：《刑事诉讼与证据运用》（第一卷），中国人民公安大学出版社2005年版，第364—366页。

2. 消解刑讯的不可替代性

既然对口供的偏爱无法消除,我们所能做的首先是消除刑讯的不可替代性,使侦查机关和侦查人员能够在刑讯之外,更多地利用其他合法手段达到获取口供的目的。这一目标的实现,需要从诸多方面着力:

一是提高侦查讯问的能力和水平,降低对刑讯的依赖。从历史发展看,讯问方法大概经历了一个"由硬变软"的发展过程,即由以刑讯逼供为代表的"硬审讯"方法,逐步发展到以说服为主要形式的"软审讯"方法。所谓"软审讯",是指在分析被审讯人的心理特征和行为特点的基础上,通过语言或其他人体行为来说服犯罪嫌疑人如实供述。例如,美国审讯科学和测谎技术的先驱者之一雷德在总结大量审讯实践经验基础上创立的"雷德审讯技术"和"九步审讯法"①,就是"软审讯"技术的代表。②"软审讯"兼顾了对口供的需求和保障人权的需要,值得在我国提倡和推广。

二是建立健全相关诉讼、证据制度,鼓励更多的犯罪嫌疑人自愿供述。这是消解打击犯罪与保障人权之紧张关系的一个重要出路。为达此目的,需对现行诉讼、证据制度做必要调整,给自愿供述者以更大的、更现实的利益,激励其更多地自愿供述。可资借鉴的制度和措施,包括建立污点证人豁免制度、辩诉交易制度、量刑建议制度等,以摆脱目前的"抗拒从严,回家过年;坦白从宽,牢底坐穿"的司法困局。

(三) 提高刑讯逼供的成本,是当下最为现实和有效的途径

目前条件下,遏制刑讯的现实路径,是改变其成本与收益的对比关系,提高其作案成本,剥夺其作案收益,使侦查机关和侦查人员从中无利可图。

---

① "雷德审讯技术"由三个环节组成:一是事实分析阶段;二是询问嫌疑人,即非指控性问答阶段;三是正式讯问嫌疑人,即指控性讯问阶段。在此基础上创造的"九步审讯法"基本步骤如下:第一步,审讯者直接正面地告诉被审讯人,他已被视为本案的犯罪嫌疑人,然后观察其反应;第二步,审讯者说出自己对实施该犯罪行为的原因的推测,从而给有罪的被审讯人提供一个可以在道德上为自己开脱的理由;第三步,审讯者打断被审讯人的无罪辩解,并回到第二步的主题上;第四步,审讯者打断被审讯人关于该犯罪原因的辩解;第五步,审讯者要努力抓住被审讯人的注意力;第六步,审讯者应加强与被审讯人的目光接触,以克服其消极对抗情绪;第七步,审讯者使用一组选择疑问句来让被审讯人以可以接受的方式承认该犯罪行为;第八步,审讯者让被审讯人讲出该犯罪行为的某些只有作案人自己知道的细节;第九步,审讯者让被审讯人讲出全部犯罪事实并制作书面供述。参见〔美〕弗雷德·英博等:《审讯与供述》,何家弘等译,群众出版社1992年版。

② 何家弘:《从"硬审讯法"到"软审讯法"》,载《人民检察》2008年第17期。

1. 调整侦羁体制,改革侦查讯问程序,压缩刑讯逼供的生存空间。

刑讯逼供的发生,是需要一定客观条件的,例如,羁押机构的配合,侦查讯问程序的封闭性等。而羁押机构的独立,侦查讯问程序的适度公开、透明,能够压缩刑讯逼供的生存空间,铲除其滋生的土壤,减少作案机会,增加作案的成本和风险。

2. 提高对刑讯逼供的发现、查明和证实能力。

羁押机构要严格健康检查制度,特别在犯罪嫌疑人接受讯问后,必须认真进行健康检查,并留下详细记录。强化对看守所的检察监督和社会监督,组织定期巡查,畅通申诉和救济渠道。对刑讯逼供的证明,实行证明责任倒置,凡犯罪嫌疑人、被告人有一定证据证明可能存在刑讯逼供的,侦查机关必须承担证明不存在刑讯逼供的证明责任,而且这种证明必须达到"排除合理怀疑"的程度。否则,即推定侦查机关存在刑讯逼供行为。

3. 坚决排除非法口供,遏制警方刑讯逼供的动机和愿望。

排除非法口供,能够消除和遏制侦查机关和侦查人员实施刑讯逼供的动机和愿望,对于遏制刑讯逼供有釜底抽薪之效。但需要指出的是,排除非法口供并不能完全消除侦查机关和侦查人员的刑讯逼供动机。正如前面笔者已指出的,口供还具有指引侦查取证等其他功效,即使非法口供本身被排除,侦查机关和人员仍然可以从中获取丰厚利润。

4. 对刑讯者依法严惩。

惩罚和制裁,是遏制刑讯逼供必不可少的手段。为严格落实《刑法》第47条关于刑讯逼供罪的处罚规定,建议对刑讯逼供案件一律实行异地管辖,指定异地的司法机关负责侦查、起诉和审判,以避免地方干预。

非法证据排除规则的实证研究

吴丹红[*]

近年来,在法律规则的应然层面,非法证据排除规则的研究已经有了较为充分的进展,关于该规则的含义、价值以及理论和现实意义,似乎毋庸笔者再赘述。[①] 而学界所欠缺的,可能是在实证研究方面,能够以微观的角度重新审视非法证据排除规则在中国的命运,以务实的心态探讨该规则遭遇的障碍以及可能的出路,为非法证据排除规则的研究贡献实践方面的知识增量。

本文的实证研究将采取三种进路,一种是普查式的数据分析,一种是亲历式的现场描述,还有一种是旁观式的个案展示。它们或者以大量案卷为媒介,或者以亲自观察为来源,或者以个案事实为对象,三者的结合应该是可以互补并达致完整图景的一种研究方式。在中国学术界,很多法社会学实证调查的对象都是边远或不发达地区的基层司法组织,但却很少关注城市的司法组织。似

---

[*] 吴丹红,证据科学教育部重点实验室(中国政法大学)副教授,法学博士,中国人民大学证据学研究所兼职研究员,燕山大学文法学院兼职教授。

[①] 参见杨宇冠:《非法证据排除规则研究》,中国人民公安大学出版社 2002 年版;张智辉主编:《非法证据排除规则研究》,国家哲学社科项目 2005 年;张淑玲:《非法证据的效力问题研究》,中国政法大学 2001 年硕士论文;苏晓凌:《非法证据排除规则的移植和适用》,中国政法大学 2003 年硕士论文;参见林辉煌:《论证据排除》,元照出版公司 2003 年版;等等。

乎认为农村的司法制度才是中国的司法制度。① 在本次研究中,笔者选择了南方三个大省(H、G、Z)的法院(主要是中级以上法院)作为考察目标。这种选择虽然不能代表中国普遍基层法院的现状,但是在这些实施程序法水平较高的法院所发现的问题,只会是其他条件相对较差的法院存在的问题的"最小公约数"——只有从这些基本的问题入手,才能发现和解决更多的问题。② 当然,由于笔者精力所限,无法在更多地区进行调查,所以本文研究是否同样适合于其他司法机关,尚待进一步考察。

一、材料分析:中国法院对待非法证据排除规则的态度

本文实证研究的对象之一是南方 H 省法院,主要是该省境内中级以上人民法院的刑事诉讼案件。该省辖区面积约 3.5 万平方公里,人口 830 万。笔者对该省法院采取了普查式的数据分析方法,样本是来全省法院已经上网的全部刑事判决和裁定书,时间跨度为 2000 年到 2005 年。样本数共计 1658 件,其中省高级人民法院 78 件,中级人民法院 984 件,下辖的 A 市中级人民法院 348 件,B 市中级人民法院 213 件,C 市中级人民法院 35 件。去除重复的和尚未登载具体内容的裁判文书,实际统计的裁判文书为 1348 件。在这些案件中,被告人或其辩护人提出刑讯逼供作为抗辩理由的有 33 起,以刑讯逼供为案由的案件 0 起。对于以刑讯逼供作为抗辩理由的这 33 起刑事案件,分析的结果表明:法官不予理睬的 6 件,"证据不足,不予采纳"的 19 件,认定刑讯逼供"与客观事实不符"的 7 件,"认罪不好,从重处罚"的 1 件。

这个统计数据说明了尽管实践中存在很多刑讯逼供的行为,但是真正

---

① 例如,苏力的《送法下乡》一书的副标题就是"中国基层司法制度研究",但是通观全书,我们似乎只是观察到了农村基层司法制度的运作,城市基层司法制度的运作被作者有意无意地回避了。苏力:《送法下乡——中国基层司法制度研究》,中国政法大学出版社 2000 年版。

② 另一种以广大农村的基层司法机关为考察对象的研究方法,认为这些"传统社会"更能代表中国大多数地方的社会现状。参见陈瑞华主编:《未决羁押制度的实证研究》,北京大学出版社 2004 年版,第 70 页。这种研究思路与"木桶原理"比较相似,即只有解决木桶的短板才能提高木桶的容量。笔者的"最小公约数"思路则认为,在条件更为优越的大城市司法机关,可以找到各级司法机关的最小问题,其他司法机关只是在一定程度上把这类问题放大化。

被追究刑事责任的非常罕见。大量的提出刑讯逼供抗辩的刑事案件,都以"证据不足,不予采纳"作为结果,加上笼统认定刑讯逼供"与客观事实不符",否定性评价将近80%,甚至还有案件作出"认罪不好,从重处罚"的判决。从判决书和裁定书的内容来看,在审判实践中,法官对于辩方提出刑讯逼供的抗辩,大多能采取积极回应的态度,只是在评价上倾向于否定刑讯逼供事由,但是对于为何否定辩护意见,判决书或者裁定书中没有更为详细的理由说明。还有将近20%的案件中,法官采取了消极应对的态度,未对抗辩作出肯定或否定的评价,而是采取了不予理睬的策略。对此,笔者将在下文中分析。

实证研究的第二个对象是南方G省的D市中级人民法院。该法院辖区面积约400平方公里,常住人口六百余万人。该法院有法官约200人,其中刑一庭和刑二庭法官共计31名,2005年审理的刑事案件总数约三千余件。对于该法院,笔者采取与法官访谈以及旁听庭审的方法进行调查,其中一个关于毒品犯罪案件的庭审引起了笔者的注意。

在该案的庭审中,当公诉人首次询问第一被告人时,第一被告人就表示不认罪,并且当庭提出"公安人员打我,我才那样供述的"。法官对此没有任何表示,只是看着公诉人,示意继续发问。公诉人于是开始宣读该被告人的供述笔录,特别提到其中承认有罪的供述,并向该被告人明确指出,其他三名同案被告人都已经指认他犯罪,"翻供也没有用"。果然,其他三名被告人均当庭认罪,并且不同程度地指认第一被告人的罪行,只是在一些具体的细节上有很大出入。接着,公诉人宣读了8份证人证言,但是没有任何证人出庭作证。第一被告人对于证人甲的证言提出了强烈的质疑,认为其内容与事实不符,希望与证人对质。辩护人也提出了无罪辩护。公诉人针对辩方的抗辩,除了继续以"第一被告人的多次供述一致"作为反驳理由外,还提出了这样一个观点:既然被告人翻供,就"应当对发生变化情况,提供证据",被告人如果没有新的证据而翻供,就属于"拒不认罪",建议法院从重判决。法院对此没有发表任何意见,对刑讯逼供辩护未置一词。在事后拿到的判决书中,笔者看到法院针对该辩护意见只是写下了简单的"被告人唐某某贩卖毒品海洛因的行为,事实清楚,证据确实、充分,故其辩称无罪的理由不能成立,本院不予采纳。"是否刑讯逼供的问题被绕开了。在有些案件的庭审中,当被告人提出"他们打我才那么说"的时候,法官会严辞"警告"被告人"没有证据不要瞎说",或者制止被告人"纠缠于这个问题",转入其他问题的调查。在笔者与审判人员的访谈中了解到,对于这种存在疑点的证据,审判人员通常会在庭审后通过阅卷以及"适当的"庭外调查来核实证据的可靠性。也就是说,如果该证据的可靠性没有什么问题,即使是违法获得的证据,只要这种违法行为没有影响到"案件的公正处理",证据就是可以采纳的。

实证研究的第三种方式是收集一些关于非法证据排除规则的个案。样本来自南方 Z 省一位检察官给我提供的该省各级法院审理的多起涉及刑讯逼供辩护的案件。Z 省辖区面积 10.18 万平方公里,人口 4600 万。这些案件是该检察官在参与某个国家课题的过程中收集的,虽然已经隐匿了具体的单位和当事人名字,但是可以基本保证案件来源的真实性。经过归类,这些案件可以分为以下几种:最为常见的一种是,辩护方提出了刑讯逼供的辩护,法院要求公诉方提供是否有刑讯逼供的证据,公诉方提供了侦查机关作出的侦查人员没有进行刑讯逼供的证明,于是刑讯逼供的辩护被驳回。比较典型的是,在某案中,公诉方向法院提供的"情况说明"居然是负责办理该案侦查的侦查人员自己提供的。第二种类别的案件中,辩护方明确提出了存在刑讯逼供或者其他违法取证的证据,并且要求排除由此取得的证据,但是法院认为辩方提出的证据不足,不能认定刑讯逼供或者违法行为的存在,也不能排除上述证据。但是,对于为何不能认定刑讯逼供行为的存在,判决书中除了很笼统的说明外,没有详细的理由。第三种类别的案件通常是一审对于是否存在刑讯逼供、是否排除证据未置可否,二审中上诉人认为控方提出的证据存在很多疑点,甚至有非常明确的证据证明刑讯逼供的存在,二审法院并没有直接排除非法获得的证据,而是以事实不清、证据不足为由发回重审,而再审法院则在"查明事实"的基础上再次作出了原审认定,只是通常会在量刑幅度上有所改变。至于二审法院降低量刑幅度与辩方提出刑讯逼供的上诉理由之间存在什么关系,因为没有实证研究的更多素材,无法证实。

实证的研究表明了非法证据排除规则在我国审判实践中遭遇到的重大阻力,凸现了"书本中的法"和"行动中的法"之间的巨大裂缝。本文旨在发现我国司法实践中的非法证据排除规则的命运,以及这种命运背后的原因以及可能的出路。

二、问题展开:非法证据规则在中国的处境和原因

在分析我国非法证据排除规则的处境之前,首先需要确定,法律文本层面上的非法证据排除规则的现状是如何的,这可以大致勾勒本文反思的制度背景。

我国《刑事诉讼法》第50条明确规定:"审判人员、检察人员、侦查人员必须依照法定程序,收集能够证实犯罪嫌疑人、被告人有罪或者无罪、犯罪情节轻重的各种证据。严禁刑讯逼供和以威胁、引诱、欺骗以及其他非法的方法收集证据,不得强迫任何人证实自己有罪。"这是我国刑事诉讼法对于非法取证的禁止性规定。最高人民法院《关于执行〈中华人民共和国刑事诉讼法〉若干问题的解释》第61条进一步规定:"严禁以非法的方法收集证据。凡经查证确实属于采用刑讯逼供或者威胁、引诱、欺骗等非法的方法取得的证人证言、被害人陈述、被告人供述,不能作为定案的根据。"学界通常认为,我国已初步确立了非法证据排除规则。[①] 最高人民检察院、各地检察机关、公安部、各地公安机关也都出台了类似于非法证据排除规则的有关规定。在地方上,云南省人大常委会颁布的《关于重申严禁刑讯逼供和严格执行办案时限等规定的决定》(2000年)、四川省高级法院、检察院、省公安厅《关于规范刑事证据工作的若干意见(试行)》(2005年)[②],也都规定了刑讯逼供取得的言词证据,不能作为证据使用,甚至还规定了举证责任倒置以及重大案件的录音、录像制度。

我国法律规定是否已经确立非法证据排除规则呢?按照《刑事司法百科全书》以及美国学者施乐辛格的经典定义[③],非法证据排除规则是指执法人员以非法行为取得的证据在刑事诉讼中将被排除的证据规则。而联合国1975年通过的《保护人人不受酷刑和其他残忍、不人道或有辱人格待遇或

---

① 樊崇义等著:《刑事证据法原理与适用》,中国人民公安大学出版社2001年版,第105页。
② 湖北、河北两省在2005年也出台了类似的规定。
③ *Encyclopedia of Crime and Justice*, Free Press, 1983, p.715. 施乐辛格的定义参见陈光中主编:《中华人民共和国刑事证据法专家拟制稿》,中国法制出版社2004年版,第160页。

处罚宣言》(以下简称《宣言》)规定:"如经证实是因为受酷刑或其他残忍、不人道或有辱人格的待遇或处罚而作的供词,不得在任何诉讼中援引为指控有关的人或任何其他人的证据";1984年的《禁止酷刑和其他残忍、不人道或有辱人格待遇或处罚公约》(以下简称《公约》)规定:"每一缔约国应确保在任何诉讼程序中,不得援引任何业经确定系以酷刑取得的口供为证据,但这类口供可用作被控施用酷刑者刑讯逼供的证据。"可见,虽然国外通行的关于非法证据排除规则的定义没有对证据的形式作出限定,但联合国的《宣言》和《公约》都只是将证据排除的范围限定于言词证据,未包括非法搜查、扣押获得的物证、书证。我国于1988年加入《公约》,并在非法证据排除规则方面作出了一定的努力。如果按照非法取得的供述和非法搜查、扣押的证据都要排除的严格定义,我国尚未完全确立非法证据排除规则;如果按照联合国规定的排除非法取得的供述这种最低限度的要求,我国可以说已经确立了非法证据排除规则,虽然这种确立不是在基本法律而是在司法解释的层面上。[①] 问题在于,为何在实践中这些规定没有发生作用呢?"书本中的法"为何在实践中几乎成为一纸空文?这才是本文关注的核心。实证研究可以发现其中存在的问题,并且提供一种基于现实的解释。

　　首先,是来自立法技术层面的解释。我国关于非法证据排除的有关规定,几乎都有"查证确实"的表述,即只有被证明是属于刑讯逼供等手段取得的供述,才不能作为定案的根据。这实际上就要求,在排除非法证据之前,必须有一个确认取证行为违法的前提存在。实践中大量的刑讯逼供抗辩的案件,却很难实现这个前提,只能以被认定"证据不足"或者"与客观事实不符"而告终。为何刑讯逼供如此难以证明呢?除去一些人为的因素,可能主要是立法上存在的重大障碍。我国有关司法解释规定的"非法方法"是指"采用刑讯逼供或者威胁、引诱、欺骗等非法的方法",但是对"刑讯逼供"、"威胁"、"引诱"、"欺骗"以及"等非法的方法"没有作出明确的界定,以至实践中对是否构成刑讯逼供认识不一。长时间的连续讯问算不算刑讯逼供?剥夺被讯问者正常的休息、饮食或者进行精神折磨是不是刑讯逼供?这些都可能存在争议。即使是单纯的暴力行为,多大强度的行为构成刑讯

[①]　众所周知,中国的"司法解释"在实际效果上并不逊于法律,甚至在某种程度上更能为特定的机关所遵循。

逼供,是否以造成危害性后果为必要条件,也没有一个定论。即使真的存在严重的刑讯逼供,要证明刑讯逼供也非易事。按照现行的证明责任,要证明刑讯逼供的存在必须证明刑讯逼供行为、刑讯逼供造成的后果以及两者之间的因果关系,而无论是证明行为还是后果都存在着难以克服的障碍。如果没有讯问机关或者讯问者自认刑讯逼供的存在,在证据调查方面处于劣势的被讯问者几乎不可能收集关于刑讯逼供行为存在的证据;如果没有发生致人死亡或者重伤的后果,被讯问者要证明刑讯逼供后果也不是简单的事情;更毋庸谈两者之间的因果关系(已经有案例中,把讯问者身上的伤痕"定性"为正常关押形成或者自残行为造成的)。即使证明了刑讯逼供的存在,要排除非法证据也存在一定的阻力。虽然法律或者司法解释规定了非法取得的供述应当排除,但是没有规定申请"非法证据"排除程序的启动程序、方式、期限、证明责任、证明标准、裁决方式、救济措施等具体的实施性规则,实体性规则依然不能在实践中被广泛适用。在现行的立法框架下,法院即使消极对待非法证据排除规则甚至违反该规则,也没有任何法律上的不利后果制约。上述立法上的障碍给非法证据排除规则的实施造成了很多不确定因素,使得在司法实践中非法证据界定难、证明难、排除难。

其次,是来自司法制度层面的解释。为何法院对于非法证据排除规则存在消极应对的状态呢?这可能要从我国司法制度的结构上进行分析。非法证据的取得,通常都是侦查机关在取证过程中发生的,在我国就是发生在公安机关的刑事侦查中。而非法证据的排除,则是由审判机关进行操作,在我国是由人民法院承担的。这就涉及这两个机关之间的关系。丹宁勋爵曾言:"每一社会均须有保护本身不受犯罪分子危害的手段。社会必须有权逮捕、搜查、监禁那些不法分子。只要这种权利运用适当,这些手段都是自由的保卫者。但是这种权力也有可能被滥用,而如果它被人滥用,那么任何暴政都要甘拜下风。"[1]非法证据排除规则就是一种针对侦查权滥用的程序性制裁。无论是英美法系还是大陆法系国家,对于侦查权的控制基本上都是通过司法权来实现的,即法院可以制约侦查权行使。例如,司法令状原则就要求警察的重大侦查行为,必须取得法院的授权;司法审查原则要求,强制

---

[1] 〔英〕丹宁:《法律的正当程序》,李克强、杨百揆、刘庸安译,法律出版社1999年版,第109页。

性侦查措施合法性的审查,应当由法院进行。这种侦查权的司法控制来源于法院的优越地位,法院也具有制约侦查机关行为的实际权力。但是,在我国的司法体制中,法院却完全没有制约侦查权的地位,它既不是监督侦查程序的中立裁判者,也不是整个刑事诉讼程序的主导者,而往往成为继侦查、起诉之后的审判"工序"的接任者。而且,现行体制下侦查机关的负责人往往兼任该地区政法委书记,在行政位阶上高于司法机关的负责人,因此法院针对侦查机关作出的裁判会有所顾忌,在一定程度上可能影响非法证据排除规则的适用。① 因此,法院能否有能力担当起审查侦查行为合法性的重大职责,尚有疑问。除此之外,我国的司法制度与已经确立非法证据排除规则的其他国家存在着重大的差别,就是我国既没有陪审团审判也没有预审法官制度,使事实裁判者可以直接参与非法证据的排除过程,如果该证据已经被法官所认知,即使程序上排除该项证据,也难以产生事实上的排除效果。

再次,是来自价值观念层面的解释。虽然我国的刑事诉讼法经过修改后,在强调程序正义上有所进步,但是在很多司法人员的观念中,片面追求实体真实的观念仍然没有改变。这在一定程度上是源于重视实质公正胜于形式公正的传统文化,在另一方面则是出于为了实现惩罚犯罪的效果而发现真实的现实需要。虽然在法学界,对于程序公正的意义已经有了深刻的认识,但是改变司法人员"重实体轻程序"的传统观念却不是一蹴而就的事情,现实的司法环境也不可能使他们在旦夕之间完成这种转变。② 从大背景上看,社会普通民众的心态依然偏好于实现最大程度的结果正确而非程序公正,对于非法程序的容忍带有强烈的功利主义色彩。这在社会舆论对刘涌案与佘祥林案的不同态度中可见一斑:前者虽然存在刑讯逼供的事实,但是民意却容忍了这种程序上的瑕疵,把矛头指向被告人犯罪的事实,后者则

---

① 笔者与一些法官的访谈表明,出于对"法官审警察"的敏感,很多地区的法院不敢在审判中公然作出排除刑讯逼供获得的证据、确认参与取证的侦查人员违法犯罪,甚至在非常重大的违法取证行为的认定上,法院还要参加政法委召集的协调会,就是出于这种现实的考虑。

② 有些学者认为这是法官素质的问题,但笔者的实证调查似乎不能支持这种推论。在 D 市法院的刑一庭,共有法官 13 名,其中三名本科生,10 名研究生,法官的学历可谓不高,但是其观念却与学者们要求的相距甚远,一名参加工作不久的高学历法官告诉我,受司法环境的影响,他正在从"书生意气"慢慢完成迁就现实的转变。

因为在实体处理上存在重大错误而激起民愤。① 从司法环境层面看,司法人员的心态依然偏好于实体真实而非程序正义,对于非法证据排除规则也秉持着功利主义的目的观。在很多司法人员看来,非法证据排除规则是不具有现实可行性的一项制度,因为作出这种裁断非但不能引起积极的评价,反而可能在诉讼中因为证据不足而产生无法定案或者放纵罪犯的结果,对审判工作造成重大的压力。② 例如,司法系统内评价审判人员绩效的主要标准是工作量以及正确率③,而正确率的衡量尺度则以有无改判为依据,这在很大程度上依赖于对实体真实的认定而非对程序公正的把握。在审查证据的过程中,审判人员往往把证据的证明力摆在证据的证据能力之上,更重视证据的可靠性而非证据的合法性,因为这样才能降低二审改判或者发回重审的可能性。而这才是真正关系到审判质量考评的因素。考虑到现实利益的因素,我们可以发现,在法律所允许的自由裁量权的范围内,审判人员在非法证据的取舍上,总是会倾向于有利自身利益的解释。

三、路径选择:中国非法证据排除规则的未来

基于上述分析,我们可以看到,非法证据排除规则在中国司法实践中,实际已经处于一个比较尴尬的地位。当然,笔者的实证研究并不一定能涵盖中国司法实践中非法证据排除规则的全貌,因为也有案例表明非法证据排除在某些个案中是可以部分实现的。④ 但是,笔者有理由相信,实践中非法证据排除规则的总体现状不太乐观。本文的研究虽然对造成这种情形的

---

① 关于民意对刑讯逼供容忍度的研究,参见吴丹红:《角色、情境与社会容忍》,载《中外法学》2006 年第 2 期。
② 近年来刑事案件的大幅度上升给法官造成了很大的压力,能按时结案是很多法官努力的目标。在 D 市法院,五年来一线法官的人均办案是 198 件,很多法官长期加班加点,"承受了超乎寻常的工作压力"(该院 2005 年工作报告)。
③ 按照最高人民法院《人民法院审判人员违法审判责任追究办法(试行)》的规定,对于严重违反实体法和程序法,造成裁判结果错误的行为,审判人员应当承担责任。各级法院也把这种错案追究制度进行发展,把错案率作为追究法官责任的依据。而现行的错案评价体系,都是以裁判结论正确与否作为主要标准的。
④ 参见陈瑞华:《程序性制裁理论》,中国法制出版社 2005 年版,第 249—258 页。

原因有了一个初步的解释,但是笔者并不是对现状采取一种同情式的理解。不管技术层面上的障碍、司法制度层面上的阻力,还是价值观念层面的羁绊,存在的不必然是合理的,而恰恰可能是需要进行革新的。关于非法证据排除规则的正当性论证,多得已经无需笔者置喙。需要注意的一点是,《公约》第2条规定,任何特殊情况,不论战争状态、战争威胁、国内政局动荡或其他社会紧急状态,均不得援引为施行酷刑的理由。也就是说,即使发生"9·11"事件,也不能对恐怖分子采取酷刑逼取口供。在利益的维度下,人的人格、尊严、意志自由等人类珍视的价值,都不是简单的功利目的所能涵摄的。同样,在我国,以司法资源有限、犯罪形势严峻或者社会文化观念作为借口,也不足拒斥非法证据排除规则在我国运用。可以讨论的问题只是,在多大程度上承认非法证据排除规则,以及通过什么途径促使它的成为现实的法。

在我国学术界,对于是否确立非法证据排除规则,已经不存在什么争议[1],尚未形成一致意见的是关于非法证据排除规则的范围,即仅仅排除非法取得的供述证据,还是包括非法搜查、扣押获得的物证和书证。按照美国式的非法证据排除规则,通过非法手段获得供述证据和非法搜查、扣押获得的证据,都是采取强制排除的态度,但后来也通过判例确定了例外;英国式的非法证据排除规则基本上采取自由裁量的排除,由法官对非法证据的证明价值和对诉讼的公正性所产生的不利影响加以衡量。[2] 其实,国外非法证据排除规则并没有严格按照证据的种类进行取舍,而主要是以违法行为的严重程度和是否侵犯被讯问人的基本权利为标准。非法证据排除规则的理论基础并不在于排除不可靠的证据,而在于防止警察的非法取证行为[3],因此它才被认为是属于证据能力的规则而非证明力的规则。也就是说,只要非法取证的行为足够严重,侵犯了被讯问者的基本权利,即使获得的证据是真实的,也应当予以排除。刑讯逼供是非法取证行为中最为严重的一种,属于《公约》中规定的"酷刑和其他残忍、不人道或有辱人格待遇或处罚",显

---

[1] 参见杨宇冠:《非法证据排除规则研究》,中国人民公安大学出版社2002年版,第226页。
[2] 参见刘善春、毕玉谦、郑旭:《诉讼证据规则研究》,中国法制出版社2000年版,第174—198页。
[3] 参见林辉煌:《论证据排除》,元照出版公司2003年版,第17页。

然是侵犯被讯问者的基本权利的,应当产生非法证据排除的效果。世界刑法学协会第15届代表大会通过的《关于刑事诉讼中人权问题的决议》第10条明确规定:"任何侵犯基本权利的行为取得的证据,包括由此派生出来的间接证据,均属无效。"我国已经签署的《公民权利和政治权利国际公约》第4条也规定,即使在社会紧急状态威胁到国家的生命并经正式宣布时,公约的缔约国也不得克减该公约所规定的一些基本权利,包括"免受酷刑或残忍的、不人道的或侮辱性待遇或刑罚的权利"。因此,笔者认为,因为刑讯逼供排除的证据不应仅仅限于供述,即使是通过刑讯逼供获得的证据("毒树之果"),也应当予以排除。这也是遏制刑讯逼供的最为有效的一种措施。至于非法搜查、扣押获得的物证、书证是否排除,也同样应当以违法行为的程度以及是否侵犯公民权利作为尺度。本文仅就刑讯逼供行为导致非法证据排除的规则作一个前瞻性分析。

我们的第一个努力,应当是在价值观念上完成。非法证据排除规则所秉持的基本理念是,应当对警察违法取证的行为进行遏制,尽管这种行为是以堂而皇之的打击犯罪、维护社会秩序的目的为之;应当对程序正义观念进行弘扬,尽管这种弘扬有时会以牺牲对事实真相的发现甚至实体认定的错误作为代价;应当对刑事诉讼中的功利主义观念进行反思,尽管我们的社会在很大程度上依然容忍甚至支持这种功利主义。我国刑事诉讼法的传统模式是一种超职权主义的,它过于强调对事实真相的发掘,强调客观真实的坚持,对程序抱有工具主义的思想,对现实社会压力有太多的迁就。十年前的刑事诉讼法修改在一定程度上阻止了其积重难返的局面,开始引入抗辩式诉讼的新鲜血液,并对程序公正、人权保障以及人文关怀都有所提升。但是这种提升的幅度是非常有限的,时至今日也已经落后于社会变迁的速度。当我国的刑事诉讼程序在对抗制的外壳下"行尸走肉"的时候,其他国家先进的诉讼理念强烈地冲击着我们,特别是涉及程序公正的一些国际公约的规定,已经不允许我们再在传统的泥沼里愈陷愈深。联合国有关反酷刑的《公约》就是一个最好的参照,它让我们的立法者在诉讼公正、文明的潮流下,把握时代变迁的脉搏,看清楚前进的方向,拥有改革制度的勇气。

正如本文第一部分所述,虽然法律和司法解释已经就刑讯逼供获得的供述应当排除作了规定,但由于实施性规则的不完善,导致实体性规则不具有操作性,非法证据排除规则徒具空文。那么,我们的第二个努力应当是在立法层面上展开。首先,应当参照《公约》的有关规定,对"非法证据"有一个比较明确的界定,把刑讯逼供获得的证据,包括言词证据和实物证据,都纳入到可以排除的非法证据之列。其次,应当及时完善非法证据排除规则中的实施性规则,使该规则更具有可操作性。例如,规定被告方可以在审判期间对控方证据的合法性提出异议,向法庭申请排除证据,法院应当对该证据的合法性进行专门的调查程序。在证明责任上,规定控方就证据的合法性承担证明责任,并在必要的时候通知侦查讯问人员出庭作证。经过控辩双方的质证和辩论,法庭认为证据为非法取得的,应当裁定将该证据排除,不得作为定案的根据,如果认为证据合法的,应当说明理由。再次,在司法救济上,应当规定审判机关消极或者不公正对待非法证据排除申请的后果。如果法庭拒绝受理辩方提出的排除非法证据的申请或者被裁定驳回的,辩方可以就此程序性事实上诉,由二审法院裁定。当然,上述立法层面上的努力主要是从刑事诉讼法修改或者证据立法的角度进行的,这就意味着,目前仅仅落实于"司法解释"层面上的非法证据排除规则,应当提升到基本法律的层面上,这样才能算真正实现非法证据排除规则立法。

我们的第三个努力,应当在司法制度的层面上展开。前文的实证研究已经表明,没有相关的司法制度配套,非法证据排除规则不可能有效运作。首先,应当加强对侦查权行使的控制机制。在讯问中,要建立和完善侦查机关的规范化和侦查程序的规范化,前者表现为侦查机关和羁押机关实现真正的组织分离,保障被讯问人在羁押期间的人身权利;后者表现为讯问程序的规则要合理而公正,保证讯问的时间、地点、录音录像都符合规范化操作的要求。其次,应当完善律师辩护制度,保障侦查、起诉期间的辩护权和审判期间的辩护权。侦查起诉期间的辩护主要包括律师的会见权、阅卷权、在场权、取证权等,这些都关系到律师提出的非法证据排除规则辩护的质量。审判期间的辩护主要是对律师程序性辩护权利的保障,让律师在法庭上有机会提出辩护并获得适当的救济机会。再次,应当加强司法机关的刑事诉讼程序的控制权,实现"审判中心主义"。现有的公检法三机关互相配合的模式以及彼此地位态势,有必要通过渐进的改革去转换,以审判为中心的刑事诉讼新构造应当是我们的目标。只有建立了司法机关的优越地位,建立了司法令状或者司法审查的机制,法院才能在排除非法证据上拥有真正的权力,并作出中立的裁判。当然,要真正实现非法证据排除的效果,还需要有陪审团制度或者预审法官制度的配套,即使因为客观原因不能建立上述制度,庭前证据开示制度还是有必要的。

四、结语:不仅仅是证据规则的努力

非法证据排除规则在刑事司法制度中的意义,可能远比我们想象得要重大。因为它不但体现着一个国家的刑事司法制度理念,而且折射着社会的思想意识和价值观念。即使在如非法证据排除规则贯彻得比较好的美国,对于该规则的反对声音也是曾经异常强烈的。但是,非法证据排除规则依然在两大法系的司法制度中,获得了广泛而持久的生命力。

虽然本文的实证研究给读者展现了关于中国司法制度下非法证据排除规则近乎悲观的命运,但是这种真实的状态应该是法律运行的常态,因为不管我们抱着多么美好的愿望,"行动中的法"总是会与"书面上的法"产生裂缝的。诚如赫尔曼教授所言:"在阅读刑事诉讼法文本的时候,我们不能陷入一种天真的法律证实主义思想,认为实际中的刑事诉讼程序在任何一个方面都是与法律的规定相吻合一致的。我们应当是把刑事诉讼程序视为是一种具有生命的有机体,它如同其他任何一个在社会中产生功能的系统一样,时刻在经受着变化,也常常以偏离法律规定的方式自己在发生变化。"① 正视这种变化,才是我们应该拥有的勇气和理性的态度。中国要确立该项规则,不仅仅是在证据规则方面努力,可能需要的是更多的力量支持和改革幅度。近十年以来,我们看到了非法证据排除规则在中国渐渐开始浮出水面,也看到了司法机关的努力。最近,笔者从最高人民法院和最高立法机关都获得了关于改革完善该项规则的令人振奋的消息,因此,本文的结语,应该是在较为乐观的心情下搁笔。

---

① 《德国刑事诉讼法典》,李昌珂译,中国政法大学出版社 1995 年版,引言第 3 页。

力量博弈下的刑讯逼供

吴丹红[*]

长久以来,有一个幽灵在中国的大地上游荡。如果我们对以下的名字还有记忆,那应该会感受到它的肃杀气氛:杜培武、佘祥林、李久明、聂树斌、胥敬祥、王树红、余路平……但谁也不知道,除了这些被媒体广泛报道的名字,到底有多少冤魂,在刑讯逼供这个幽灵的阴影下挣扎!

杜培武案过去八年了,佘祥林案也过去三年了,时间或许冲淡了很多人的记忆,但冲不去血淋淋的记录,况且时间还在不断刷新纪录。每一起刑讯逼供案件的发生,都为这个幽灵增加了一桩罪孽。就每一件个案而言,我们看到的可能是不负责任的讯问人员、草菅人命的审判人员,以及含糊其辞的有关部门。追溯这些案件,似乎都是重复以下"流程":发生重大刑事案件——对犯罪嫌疑人进行刑讯逼供——根据口供获得的证据定案——被告人被判有罪并服刑——发现错案(通常是找到真凶)——平反冤狱——暴露当年的刑讯逼供细节——处理责任人员,如杜培武案。当然,也有一些案件虽然暴露

---

[*] 吴丹红,证据科学教育部重点实验室(中国政法大学)副教授,法学博士,中国人民大学证据学研究所兼职研究员,燕山大学文法学院兼职教授。

出刑讯逼供的细节,但是涉及责任问题时不了了之的,如佘祥林案、聂树斌案。① 这些案件究竟有没有刑讯逼供,以及多大程度上存在刑讯逼供,虽非笔者所能断言,但这并不妨碍我们在社会科学研究层面上对其进行解剖。

从刑事诉讼法学角度而言,这些案件的标本意义仍然是存在的,它不仅使我们不得不重新审视刑讯逼供的现象,而且不得不正视刑讯逼供调查中的重重阻力,分析背后的利益冲突以及力量博弈。笔者曾经就刑讯逼供中存在的角色和情境问题进行过社会学分析②,在本文中,笔者试图从博弈论的角度出发,以刑讯逼供中涉及的主体为对象,进一步探讨我国现实中存在的刑讯逼供问题以及该现象的发生学解释,并试图在力量博弈的框架内剖析其症结,为制度化的解决方案提供可能的进路。

一、扑朔迷离的刑讯逼供

我国刑事诉讼中到底存不存在刑讯逼供?有多严重?在开始本研究之前,笔者曾试图从多方面调查中国司法实践中刑讯逼供的现状。在北京某区检察院(因为众所周知的原因,本文只能隐去具体单位的名称,下同),笔者了解到,涉及刑讯逼供的案件,从1999年至今受理线索十余起,但是立案的只有一起,最后以不起诉而告终。翻阅另一个区法院近几年的刑事案卷,未曾发现有任何涉及刑讯逼供的案件。在深圳市某区检察院,笔者了解到,此类案件每年立案至多一两起,全市检察系统查办的也屈指可数。而在浙江省某市检察院,一位检察官告诉我,该区十余年来仅有一起刑讯逼供案件。初次的调查给笔者的印象是,刑讯逼供案件在司法实践中并不多见。如果说,上述大城市的调查不足以作为典型例证的话,那我们把范围扩大,

---

① 《南方周末》2007年11月1日详细披露了聂案再审过程中的重重阻力,截至笔者发文之前,该案仍未有定论。相关评论参见吴丹红:《聂树斌案的制度反思》,载《法制日报》2007年11月11日,第2版。

② 吴丹红:《角色、情境与社会容忍——法社会学视野下的刑讯逼供》,载《中外法学》2006年第2期。

看看全国的情形(表1)①：

时间(年)	刑讯逼供案立案数(件)	人数(人)	同期自侦案件(件)	占自侦案件百分比
1990	472	921	63224	0.7%
1991	407	828	79841	0.5%
1993	—	378	71363	—
1995	412	843	83685	0.5%
1996	493	945	82356	0.6%
2003	52(起诉)			
2005	110			
2006	—	930(包括非法拘禁)		

表1 中国检察机关披露的刑讯逼供案件数量

从表1看出，每年刑讯逼供案件的绝对数量虽然不少，但相对于其他职务犯罪来说仍然是一个很小的数目(不到1%)！如果分布到全国三千余个基层检察院，则平均每10个检察院才有一起刑讯逼供案件。以2003年全国检察机关起诉的刑讯逼供案件来看，平均每个省不到两件！刑讯逼供似乎并不成为一个严重的问题。但根据河南某市人民检察院在1994年初的统计，该院从1990年以来4年共查处重大的刑讯逼供案件27起。② 如果这个来自一个普通市检察院的27件也是真实的，那么同期内全国范围内的数字，是严重"缩水"的。我们有理由相信，事实上发生的刑讯逼供案件，可能比我们所能看到的统计要多很多。根据2000年9月全国人大常委会对全国6个省、市、区的刑诉法执法大检查的报告，在最严重的三大问题中，"首要的问题就是刑讯逼供现象没有得到遏制"。③ 因此，刑讯逼供问题被列为全国人大常委会《2000年执法检查计划》中的重点。根据2006年的《中国法律年鉴》披露，2005年，在以纠正刑讯逼供为重点的专项侦查监督活动中，共对侦查取证违法提出纠正意见598件，一批涉嫌刑讯逼供的案件移送有关部门立案侦查。可见，治理刑讯逼供的形势依然比较严峻。

---

① 资料来源：《最高人民检察院历年工作报告》，2003年数据来自《2003年中国人权事业的进展》。
② 参见张清兰、杭翠兰：《查办刑讯逼供案件的体会》，载《人民检察》1994年第3期。
③ 有关报道参见廖卫华：《人大有望明年修改刑事诉讼法》，载《新京报》2005年7月13日。

那么,究竟是笔者杞人忧天,还是公开的数据隐藏着巨大的"黑数"?对此,先前一些关于刑讯逼供的研究已经对此作了初步的披露。[①]但很多人的疑问是,这是否只是"冰山一角"?民意作为社会信息的传感器,或许可以提供一个大致的参考。笔者在2005年—2007年采取封闭型问卷的形式,分别对普通公民和法律人士进行了调查(表2)[②]:

问卷选项(包括释义)	网上随机问卷(N≥60)	个人主页问卷(N=172)
刑讯逼供非常严重(几乎所有的案件都有或轻或重的刑讯逼供)	38%	38.95%
比较严重(很多案件有刑讯逼供的现象)	55%	48.84%
不太严重(虽有刑讯逼供现象,但不是很多)	5%	10.47%
不严重(很少有刑讯逼供的案件发生)	2%	1.16%
根本没有(现在根本不会有刑讯逼供发生)	0%	0.58%

表2 对刑讯逼供现状的民意调查

网上舆论居然有近九成的人认为刑讯逼供很严重,这多少让人震惊。如果说这种调查可能带有被调查者的偏见,那么,来自公安司法机关的调查可能比较接近真实。有学者在某省会城市对以公、检、法、司为主的法律工作人员进行问卷调查,当问到"您所在的公安、司法机关或认识的公安司法人员有过刑讯逼供吗"的问题时,53.2%的人选择"有,而且普遍",20.7%的人选择"有,但很少",选择"没有"的人只占6.5%(另有19.6%选择"不知道")。[③]尽管存在身份的顾虑,但仍有半数以上人坦言刑讯逼供的普遍性,说明了问题的严重性。综合这两项调查,我们已经无法对现状保持乐

---

① 参见王钢平:《刑讯逼供罪》,中国检察出版社1997年版;陈云生:《反酷刑》,科学文献出版社2000年版;刘斌主编:《20世纪末平反冤假错案案例纪实》,珠海出版社2001年版。

② 前者为笔者于2005年7月在QQ与MSN上进行的随机调查,参与者年龄在20—38岁,职业涵盖了片警、记者、编辑、律师、IT从业人员、学生、物流经营者等,基本上都受过高等教育,大致能表明该年龄段的知识青年群体对于刑讯逼供形势的直观感觉,可以作一个初步参照。后者来源于吴丹红法律工作室(http://www.wudanhong.com),因为网站的性质,访问者多为法律职业人员,本次数据截至2007-11-05。

③ 陈光中主编:《中国司法制度的基础理论专题研究》,北京大学出版社2005年版,第419页。

观。有人曾对收集到的三百多个冤假错案作过统计分析,竟然发现其中有95%的冤假错案与刑讯逼供直接相关。① 如果以此为系数,根据1998年全国政法系统教育整顿期间查出的错案数字(85188件)②,甚至2004年全国法院全年依法改判的错案数字(16967件)③,清算出刑事错案,再来估计可能存在刑讯逼供的数量,结果就变得异常惊人。当然,量化刑讯逼供的数目,是一件吃力不讨好的事情,它既不能给读者提供准确而可靠的信息(即使是官方确认的信息,也可能存在较大的误差),也对本文的理论研究无甚价值。只要在刑讯逼供的严重性这个上有初步的共识,就足以展开本文的讨论。剩下的问题只是:为何人们普遍认为严重的刑讯逼供,在司法层面上暴露出来的,却又如此之少?

需要注意的是,"发生"刑讯逼供事件与刑讯逼供"立案"是两个完全不同的概念,上述数据只能说明"重大"刑讯逼供的数目,而不足以说明刑讯逼供的绝对数,因为按照1999年《最高人民检察院关于人民检察院直接受理立案侦查案件立案标准的规定(试行)》④,检察系统对刑讯逼供罪的立案标准是:手段残忍、影响恶劣的;致人自杀或者精神失常的;造成冤、假、错案的;3次以上或者对3人以上进行刑讯逼供的;授意、指使、强迫他人刑讯逼供的。这个立案标准使大量的刑讯逼供案件不能进入检察机关立案的范围。因此,1999年以后刑讯逼供立案数量的急剧下降,并不能代表在遏制刑讯逼供方面的成效,反而有可能是因为刑讯逼供立案的"高标准",使得进入立案程序的刑讯逼供案件减少。进一步的实证调查发现,刑讯逼供案件在刑事案件中属于较为敏感的内容,各地司法机关对此讳莫如深。很多接受调查的公安机关工作人员表示,这类案件的发生是该地区侦查机关的"耻辱",会令该地区的公安机关在同行面前数年都"抬不起头",更不用说什么评优奖励了。所以,基层公安机关为维护形象而"大事化小,小事化无",也在情理之中。这种消极的态度在一定程度上透露出侦查机关对于自身行为的评价没有足够的信心,刑讯逼供的状况可能不容乐观。对基层检察机关

---

① 刘斌主编:《20世纪末平反冤假错案案例纪实》,珠海出版社2001年版,前言。
② 《人民法院报》1999年1月14日。
③ 2005年《最高人民法院工作报告》。
④ 该规定在2006年7月被《最高人民检察院关于渎职侵权犯罪案件立案标准的规定》所取代,但原规定仍适用于本文对2006年以前的数据分析。

的调查表明,虽然每年接到的关于刑讯逼供的线索与举报不在少数,但通常只有造成了非常严重的后果或者社会反响很大的,才有可能被起诉。而起诉的案件,相当一部分由于证据不足难以定罪,不得不撤诉。有些案件,政法委也会从中协调,建议撤诉,所以被起诉者寥寥(若以前述北京某区检察院为例,起诉率几近于零)。而基层法院的法官认为,起诉到法院的刑讯逼供案件虽然都是重大案件,但往往时过境迁,证据较难认定,只有事实清楚、"非常有把握"的才会定罪。这需要被讯问者提供充分的证据——这是很难完成的任务。

为了分析的方便,笔者着重收集了近十余年来全国各地发生的一系列涉及刑讯逼供的案件(大约为 50 个样本),按照时间抽样出下表(表3)。这些案件全部都是进入司法程序的,并经过媒体报道,曾经在一定范围内引起社会舆论关注,具有相当的代表性:

发生时间	单位	涉嫌案件	后果	法院处理结果
1992 年	湖南湘潭市公安局刑侦大队	故意杀人案	姜自然受伤、无辜羁押 6 年	未处理
1993 年	黑龙江朗乡林业地区公安局	盗窃案	金某死亡	被告人之一免于起诉;被告人之二有期徒刑一年缓刑二年;被告人之三有期徒刑三年缓刑四年;被告人之四无罪;被告人之五无罪
1997 年	新疆维吾尔自治区精河县公安局刑警大队、永集湖派出所	盗窃案	许自敬死亡	有期徒刑十年
1999 年	浙江杭州余杭公安局临平派出所	盗窃案	陈江死亡	被告人之一有期徒刑六年六个月;被告人之二有期徒刑四年六个月
2002 年	云南丘北县公安局刑警大队、禁毒大队	强奸杀人案	王树红七级残疾,错误羁押 296 天	有期徒刑一年零六个月

(续表)

发生时间	单位	涉嫌案件	后果	法院处理结果
2003年	河南鹤壁市公安局淇滨经济开发区分局	盗窃案	韩志强死亡	被告人之一有期徒刑十三年;被告人之二十二年;被告人之三三年;被告人之四免予刑事处罚
2006年	安徽巢湖市公安局居巢分局刑警支队	故意伤害案	张某等四名学生被错误羁押3个月,影响极坏	被告人之一被判处有期徒刑1年,缓刑2年;被告人之二免予刑事处罚

表3　最近十余年来媒体披露的刑讯逼供案件

随机采集的上述案件,大致代表了中国当前刑讯逼供案件的现状。首先,从时间上,起于1992年,止于2006年,跨越刑事诉讼法修订与实施前后的十余年时间,刑事诉讼法在这段时间从酝酿修改到完成修改(1996年),再到重新提议修改(2006年),是刑事诉讼程序大刀阔斧改革、刑事诉讼理想和现实激烈碰撞的十年。其次,在地域上,北至辽宁、西至新疆、南到福建、东达浙江、中有河南,涵盖了全国各地,从经济发达地区到经济欠发达地区,都有相似案件发生。再次,参与刑讯逼供的人员,从普通民警到刑警队长再到公安局长,可谓悉数登场。又次,被讯问者的遭遇从轻伤到重伤到死亡,从错误羁押到含冤入狱,不一而足,也具有广泛的代表性。最后,对于各种严重的刑讯逼供行为,法院判处的刑罚却出人意料地轻缓,颇具代表性。因此,作为抽样分析的刑讯逼供案件,已经可以基本满足本研究的需要。由于上述刑讯逼供案件大多发生于侦查讯问阶段,而且参与的人员也多为公安机关的警察,因此笔者将主要的研究兴趣集中于公安机关的讯问阶段。从访谈和调查到的情况分析,可以肯定的一点是,被公之于众或者追究刑事责任的刑讯逼供事件,只是所有违法讯问案件中的一小部分,也是真实发生的刑讯逼供中的一小部分。由于法院判决刑讯逼供罪的案件并不多,而很多对刑讯逼供者进行非刑罚处罚的案卷,保存于纪委等部门,一般人不易查询到,更不用谈公诸于众。在访谈中发现的一些刑讯逼供的案件,虽然在当事人内部口耳相传、心照不宣,却没有相关的证明材料予以佐证,这给笔者的实证研究造成了一定的困难。最高人民检察院的历年工作报告,也在最近的十年里对此数据讳莫如深。现实中究竟有多少刑讯逼供发生,是一个很难证实的问题。笔者所能做的,就是通过剖析那些进入受众视野的刑讯逼供案件,解释造成刑讯逼供的制度性原因,"窥一斑而见全豹",以期对于控制整体的刑讯逼供会有一个示范效应。

本文关注的问题可以分为三个层次,最浅层次的是,究竟是什么造成了刑讯逼供的发生?进一步的是,什么原因造成了刑讯逼供的延续?为什么我们一次次总结经验,又一次次接受刑讯逼供的暴露?更进一步,如何才能从根本上探寻遏制刑讯逼供的进路?本文试图从讯问者、被讯问者以及围绕讯问主体的多重社会关系中,寻找利益冲突和力量博弈的根源。在笔者看来,刑讯逼供案件涉及多方主体,既有代表国家行政权力的公安机关,也有代表国家司法权力的检察机关、审判机关,既有个案中的犯罪受害人和犯罪嫌疑人,也有代表民意的群众和舆论力量,甚至还有掌控上述力量的政治权力。"我们都深深地嵌在这个世界中",每个发生在现实中的刑讯逼供,都不由自主地陷入各种力量的博弈中。在力量的显态和隐态较量背后,透露出不同利益之间的冲突。

二、力量博弈的官方视角

(一)侦查机关以及讯问人员

在刑事案件的侦查讯问过程中,讯问人员属于强势力量,他们不但掌握着整个讯问过程的主导权,而且对于是否存在刑讯逼供有着发言权。对于侦查机关而言,讯问的主导权是必需的,这是保证侦查效率的一个基本前提。在侦查实践中,侦查的成效依然是基层公安机关的一个重要考核指标。2001年10月,公安部颁布实施了《公安机关执法质量考核评议规定》(第60号令),随后全国各级机关按照公安部的要求组织开展了执法质量的考评工作。执法质量考评作为公安机关一项重要的执法监督的措施,对全面准确地掌握公安机关的执法现状,进一步提高公安机关的执法质量发挥了一定作用。但是,相对僵硬的考核标准一旦与领导的政绩、民警的绩效以及单位的评优奖励等切身利益密切挂钩,就可能形成一种"利益驱动"机制,即为了达到外在的目标而忽视内在的执法过程。更有一些地方机械理解执法质量考评体系,给基层派出所下达罚款指标、治安拘留指标、破案指标,不能完成指标就会影响警察个人的福利待遇。公安部更是在 2004 年 6 月 1 日公开提出"命案必破"目标。① 这种目标的出发点是好的,但要求在规定的短时间内,侦查人员必须对案件的任何线索了如指掌,对任何证据都能探囊取物,这显然是不可能的。这实际上否定了那些由于受主客观因素的影响而导致在较长时间内不能破获甚至根本无法破获的案件,过高估计了侦查机关的侦查能力,也挤占了其他案件分配的侦查资源。由于种种现实条件限制,这种僵化的执法目标不一定成为侦查人员的动力,反而有可能成为不能承受的巨大压力。

从制度分析的角度看,任何一种制度安排,都会对制度下的人产生不同的激励效应。过于强调侦查成效的制度设计,可能会在短期内对提高侦查人员的士气有所助益,但是长期来看却可能有很多负面影响。首先,在现有侦查条件下,对破案率寄予过高的期望,可能会促使侦查人员为达目的不择手段,造成违法取证甚至刑讯逼供。公安机关在《公安部关于坚决制止公安干警刑讯逼供的决定》(1992)中也明确承认:"干警侦查、审讯能力不高,办法少,加上案件多、任务重、心情急躁,为尽快弄清案情,往往求助于刑讯逼供。"其次,过于强调侦查的结果而忽视程序,将在整个侦查机关内部造成程序虚无主义。再次,过于强调破案成效并以此作为奖惩依据,将使得各地侦查机关盲目攀比,浮夸成风。公安部在 2002 年 1 月的全国公安厅局纪委书记会议上指出,今后省级公安机关一年内发生两件刑讯逼供,或两件滥用枪枝警械致人死亡案件,或各发生一件致人死亡案件,所在省、自治区、直辖市公安厅局长必须到公安部检讨和接受检查。② 这种措施表面上看是决心抑制刑讯逼供的发生,但过于严苛的连带责任可能反而导致对刑讯逼供案件的掩盖和隐瞒。试想,当刑讯逼供的披露将影响到上位者自己的"顶戴"之

---

① 根据公安部在 2004 年 8 月 24 日披露的信息,全国公安机关侦破命案专项行动已经取得阶段性成果。2004 年 1 至 7 月,有 1273 个县市区实现命案全破,占全国县市区总数的 44.51%。新华网 2004-08-25 报道。笔者发现,表 2 所列的曾有刑讯逼供案件发生的某些公安机关,赫然在"命案全破县级公安机关名单"中。2007 年 2 月 6 日,公安部刑事侦查局副局长却在新闻发布会上指出,我国公安机关提出的"命案必破"目标不会造成刑讯逼供。见《人民日报》2007 年 2 月 7 日第 10 版报道。

② 《中国警方专项整治刑讯逼供及民警涉黑等问题》,2002 年 1 月 31 日中国新闻网。

时,几人有如此"自毁长城"的道德勇气?要讯问人员通过自律,来遏制刑讯逼供的发生,可能有悖于"人性"。

1997年以来,为深入推进"三项治理"(即治理刑讯逼供、治理滥用枪支警械、治理滥用强制措施),全国公安机关警务督察力量坚持深入派出所、刑警队等基层一线执法单位、执法现场,对一些主要执法环节进行监督。此外,在2005年,根据公安部的规定,很多公安系统开展了群众信访接待,专门接访反映公安民警刑讯逼供的问题,据说取得了良好的效果。① 但是,根据有关规定,上访人首先应按《信访条例》的规定到有管辖权的市、县(区)一级公安机关上访,信访人没有首先向市、县(区)一级公安机关上访,不能出示经过市、县(区)级公安机关出具的答复意见书的,省公安厅将转由市、县(区)级公安机关带回处理。实际上,很多的上访问题都是因为在当地司法部门得不到妥善处理,才会到上一级机关申诉,省公安厅再转由市、县(区)级公安机关"带回处理",对于上访人来说,未必是一个好消息。笔者并不否认,上述规定的出发点是好的,但无视利益取向和人性的弱点建立的约束机制,或许结果是不可欲的。

(二) 检察机关

2006年元旦刚过,最高人民检察院就宣布,该年全国检察机关要重点完善查处刑讯逼供行为的工作机制。作为侦查监督部门,检察机关肩负着查处刑讯逼供的首要任务。刑讯逼供案件是检察机关四类自侦案件之一,检察机关既可以在侦查监督的过程中主动对侦查违法(可能存在刑讯逼供)的情形进行调查,也可以接受举报线索,对刑讯逼供案件进行立案。但是,如前所述,检察机关立案的刑讯逼供案件数量非常有限,甚至还有一些起诉之后再撤诉的。为什么造成这种情况呢?还是从检察机关的权力性质及其运行特点角度进行分析。检察机关虽然拥有侦查监督权,但是,由于其并不直接参与普通刑事案件的侦查,也不对侦查过程进行监督,甚至不享有证据调查权,因此其行使监督权的方式只能通过审查起诉时的阅卷。书面审查遮蔽了本来可以发现的很多问题。我国刑事诉讼法虽然强调"互相配合、互

---

① 《周永康称公安机关接访要实现人人受到局长接待》,2005年7月22日中国新闻网。

相制约",但由于检察机关和公安机关的目标一致性,使得两者素来有重"互相配合"而轻"互相制约"倾向,侦查监督权的实践与法律规定相去甚远。

不可否认,作为公诉部门的检察机关,与刑事案件的结果存在着一定的利害关系,起诉的成功与否成为其工作业绩的一个表现。每年检察机关的工作报告都要提到起诉率上升多少百分比,不起诉率降低多少百分比。[①] 在打击犯罪方面,检察机关继续接过侦查机关的接力棒,以案件的成功起诉和定罪为终点。这种特点决定了起诉的重心会更多地偏向于收集犯罪嫌疑人有罪的证据,而忽视犯罪嫌疑人无罪的证据。而且,由于公安机关的基础性工作,前者的获取比后者的获取容易得多。为了达到起诉的要求,检察机关可以要求公安机关补充侦查,也可以直接讯问犯罪嫌疑人补充证据,在这个过程中,不能排除检察机关也与公安机关一样犯违法讯问的错误。甚至在案件提交法庭以后,检察机关仍然会置有利于被告人的证据不顾,为了公诉的成功而维护对犯罪嫌疑人有罪的指控。以杜培武案件为例,尽管侦查过程中存在诸多疑点,甚至驻看守所的某检察官还拍摄了被告人伤痕的照片,昆明市检察院依然向昆明市中院提起公诉。在庭审中,被告人的辩护律师提出刑讯逼供事由,法庭责成公诉方就此调查取证,但是在第二次开庭时,公诉人声称有关照片"没有找到",并认为其提交给法庭的"审讯录像"显示刑讯逼供事实"并不存在"。[②]

如果有证据表明有严重的刑讯逼供事件发生,或者被告人在庭审中提出该项事由,法官会要求检察机关或者公安机关提供该案有无刑讯逼供的证据(尽管这样的情形并非经常发生)。而控方也会在调查之后,提交一份由公安机关出具的讯问人员并无刑讯逼供事实的书面证据,以示澄清。但这种做法已经遭到了学界强烈的质疑,要求警察出庭作证、要求成立中立的调查者的呼声不绝于耳。作为法律监督机关的检察院,能否侦查自己审查

---

① 例如,在全国检察机关第六次反贪污贿赂侦查工作会议上,最高人民检察院副检察长指出,5 年来检察机关严格规范执法办案活动,办案质量和效率逐步提高。全国检察机关贪污贿赂案件的移送审查起诉率和有罪判决率分别由 2001 年的 88.74%、98.3%,提高到 2005 年的 95.37%、99.1%;撤案率和不起诉率分别由 5.61%、12.46%下降到 2.47%、7.94%。参见:《检察机关五年反贪污贿赂挽回经济损失 189 亿元》,2005 年 9 月 9 日新华网报道。

② 参见王人达等:《正义的诉求——美国辛普森案和中国杜培武案的比较》,法律出版社 2003 年版,第 58 页。

起诉的错案的违法问题？佘祥林案件暴露之后，京山县人民检察院就成立了以渎职犯罪侦查局局长高爱国为组长的专案组，对该案中可能存在的刑讯逼供等违法行为进行调查。佘祥林案件是由京山县公安司法机关一手"制造"的，现在却由也曾牵涉其中的京山县检察院来立案调查，显然有违"任何人不能成为自己案件的法官"的基本原则，其调查不了了之，也在预料之中。在云南王树红遭刑讯逼供的案件中，本来检察机关在发现刑讯逼供线索时就应该行使监督权，进行调查，但他们选择了"与公安方面达成协议，先由公安内部调查"，公安机关当然否认有刑讯逼供，于是当地检察院介入调查，可是调查并未深入下去，检察机关甚至提出撤案申请。最后，不得不由上级检察院出面督办，才得以取得进展。① 根据我国刑事诉讼法的规定，刑讯逼供案件由人民检察院立案侦查，但是具体由哪一级检察机关侦查，没有明确规定。《人民检察院刑事诉讼规则》第 13 条确立了"分级立案侦查制度"，即规定由最高人民检察院立案侦查全国性的重大犯罪案件；省、自治区、直辖市人民检察院立案侦查全省（自治区、直辖市）性的重大犯罪案件；分、州、市人民检察院立案侦查本辖区的重大犯罪案件。但是，事实上，很多刑讯逼供案件都没有被列为重大犯罪案件，立案级别达不到由省检察院直接办理，最多只能督办或指导。刑讯逼供的调查不得不涉及当地错综复杂的关系网，很多案件"办不下去"。遗憾的是，对佘祥林案件是否存在刑讯逼供的侦查正是沿循了这种可怕的程序，却没有人对此提出质疑。看来，希望检察机关成为反对刑讯逼供的中坚力量，可能期望过高。

（三）法院

法院是刑事案件的审理机关，也是刑讯逼供行为是否存在的终局裁决机关。按照刑事诉讼法及其司法解释的规定，法庭审理中，如果有证据证明侦查人员在讯问时采取了刑讯逼供行为，所获取的被告人的口供应当排除。问题在于，是否存在刑讯逼供由谁来证明？当被告人在法庭上陈述自己曾经受到刑讯逼供，法庭该如何裁决？

在司法实践中，刑讯逼供的发生往往具有"案中案"的特点，即刑讯逼供

---

① 《云南：七天可查清的刑讯逼供案查了一年多》，载《中国青年报》2005 年 7 月 8 日。

案件发生在犯罪嫌疑人所涉嫌的案件的侦查讯问过程中，因此，被告人一旦提出刑讯逼供的控告，作为普通刑事案件的控方的侦查人员实际上成为了刑讯逼供案件的被控方，如果按照刑事诉讼通常的举证责任规则，主张犯罪事实存在的被讯问者应当提供相应的证据证明讯问者的刑讯逼供行为存在，但实际上，由于侦查预审阶段的被讯问者当时处于孤立无援之境，如何收集证据？时过境迁之后（可能刑讯逼供造成的伤痕已经愈合）又如何保全证据？即使存在证据又如何向侦查机关调取相关的证据？因此，通常法院的做法是，让侦查机关提交有无刑讯逼供的证明材料。① 结果可想而知，除非达到致人死亡或者伤残的程度，刑讯逼供案件通常都会以讯问者证明自己没有刑讯逼供而体面地收场。事实上，这里的关键问题不是刑讯逼供由谁来举证的问题，而是被告人庭前供述的可采性问题。在理论上说，被告人供述并不具有当然的可采性，而需要由控方进一步地证明其自愿性和任意性。如果被告人在庭审中提出了供述的非自愿性质疑，那么作为传闻证据的供述本身已经不存在可采性，除非提交该证据的一方提出足够的"可信性保障"。然而，在我国的法庭审判中，被告人的庭前供述几乎具有不容置疑的效力，直接作为法官定案的根据。

　　为何造成这种异化的程序呢？这与审判机关的权力配置有关。在一个以审判为中心的国家，司法权具有较为优越的地位，法官在审判中具有最终的裁决权，法院直接排除控方非法收集的证据，是一件再平常不过的事情。但是我国的审判机关在机构设置上与检察机关是平行的，甚至检察机关在诉讼监督上还有高于法院的位置。作为公诉方的检察官，还具有法律监督者的另一重身份，可以对审判活动实行监督。法院如果在审判中排除控方收集的证据，那将使法院自身处于比较尴尬的境地，也无形中破坏了"互相配合"的默契。对于法院而言，无论是诉讼监督还是错案追究，无论是当事人申诉还是人大监督，主要都是以结果的公正为基本标准的，因此如果非法获取的口供具有真实性，能够认定案件事实，程序上的瑕疵尚不能产生足够的排除证据效力的动力。即使有程序性辩护，也不会有程序性裁判。大多数属于程序违法的刑讯逼供就这样游走于法官的司法公正观念之外。

---

① 因此，法庭上几乎无一例外地出现了如下一幕——检察官拿着一份由公安机关盖章的证明，振振有词地念道：经调查核实，侦查人员某某某在讯问中无刑讯逼供情形，特此证明。

在实体裁判方面,法律上对于刑讯逼供的规定也只有经过法院的判决才能落到实处。但是遗憾的是,笔者发现法院对于涉嫌刑讯逼供的案件似乎总是能"网开一面"。从笔者所能了解的案件情况来看,每年被提起公诉的刑讯逼供案件不在少数,即使很多案件都有被讯问人死亡的严重后果,但定罪的并不多,而且除了个别案件外,大多数的被告人都在此法定刑以下量刑,甚至有相当一部分被处以缓刑或者免于刑事处罚。在笔者所能查阅到的资料范围内,尚无发现一例因刑讯逼供而被判处死刑。表3所列的案件说明了法院对于刑讯逼供责任人员的宽容态度。从这些案件的具体情况来看,判处轻刑并不意味着那些违法的警察罪行不严重,而是法院在审理刑讯逼供案件的时候,自觉地放宽了量刑的幅度,是作为审判者的司法人员对作为侦查者的"司法人员"(广义上的,按照刑法关于刑讯逼供罪的规定也是如此)一种职业上的同情。在我国现行的司法体制之内,法院尚未充当司法审查者的角色,侦查机关的工作成为打击犯罪流水线的第一道关卡,而法院的审判在某种程度上是前者工作的继续,对于在侦查过程中出现的问题,他们有着共同的利益,要"痛下杀手"是不太可能的,"量刑从轻"于是被合法地利用为掩盖同行罪行的一件外衣。

(四) 政法委和纪委

在刑事诉讼中,政法委和纪委是比较敏感的话题,他们游离于法律之外,但又确实在司法实践当中。在佘祥林案件中,我们看到两者都曾经现身。它们与刑事案件有何联系?先看政法委。政法委是特定时期的产物,源于建国初期公、检、法三机关联合办公,由党委政法工作领导小组统一领导。设立政法委的初衷,是为了加强党对政法工作的领导,它的主要职责包括:检查督促政法部门贯彻执行党的方针政策和国家法律法规规章;对政法部门共同有关的重大问题统一部署、统一行动,并研究制定严肃执法的具体措施;指导和协调政法各部门密切配合,督促、推动大案要案的查处工作,研究、协调有争议的重大、疑难案件的查处工作;指导政法队伍领导班子建设,对政法部门科员以下干部的任免、流动、奖惩实行备案管理。但是,具体到刑事诉讼中,政法委的权力被不断扩大,可以指挥和协调重大案件的侦查,包括成立专案组,甚至为审判定基调。这容易给侦查机关造成过大的压力,借打击犯罪和社会治安综合治理之口造成违法违纪。在我国现行体制下,公安机关的负责人往往兼任政法委书记①,也就是说,法院的院长和检察院的检察长还要向公安厅(局)长汇报工作,听从公安厅(局)长的工作部署,由于政法委书记同时是党委常委,在决定法院院长和检察院检察长的命运时,公安厅(局)长的一句话甚至起着至关重要的作用。因此,对于侦查人员出于破案动机而违法的现象,在侦查机关内部如果获得善意的理解和宽容,可能造成检法两家负责人因政法委的关系而对侦查机关的违法违纪的行为存一己私心,网开一面。② 在《最高人民检察院公安部关于加强检察公安机关在查办刑讯逼供案件中密切配合的通知》(1993)中,我们可以看到这样的规定,"对因刑讯逼供诱发的群众闹事事件,检察、公安机关要协助党委、政府做好疏导和思想工作,尽快平息事态"。2007年1月,公安部党委印发了《关于加强基层所队党风廉政建设的意见》,明确了基层所队长问责制,规定凡是发生刑讯逼供、滥用枪支警械、滥用强制措施致人死亡的,所队长要引咎辞职或责令其辞职,并依照有关规定从严追究其党纪政纪责任。这样的处理标准,其实相比于刑事法律的规定,是很宽容的。

根据《中国共产党党内监督条例(试行)》的规定,纪委的职能包括:协助同级党委组织协调党内监督工作,组织开展对党内监督工作的督促检查;对党员领导干部履行职责和行使权力情况进行监督;检查和处理党组织和党员违反党章和其他党内法规的比较重要或复杂的案件;向同级党委和上一级纪委报告党内监督工作情况,提出建议,依照权限组织起草、制定有关规定和制度,作出关于维护党纪的决定;受理对党组织和党员违犯党纪行为的检举和党员的控告、申诉,保障党员的权利。条例还规定了地方和部门纪委、党组纪检组可以直接向上级纪委报告本地区、本系统、本单位发生的重大问题。但实际上,纪委的权力包括可以对涉嫌刑讯逼供的案件可以组成专案组进行调查,可以拥有近似于侦查机关的强制或半强制措施。例如,广

---

① 1956年,时任公安部长的罗瑞卿同志在全国政法会议的讲话中也曾明确提出:由公安局长兼任政法领导小组组长的做法不妥,应当改变。该问题曾经在党内外进行过多次讨论,并一度决定将地方各级政法委撤销。然而时过50年后的今天,这种体制却依然如故。

② 例如,《正气》1997年第5期作为正面题材报道,文水县刑警队副队长在讯问中使用电警棍殴打犯罪嫌疑人致人死亡,县检察院认为已经构成刑讯逼供罪,但鉴于其认罪态度较好,决定免予起诉。县纪委给予留党察看一年的处分。

东省公安厅日前在专项治理刑讯逼供运动中,就要求重大涉警案件案件必须由纪委书记亲自组织力量进行调查。① 这种组织形式和监督方式对于维护社会治安和加强党员干部的廉洁自律具有一定的作用,但是它最大的消极作用在于,独立于刑事诉讼程序之外,拥有侦查机关的权力而没有受到应有的限制,冲击了刑事侦查的正常进行,甚至自身也不能避免刑讯逼供的产生。② 纪委书记对党员干部队伍有管理职能,纪委办案就会依照"党管干部"的工作原则来处理刑讯逼供案件,而不是按照刑事诉讼法的规定来做,处于下位的检察机关对于纪委办案过程中的刑讯逼供行为也不可能进行有效的监督。在整个权力关系博弈中,刑讯逼供行为很难真正纳入诉讼的轨道进行。

  政法委作为我党领导政法工作的组织,在贯彻执行党的方针政策和国家法律法规以及对涉及一些司法、执法的重大问题的统筹部署上,发挥了重要的作用。但是,它不是侦查机关、起诉机关和审判机关,对于刑事诉讼的具体个案并没有侦查、起诉和审判的经验,也无法对各种复杂案件中的证据问题进行准确的把握。由于政法委通常更多地考虑打击犯罪的效果、维护社会秩序的稳定,容易忽视公检法办案过程中对犯罪嫌疑人和被告人造成的错误。特别是我国的政法委负责人通常由公安机关的负责人兼任,可能导致政法委更多地站在公安机关的角度考虑问题,把公安机关的意志强加给检察机关和审判机关,而影响司法机关的独立办案。在政法委指导和督促办案的过程中,只是听取办案机关的汇报,不直接接触案件当事人,可能造成先入为主的意见,影响对案件的客观认识。而任何书面的、间接地接触案件,犹如"判者不审",都可能对案件造成错误的判断。在较为敏感的案件中,为了尽快平息事态,政法委对案件的协调不免带有社会治理的政治目的,其决定会受当时社会形势和舆论的影响,难以作出中立而公正的裁断。③

---

  ① 《广东将专项治理刑讯逼供 重大案件纪委书记亲自查》,载《南方日报》2005 年 7 月 1 日。
  ② 2000 年 4 月 5 日,台州市纪委以温岭"3·23"案件涉案知情人为由叫温岭宾馆会计陈安稷至椒江"谈话",后被协助办案的纪委干部在一夜之间活活打死。这起中国首例纪委干部因刑讯逼供致谈话人死亡的案件,被检察机关提起公诉。与此同时,被害人家属也将台州市纪委告上法庭。据称,纪委在民事赔偿诉讼中成为被告也是国内首例。
  ③ 佘祥林案件中,由于侦查机关在立案和侦查的过程中就引入了错误的方向,尽管检察机关和法院都对此提出质疑,但政法委仍然接收了公安机关侦查人员的单方面意见,对佘祥林作出了有罪认定,这无疑是一个深刻的教训。

三、力量博弈的民间视角

（一）被害人以及被害人的代表者

被害人是刑事犯罪案件的受害者，是利益直接遭受损害的人。在未有正式诉讼制度之前，被害人可以通过武力直接对加害者进行报复，以恢复正义，但这种建立在武力对抗上的"丛林正义"不一定能实现目的。自有国家开始，侦查机关开始介入刑事诉讼，调查犯罪事实。被害人的诉求虽然得到了侦查机关的支持，但是刑事侦查并不受被害人的意志所左右，被害人无法直接在侦查阶段与犯罪嫌疑人对抗，他们基本上被程序所隔绝了。被害人内心要求报复的强烈愿望并不会因此而消弭，他们仍然可以通过侦查机关对犯罪嫌疑人施加无形的影响。例如，很多被害人在回忆受害过程的时候有一种心理强化，往往会把一些主观的东西表达在对侦查机关的陈述上，典型的就是对犯罪嫌疑人存在仇视和偏见，容易情绪化，这种心理容易产生错误的判断，如误认犯罪嫌疑人、扩大犯罪事实、扩大受害后果等等。而这种心理一旦表现为外在的行为，他们往往会有意或者无意地对侦查机关施加压力，希望犯罪分子早日"伏法"。被害人对于侦查结果的看重，使得他们在根本上忽略了正常的侦查程序，在他们看来，侦查机关的工作效率就在于尽快获得犯罪嫌疑人的口供，而这种口供通过什么获取，则并非那么重要。佘祥林案件中被害人亲属的行为，可以说是一个很好的例证。当佘祥林之妻张在玉失踪后不久，一具无名女尸被侦查机关发现，在指认被害人尸体的时候，张在玉的亲属未经细致辨认，一口咬定死者就是张在玉。当佘祥林作为犯罪嫌疑人被审讯的时候，张在玉的亲属不断给侦查机关施加压力，甚至组织220名群众签名上书，要求对"杀人犯"佘祥林从速处决。承办案件的京山县公安局同志也承认，当时专案组面临"上下两头挤"，张在玉的亲属经常到公安机关"闹"。回顾该案，虽然不能说刑讯逼供是被害人的亲属引起的，但被害人作为一种要求打击犯罪的力量，显然是站在保护犯罪嫌疑人人权的另一面的，他们关心的不是佘祥林是否被冤枉，而是作为犯罪嫌疑人的佘祥林何时能成为本案的被告人乃至服刑人。佘祥林受到刑讯逼供，尽管不一定是他们愿意看到的结果,但也不是他们所反对的。对他们来说,侦查程序中是否有刑讯逼供之于结果而言,并不重要。

(二) 犯罪嫌疑人和被告人

犯罪嫌疑人(后来成为被告人),可能是犯罪案件的实施者,也可能是无辜者,如前述表3所列。但即使他们有罪,刑事判决确定之后的惩罚才是他们应得的惩罚,侦查讯问阶段的折磨是一种严重的侵犯人权的行为。正如贝卡利亚所言,"在法官判决之前,一个人是不能被称为罪犯的",基于这种无罪推定原则,"如果犯罪是不确定的,就不应折磨一个无辜者,因为,在法律看来,他的罪行并没有得到证实"。① 而事实上,无辜者受到折磨的情形在侦查中屡屡发生。作为潜在的刑讯逼供的受害者,犯罪嫌疑人自然是刑讯逼供的坚决反对者。佘祥林在出狱后说:"那些人要对我的冤案负责,否则他们还会害更多的人。"②但是,他们反对的声音,对于侦查程序的进行能有多大的触动呢? 在刑事诉讼的侦查阶段,特别是第一次讯问时,由于律师不能提前介入,犯罪嫌疑人不得不孤立地面对侦查人员的讯问,在力量的对比上处于绝对的弱势。对于侦查人员的讯问,犯罪嫌疑人负有"如实回答"的法律义务,而是否如实回答的标准掌握在讯问人员手中,注定了犯罪嫌疑人将处于不利的地位。一旦讯问过程中发生刑讯逼供,犯罪嫌疑人不但没有能力抵抗和防御,甚至事后也无法进行有效抗辩(刑讯逼供的举证责任通常在于被讯问者)。在特定的场合下,犯罪嫌疑人要么承受即时的残忍的酷刑,以自己的筋骨抵抗难以想象的折磨;要么承受未来的漫长的痛苦,以求得现时的解脱,几乎别无他途。如果选择了前者,那么对于无辜者而言,这将是一场劫难,因为他要经受非人的考验才能换取本来该属于他的清白;对于真正有罪者而言,这将是一种赌博,如果他有幸经受了考验,可能将借此逃脱法律的制裁。如果选择了后者,那么对于无辜者而言,这将使自己陷入万劫不复的深渊,因为一旦认罪再要翻供的希望很小;对于真正有罪者而言,这种手段的确可以使他们迅速招认犯罪事实,尽管他觉得自己的意志受到了强制。如果用博弈论来分析上述四种策略,其实只有最后一种是有价

---

① 〔意〕贝卡利亚:《论犯罪与刑罚》,黄风译,中国大百科全书出版社1993年版,第31页。
② 贾云勇:《佘祥林将提出国家赔偿》,载《新京报》2005年4月3日。

值增益的,而其他三种只有负价值。但即使是这种可怜的刑事司法的增益,也不能避免那些真正有罪的犯罪嫌疑人受到不公正的刑讯逼供之害——对于他们而言,刑罚才是其应当承受的惩罚,其他任何加诸于其身体或精神的折磨都是不人道的。不过,这些"沉默的大多数",在遭受刑讯逼供的时候,或者根本发不出声音,或者其声音被检察官的控诉、法官的呵斥和民众的唾沫淹没了,一如刘涌。

(三) 辩护律师

律师的设立,既为被告人争取权利,亦为制衡控方权力之运作。辩护律师的主要职责在于为其当事人提出无罪或者罪轻的理由,维护当事人的合法权益。因此,律师一旦发现侦查机关有刑讯逼供的事由,应当向司法机关提出,并要求对刑讯逼供行为进行调查。在理论上讲,辩护律师的这种程序性辩护作为诉权行使的重要方式,在刑事程序中大有用武之地,如美国辛普森案件的辩护律师在法庭上展示的那样精彩。但是,在中国当前侦查一元化的体制下,律师的刑事辩护职能大大萎缩,因其与犯罪嫌疑人、被告人站在同一战壕,律师在强大的侦查权面前,如履薄冰。我国《刑法》第360条("律师伪证罪")如同一把达摩克利斯剑,令很多律师望而却步。自该条款确立以来,全国已经有数百位律师因此罹难,刑事辩护成为"烫手的山芋"。[①] 即使接受案件,辩护律师可能也会为自己的人身安全考虑而不敢提出刑讯逼供的辩护。在一起刑事案件的庭审中,辩护律师质疑公诉机关的某些证据是在非正常状态"逼供"获得的口供。公诉人当庭回应称,将保留对该辩护律师追究"诽谤公诉机关"的权利。[②] 欲加之罪,何患无辞? 在这种情形下,律师如果没有充分证据证实案件存在"刑讯逼供"行为时,律师也不敢冒险提出刑讯逼供的辩护了。从笔者收集到的非常有限的提出刑讯逼供辩护的案件来看,这种辩护对于法庭审判产生影响的实在寥寥,大多数的法庭审判对律师提出的刑讯逼供事由搁置或者转移,并没有就刑讯逼供案件开展专门的法庭调查,另外一部分案件的法官即使考虑到刑讯逼供事由,

---

① 调查数据显示,北京地区律师每年办理刑事案件的数量人均不到一起,70%以上的刑事案件被告人没有辩护律师,有的律师执业至今未涉足刑事案件业务。

② 《现代快报》2005年5月11日报道。

也只是对被告人量刑(而非定罪)给予了适当考虑。在权力制衡的理论框架中,权力和权力之间或者权力和权利之间的制约,都是在两者力量相对均衡的状态下展开的。律师权利大小,直接影响到其制约权力的可能和效果。在当前辩护权受到种种限制的情况下,律师作为牵制刑讯逼供力量的设想,基本落空。当律师在讯问时候不能在场,律师会见受到过多约束,律师阅卷困难重重之际,如何要求律师为犯罪嫌疑人的权利申辩?即使律师提出的刑讯逼供辩护,也如"拳头打棉花",不会对裁判结果产生实质性的影响。

(四)社会舆论

社会舆论的监督也是遏制刑讯逼供的一股重要力量。在辽宁省辽阳市一起严重的刑讯逼供案中,因为证据不足,刑讯逼供者在一审和二审中都被判无罪,正是《辽宁日报》的报道才引起了辽宁省委的注意,使得高院再审该案。① 在佘祥林案件发生之后,我们的纸面媒体和网络媒体不但对佘案进行了不遗余力的报道,而且对涉嫌刑讯逼供的相关案件——聂树斌案件、王树红案件、胥敬祥案件也倾注了很多的关注,表现了媒体的良知。② 但是,我们同样也发现,在这些案件继续深查或者定性之后,舆论的声音渐渐稀落,甚至于保持"集体沉默"。在佘祥林案件被披露的初期,媒体曾经一度聚焦于佘祥林是否受到刑讯逼供这个问题③,但是仅仅一个月以后,对于该问题的后续报道已迹不可寻。

为何社会舆论对刑讯逼供的追问会突然失语?甚至集体失忆?其实,这并非作为舆论之喉舌的记者群体的失职,或许,我们可以从我国新闻职业的管理中可以看出端倪。众所周知,我国的新闻媒体属于"国家特殊产

---

① 抒天:《刑讯逼供:工程师变成疯女人》,载《中国律师》1998年11期。
② 因为这些案件几乎都在佘祥林案件前后暴露,所以对于这些案件的报道基本上与对佘案的报道基调一脉相承。
③ 国内数十家家媒体曾经连续报道,例如:中华网新闻2005年4月3日《湖北杀妻冤案当事人自述:狱中曾遭刑讯逼供》,《新京报》2005年4月4日《佘祥林案有无刑讯逼供急切需要调查澄清》,《重庆晚报》2005年4月10日《佘祥林案尚存四大悬疑 警方不承认刑讯逼供》。

业"①,无论是纸面、视听还是网络,都受到国家新闻管理部门以及网络监管部门的审核和监控,新闻自由依然受到一定程度的限制。近年来虽然在新闻报道的自由度方面有所进步,但是在涉及重大敏感问题上仍然有很多"雷区"。《中央宣传部关于新闻报导工作的几项规定》(1988年)规定:"对于社会敏感问题和重大突出事件的报导,应注意有利于保持社会的安定,有利于经济的稳定发展和改革、开放的顺利进行。新闻报道中涉及的重要数字和重要情节,一定要核实清楚并须经有关主管部门审阅才能发表。"在司法协调中,"新闻媒体关注的案件"被列为应当由上一级检察院公诉部门特别备案的案件,也是新闻管理部门重点审查的对象。对于刑讯逼供案件,1993年由最高人民检察院和公安部联合发布的一个规定称"对刑讯逼供案件的查处,一般不要公开报道"。② 在佘祥林案件中,媒体的报道曾经非常活跃,当检察机关介入刑讯逼供调查之后,很多新闻媒体"被告知"收敛报道,不再涉及该案内幕的追踪,甚至潘姓警察的自杀也未能引起太大的关注。③ 最后,佘案的"经验教训"由荆门市政法委给新闻媒体一份"通稿"作为结局。同样,在2005年的河南省太康县公安局副局长陈令祥刑讯逼供案件中,对程习志死因的解释,太康县公安局在给前来采访的记者提供的新闻通稿中说:"5月24日凌晨4时许,在审讯过程中,犯罪嫌疑人程习志身体突发异常,公安人员发现后将其送往太康县人民医院,在被送往医院的途中死亡。"④每当发生恶性事件时,赴前线采访的记者往往会接到当地官方的"关于XX事件只能采用新闻通稿,不得擅改一字"的通知。⑤ 这种不太正常的现象已经超出媒体自律的范围,也非新闻从业人员的良知和主观能动性所

---

① 国家机关事务管理局、财政部和新闻出版署曾在给中国社会科学院的一则批复中明确指出:中国媒体是国家的特殊行业,不同于一般的企事业单位,不适用"谁投资谁所有"的企业资产认定的原则,一律算作国有资产。该批复还强调此规定适用于所有中国报纸。参见《新闻出版报》1999年10月21日第1版。

② 《最高人民检察院、公安部关于加强检察公安机关在查办刑讯逼供案件中密切配合的通知》第八条,高检会(1993)2号。

③ 佘祥林案发生之后,国内最大的一家电视媒体曾经派记者采访该案,并在《社会记录》栏目播出,观众反应热烈,于是再次派记者前往京山地区采访,包括对佘祥林本人亦有专访。但是在片子送审之际,因为记录内容的"敏感性",主编考虑再三,不得不"枪毙"(新闻媒体内部常用语)该片,此次采访也无疾而终。

④ 千龙网2005年6月7日报道。

⑤ 周士君:《面对恶性事故 为何要赶制新闻通稿》,载《检察日报》2004年6月16日。

能驾驭,甚至不得不接受"无形之手"的操控。对于大多数刑讯逼供案件的报道,新闻媒体在措辞上都比较慎重。无论是杜培武案、聂树斌案,还是刘涌案,媒体对于刑讯逼供的报道皆以司法机关调查进程所允许的为限,或者以"官方"所批准的为界。如果从新闻记者的处境而言,这是一种很自然的现象,既然"深挖"无助于社会稳定和"舆论导向",三缄其口或许是比较明智的选择。以揭露事件真相为己任的新闻媒体,在强大的行政权面前,不得不噤若寒蝉。期望媒体对遏制刑讯逼供有多大作为,不太现实。

四、力量博弈下的困境及其出路

(一)利益冲突下的力量博弈

如果以经济学的角度而言,刑讯逼供并不是一种只有成本没有收益的行为,恰恰相反,它之所以发生,是因为实行刑讯逼供的主体认为其收益大于成本。对于讯问者而言,实行刑讯逼供的成本在于可能因为刑讯逼供造成案件的错误,并导致相应的惩罚而使自己的利益受损,其收益在于采用刑讯逼供获得相关证据之后,案件得以突破,获得相应的物质或精神的奖励。因此,在是否实行刑讯逼供的问题上,讯问者通常会考虑三个因素:犯罪嫌疑人的策略(坦白或不坦白)、自己的策略(刑讯逼供或不刑讯逼供)以及刑讯逼供被发现的几率(被发现或不被发现)。要使警察不选择刑讯逼供的收益小于选择刑讯逼供的收益,必须增加刑讯逼供行为被发现并被依法追究刑事责任的几率。我们知道,受到讯问的犯罪嫌疑人,可能是实际有罪的人,也可能是无辜者。由此可能产生两种错误,一是导致无辜者被误判,二是导致有罪者逍遥法外。刑讯逼供显然增加第一种错误发生的几率,但减少第二种错误发生的几率。如果第一种错误造成的社会损失较大,那么刑讯逼供显然会减少社会福利,只有在第二种错误造成的社会损失较大时,刑讯逼供才会增加社会福利。因此,是否采取刑讯逼供,端赖第一种错误与第二种错误造成的社会损失之大小。当然讯问者普遍接受第一种错误造成的社会损失更大的时候,刑讯逼供就比较不容易发生。当审判者也如此认为时,发生的刑讯逼供也更能得到惩罚和遏制。

但是,这样的分析显然过于简单,事实上刑讯逼供涉及的绝不仅仅是讯问者和被讯问者。在博弈论看来,制度的形成过程是一个不同利益集团、利益主体的矛盾冲突与博弈过程,分析不同利益集团在制度形成过程中可能的损失和收益,有助于我们了解制度变迁的动力和阻力,以及可能出现的问题。"现代博弈理论为人们理解法律规则如何影响人的行为提供了非常深刻的洞察力。"①就刑讯逼供发生的过程而言,这是一个多方主体参与的博弈,各主体以利益最大化的策略采取行动。我们知道,经典的"囚徒困境"是一种信息完全的静态博弈,双方都知道选择策略的结果并且在同时行动,但围绕刑讯逼供的力量博弈却是一种信息不完全的动态博弈,是博弈论中最复杂的问题。在不同利益冲突和力量博弈过程中,我们可以看到极力反对刑讯逼供而无能为力者(犯罪嫌疑人和被告人);主张遏制刑讯逼供而无所作为者;名为打击刑讯逼供而实为纵容者;对遏制刑讯逼供持观望态度者;反对刑讯逼供但受到羁绊者……

博弈就是个人或组织在一定的环境条件与既定的规则下,同时或先后,仅仅一次或是进行多次地选择策略并实施,从而得到某种结果的过程。博弈论假定参与人在博弈过程中努力使自己的收益最大化,假定每个博弈参与人的博弈结果不仅取决于自己的策略选择,而且取决于其他博弈参与人的策略选择。在这种多方的博弈下,主体并不一定知道选择策略的预期后果,所以才会有赌注和冒险,主体也不是同时行动,所以才会有后发制人和相机而动。在这里,刑讯逼供的善与恶其实已经模糊,利益的增损才是关键。一个社会集团的损失,可能会让另一个社会集团从中获利,既得利益集团也总会利用特权来维护自身,而对有悖于自身利益的解决方案进行压制,或者掩饰和淡化矛盾。每个参与者在决定采取何种行动时,不但要根据自身的利益和目的行事,还必须考虑到他的决策行为对其他人的可能影响,以及其他人的反应行为的可能后果,通过选择最佳行动计划,来寻求收益或效用的最大化。所以,要使某种制度朝着既定的方向发展,就必须限制和削弱阻碍该制度发展方向的力量而增强推动力量,使得各种力量之间达到一种优势均衡。

---

① 〔美〕拜尔:《法律的博弈分析》,严旭阳等译,法律出版社1999年版,前言第1页。

遗憾的是,在处理刑讯逼供问题上,我们的制度建设没有做到这一点。在制定法层面,以刑事诉讼法为代表的一系列程序法律规范不但没有明确刑讯逼供的范围,而且在非法证据排除规则上为功利主义的目标打开了一扇大门;以刑法为代表的实体法律规范虽然规定了刑讯逼供的实体责任,但是却没有在证明责任上把这些规范贯彻到底。在机构权力配置上,公安机关的强大的侦查权和犯罪嫌疑人萎缩的辩护权过于悬殊,使得讯问权的行使失去了起码的制约;检察机关的侦查监督权没能落到实处,又使预设的权力制约机制名存实亡;审判机关不但未能对侦查权实行司法控制,而且在审理刑讯逼供案件时"网开一面",最终放纵了刑讯逼供者。这种状况在短时期内不会消除,是因为刑讯逼供的功利主义利益仍然可以通过这种方式获得。但是另一方面,随着近年来人权保障呼声加强,随着官方力量的引导(如禁止刑讯逼供的规定)、民间力量的斗争(如遭受刑讯逼供者的申诉和媒体的呼吁)以及侦查能力的不断提高(办案的科技含量在快速的增加中),刑讯逼供面临着风险增大和社会效果降低的困境,由此也产生出遏制刑讯逼供的原动力。如何遏制刑讯逼供,以及遏制刑讯逼供的力度和周期,取决于这两方面力量的博弈。但有一点可以肯定的是,随着科技的发展和证据制度的完善,这两种力量将会打破优势均衡,此消彼长,谋求新的均衡。

本文的分析表明,刑讯逼供的发生过程中,存在着多方的利益博弈以及多次博弈,相互博弈的双方或多方之间不仅存在着利益依存关系,而且也可以构成互相制约的关系。由某一个部门主动对刑讯逼供的处理与遏制,或者作一些技术性的小修小补,永远是头痛医头、脚痛医脚,不能深入。

(二) 可能的出路

近年来,我国司法机关以及社会都在反思酷刑,除了学者的呼吁与建议,司法机关也在不断制定遏制刑讯逼供的措施。例如北京、浙江等地的公安机关正在推行审讯过程录音录像制度;杭州、南京市公安局先后发布了刑讯逼供责任追究制;湖南、广东等地的公安机关负责人从 2005 年 5 月以来开始了大约一个月的定期接访,重点处理刑讯逼供申诉问题……这些努力在社会上产生了很好的舆论效果,让民众看到了执法机关遏制刑讯逼供的决心。另一方面,公安机关也在推进现代科技手段和信息网络技术的实战应用并且把科技侦查延伸到基层的派出所。① 但是从制度层面上说,上述措施并非刑讯逼供的对症良药,因为其改革思路依然是期待通过系统内部的自律来减少刑讯逼供,仍然无法绕开部门利益。扬汤止沸,莫如釜底抽薪!对于反程序的力量和病变,我们既不可期待人的素质教育解决,也不可期待程序内的某种权力来解决,而只能通过权力的配置和制衡来矫正。要真正遏制刑讯逼供,就应当触动当下围绕讯问的权力配置状况,改变造成刑讯逼供的情境以控制角色扮演,重新组合刑讯逼供背后的力量博弈。这种情境的改变不能满足于建立一种新的技术或者措施,而是转换旧有的各种消极因素。按照这种思路,我们至少可以从以下几个方面进行改革:

其一,增强讯问程序的透明度。本文的分析表明,刑讯逼供发生的原因之一在于犯罪嫌疑人面对的是强大而几乎不受约束的侦查机关,整个讯问程序封闭、缺乏监督。因此,力量的重组必须打破讯问者与被讯问者的天然不平等状态,使得讯问朝着更加有利于理性控制讯问权的方向发展。从规范侦查权的角度看,我国刑事诉讼法对讯问的规则规定较为粗疏,讯问程序应当严格纳入法制的轨道,可以在讯问的时间和地点上进行约束,确立不得进行长时间讯问和夜间讯问的原则,讯问过程中间必须有必要的休息时间,讯问的地点要受到监控,实现羁押与讯问分离、保证看守所的中立性。在有条件的公安机关,可以实行全程录音录像。当然,全程录音录像制度应当建立在羁押与讯问分离的基础上,讯问人员只是负责讯问,录音录像则由负责羁押的看守所来实行,这样才能保证全程录音录像的真实性。

其二,加强检察机关的监督权。这是从权力配置角度约束侦查权,发挥检察机关法律监督的作用。刑事诉讼法规定检察机关有权对公安机关的立案和侦查活动进行监督,其侦查的职务犯罪行为,也包括侦查人员利用职权实施的刑讯逼供、违法取证等行为。但由于我国并非实行警检一体,检察机关对于公安机关的侦查没有指挥权,也不参与具体案件的侦查,因此对侦查合法性的监督力度有限。为了保障法律监督到位,根据中国的实际情况,可以考虑把"检察引导侦查"这项在中国本土具有生命力的制度正式化,并加强审查起诉过程中对侦查合法性的监督。例如,对于侦查终结移送起诉的

---

① 据报道,2006 年通过刑事技术破案达到 6.2 万起,比 2005 年上升了 6.6%。侯莎莎:《全国 8 类命案破案率达 91.4%》,载《北京日报》2007 年 2 月 7 日。

案件,检察机关应当提讯犯罪嫌疑人,并要求公安机关提供其讯问过程合法的证据,如果发现有刑讯逼供的可能,及时进行查处。为了平衡控辩双方在举证上的力量对比,参考各国的通常做法,对于有无刑讯逼供行为的证明责任,应当由检察机关承担,这样也能给予被讯问者较为充分的救济。

其三,加强对刑讯逼供的实体性制裁和程序性制裁。我国刑法对刑讯逼供罪规定了刑事责任,但由于检察机关对该罪的起诉标准较高,导致因刑讯逼供被立案或追究刑事责任的比例并不高,而即使追究刑事责任,所判处的实体刑罚也较为轻缓。针对这种情况,应当通过司法解释对追诉刑讯逼供罪的程序进行明确,降低刑讯逼供罪的起诉门槛,并对刑讯逼供案件的审判实行量刑听证程序,使遭受刑讯逼供者及其代理律师可以就刑讯逼供罪的量刑发表意见,法院对最后的量刑也应当说明理由。程序性制裁是由法院对违反刑事诉讼程序的行为进行的制裁,通常有终止诉讼、撤销原判、排除非法证据、诉讼行为无效等方式。我国可以采用排除非法证据或诉讼行为无效的做法。因为受到立法、理念和制度等条件的限制,非法证据的排除在我国法院的审判程序中并不能很好地实行,甚至对于刑讯逼供的辩护,都不能积极地面对。① 对刑讯逼供行为的遏制,应当通过逐步加强程序性制裁来完成。

其四,加强律师的辩护权。在侦查讯问程序中,能对抗强大的侦查权并给犯罪嫌疑人施以援手的,就是律师的帮助。律师进入侦查讯问过程将彻底改变讯问过程的封闭性,也将改变双方力量的不平等性。我国现行刑事诉讼法规定,犯罪嫌疑人在被侦查机关第一次讯问后或者采取强制措施之日起才可以聘请律师为其提供法律帮助,但很多刑讯逼供都发生在此时间之前,如果把律师介入侦查程序的时间再提前,对于讯问程序将形成实质性的监督。但是,除了刑事诉讼法修改上的障碍外,我国刑事辩护率不高也是一个现实的问题,而律师参与刑事诉讼的积极性需要得到更多的制度保障和鼓励。为防止刑讯逼供的发生,法律可以规定设置讯问时的律师在场权。除了律师在场权之外,律师的会见权、阅卷权以及申请取保候审等权利如果能得到切实的保障,也能对提高犯罪嫌疑人的弱势地位起到积极的作用。

---

① 吴丹红:《非法证据排除规则的实证研究》,载《现代法学》2006 年第 5 期。

其五,加强媒体和舆论的监督。舆论监督是保障司法公正的重要力量,也是反对刑讯逼供的民间主力。本文表3所列的案件以及众所周知的杜培武案、佘祥林案、李久明案等重大刑讯逼供案,无不是在新闻舆论的报道下公诸于世的。"阳光是最好的防腐剂",在日益强化新闻自由的今天,我们有理由期待有良知的媒体能为遏制刑讯逼供制造较好的舆论氛围。我国宪法既然规定言论自由和出版自由,只要媒体对刑讯逼供案件的报道是属实的,就应当允许媒体进行公开的报道,由检察机关和公安机关联合发布禁止报道刑讯逼供的规定应当是违宪的,应予废除。当然,新闻自由也是双刃剑,当媒体先入为主地认定犯罪嫌疑人的"罪行",并对办案机关施加民意的压力时,也可能导致侦查机关急于求成,违法办案。例如在刘涌案中,就是因为舆论的一片喊杀声,导致侦查机关为尽快破案而无视正当程序,进行刑讯逼供。因此,我们应当加强舆论和媒体对司法程序合法性的监督,而弱化民意对侦查程序造成的压力和消极影响,确保司法机关公正地办案。

刑讯逼供犹如一个阴影,在文明的世界里鬼魅般游走。讯问人员用刑讯逼供制造冤案(有的可能还不是冤案),我们的舆论不停地呼吁,于是惊动最高司法机关或者党中央,最后昭雪,这种"告御状"的方式,治标不治本,让我们的讯问制度沉疴难去新疾又生。我们如何破除这个怪圈?在笔者看来,我国刑讯逼供屡禁不止的根本原因,除了讯问人员的主观因素以及法律制度设计缺陷之外,更多的在于我们的司法制度实践一直在保护有利于获得口供的权力控制型的讯问情境,一直在以功利主义的态度纵容实施刑讯逼供的行为以及相关人员,一直在侦查的效率和程序公正之间摇摆不定。即使在引进一些技术性的措施之后,我们依然无法改变因为权力配置不合理而形成的制度惯性,也没有真正触动那些围绕刑讯逼供的利益格局。所以,一些有益的但是不完全的改良方案注定会被淹没在刑讯逼供的巨大动力机制下。本文认为,在刑事诉讼法领域内,我们可以通过设置有利于被讯问人的程序,改变讯问情境,加强律师参与权利,影响公检法力量博弈,完善程序性制裁制度,改变我们对于程序违法的社会容忍度,让刑讯逼供无处藏身。我们需要努力的,就是通过体制内外的共同努力,以一些渐进性的制度改革,祛除那些孳生刑讯逼供的病菌。这也许是对那些已经遭受、正在遭受或者即将遭受刑讯逼供的被讯问人的救赎,但这更是对法律的救赎。

近年来我国刑讯逼供发生的变化及其成因

黄士元[*]

根据笔者对 S 省五地市 173 名警察的问卷调查和其中 22 名警察的个别访谈,结合近几年其他学者的实证调查成果,笔者发现,虽然当前我国刑讯逼供现象仍然非常严重,但是,近年来我国刑讯逼供的发生已经有所减少,刑讯方式也发生了很大的变化(刑讯的强度减小,严重的肉刑更为少见)。笔者认为,研究导致这些变化发生的因素有利于了解我国刑讯发生的原因,从而有利于进一步采取对策以抑制刑讯的发生。过去我国学者对刑讯原因及其对策的研究更多的是直接研究导致刑讯的原因,并通过消除这些原因达到消除刑讯的效果。本文试图提出一种新的研究视角,即从实践中导致刑讯频率、刑讯方式发生变化的因素出发,探究抑制刑讯的方法。

一、当前我国刑讯逼供的现状

(一)当前我国刑讯问题仍然非常严重

不可否认,当前我国的刑讯逼供现象仍然非常严重,

---

[*] 黄士元,山东滕州人,山东大学法学院副教授,法学博士。

这已经被各种实证调查反复证实。

根据孔一于 2001 年对 61 名刑警和派出所警察进行的问卷调查和个别访谈,47.54% 的被调查者对嫌疑人有过很多次或多次"粗暴行为",只有 11.48% 的被调查者表示从未对嫌疑人有"粗暴行为"。[1]

根据王敏 2001 年对湖北省荆门市五十多名警察进行的调查,85% 的警察承认在办案时有过动手动脚的经历,其中一位干了半辈子警察的公安局长沉重地说:"凡是当过刑警的人,或多或少或轻或重都有过动手动脚的行为。"[2]

根据 2004 年至 2005 年林莉红教授等人对 487 位警察的调查,38.9% 的受访警察认为刑讯逼供是普遍现象、经常发生,51.6% 的受访警察认为刑讯逼供是个别现象、偶尔发生。[3]

广州大学人权研究中心 2006 年对刑讯逼供所作的田野调查数据显示:检察官、法官、律师办理的案件中,分别只有 17%、11%、1.33% 的嫌疑人没有提出遭受过刑讯逼供;70% 的服刑人员知道与他关押在一起的人遭受过刑讯逼供,44% 的服刑人员提出自己受到过刑讯逼供。一位公安系统内部人士称,除非主动招供,否则少有不打的。[4]

根据笔者 2008 年对 173 名警察进行的问卷调查,承认为获取口供打过犯罪嫌疑人的警察占 76.7%,认为警察为获取口供打犯罪嫌疑人的现象"非常普遍"的占 22.8%,认为这些现象存在但并不普遍的占 58.2%。

(二) 近几年来我国的刑讯逼供已大为减少,且刑讯强度已经有所降低

当前关于近几年来我国刑讯逼供频度、强度变化的实证研究非常缺乏。前述林莉红教授的实证调查发现:"出现刑讯逼供的案件占案件总量的比例以及出现频率是有限的;这些案件出现的情况是特殊的(如案情疑难、时间紧迫、有一定言词证据而犯罪嫌疑人拒不交代的案件);考虑的是办理案件

---

[1] 孔一:《刑讯逼供调查报告》,载《青少年犯罪研究》2001 年第 2 期。
[2] 王敏:《浅析民警刑讯逼供心理状态及治理对策》,载《公安研究》2001 年第 9 期。
[3] 林莉红、余涛、张超:《刑讯逼供社会认知状况调查报告(下篇·警察卷)》,载《法学评论》2006 年第 6 期。
[4] 《坏汤的老鼠屎——也谈刑讯逼供》,铁血网,http://bbs.tiexue.net/post_3640119_1.html,最后访问日期为 2009 年 6 月 18 日。

的难处和引起刑讯逼供的不得已。"① 但是,林教授没有指出近几年刑讯频度的变化。有一些律师通过办案发现刑讯逼供有了一定程度的减少,比如刘焱焱律师提出,"整体趋势来看,随着法治观念的增强,刑讯逼供现象有一定程度的减少,特别在一些大中城市。只是因为网络媒体的发达,使得相关案件得以曝光"②。但是,这些论断缺少数据的支持。因此笔者在问卷调查和个别访谈中特别注意对刑讯频度、强度变化及其原因的调查。

根据笔者的问卷调查,在刑讯频度上,43.9% 的警察认为近5年来警察的刑讯逼供"显著减少",50.3% 的警察认为近5年来警察刑讯逼供"有所减少";在刑讯强度上,35.8% 的警察认为近5年来警察的刑讯强度"显著降低",56.7% 的警察认为近5年来警察的刑讯强度"有所降低"。笔者对22名警察的个别访谈也大致印证了问卷调查的结果,多数警察认为,近几年来刑讯的适用不如以前多了,直接针对人身的比较残酷的刑讯已经很少被使用了。

二、导致当前刑讯变化的因素

通过问卷调查和个别访谈,笔者发现导致当前我国刑讯发生上述变化的因素是复杂多样的,其中有的是制度因素,有的是个人因素,有的因素被很多警察所提到,有的因素只被个别警察所提到。本文不打算对这些警察所提到的所有因素都一一列举分析,只对那些被很多警察提到的不完全个人化的因素进行分析。

(一) 公安机关内部的严格要求、督导和惩罚,公安机关考核标准的变化

公安机关内部的严格要求、督导和惩罚是被笔者调查的警察提到最多的抑制刑讯的因素。很多警察都提到本部门领导组织全体警察观看公安部

---

① 林莉红、余涛、张超:《刑讯逼供社会认知状况调查报告(下篇·警察卷)》,载《法学评论》2006年第6期。
② 《坏汤的老鼠屎——也谈刑讯逼供》,铁血网,http://bbs.tiexue.net/post_3640119_1.html,最后访问日期为2009年6月18日。

制作的有关禁止刑讯逼供的教育片的情形①,都提到"三项治理"②对严禁刑讯逼供的强调,提到公安机关内部监督部门对刑讯逼供的检查③,提到本部门领导对因为刑讯引发上访或者上级机关过问的警察的严厉批评。④ 这些做法对一些警察触动很大,这些警察本来认为刑讯逼供本身是为了工作,是

---

① 1999年《中共公安部委员会关于转发中央政法委员会〈关于严禁刑讯逼供的通知〉》强调:"刑讯逼供侵犯公民人身合法权利,破坏社会主义法制,在人民群众中造成了恶劣影响,极大地败坏了公安机关的声誉,损害了党和政府的形象。严禁刑讯逼供,法律有明文规定,公安部历来十分重视,三令五申,特别是1992年公安部作出《关于坚决制止公安干警刑讯逼供的决定》以来,不断加大工作力度,采取有力措施,进行重点整治。在去年的集中教育整顿和执法大检查活动中又把制止刑讯逼供作为重要内容进行专项治理,取得了明显成效。但一些基层公安机关的民警边整边犯,仍不断发生刑讯逼供现象。认为犯罪分子不打不老实,不打不招,不打破不了案等刑讯逼供'有理有用有功'的错误看法,还在相当一部分民警甚至有些领导干部中流传,制止刑讯逼供尚有大量工作要做。为此,公安部将根据中央政法委的通知和部党委下发的《1999年全国公安机关党风廉政建设和反腐败工作意见》(公委通字[1999]6号)的要求,召开专门会议,对刑讯逼供专项治理工作作出具体部署。为配合这次专项治理,公安部组织拍摄了《公安机关集中教育整顿和执法大检查备忘录——关于刑讯逼供的调查报告》专题教育片,各地要认真组织收看,并紧密联系实际进行认真的讨论。要继续坚持重大案件报告制度,发生民警刑讯逼供致人死亡案件的公安机关的主要领导和纪委书记到上一级公安机检讨汇报制度,以及《公安机关追究领导责任暂行规定》等制度规定。通过不断的教育和专项治理,使全体民警法制观念、保护公民合法权益的意识进一步增强,依法办案、文明办案的水平有明显提高。"

② 公安部近十年来一直强调的"三项治理"以"严禁刑讯逼供、滥用枪支警械和滥用强制措施"为主要内容。

③ 2006年2月27日,公安部纪委书记、督察长祝春林同志提出了2006年至2009年全国公安机关警务督察工作的几项重点内容,其中包括对刑讯逼供的督察。2007年1月4日祝春林同志指出:"治理刑讯逼供问题历来是我们监督部门的工作重点。通过不断加大专项治理力度,刑讯逼供案件在近年来已经大幅下降。'不打人破不了案'是歪理,靠刑讯逼供破案是无能的表现!广东公安办张子强的案子,一个手指头都没动,最后办成了铁案。我可以负责地讲,在治理刑讯逼供的问题上,公安部和各级公安机关都毫不手软,切实做到尊重和保障人权。对此类突出问题,我们一直坚持专项治理一个问题,巩固一项成果,建立一套机制,把治标的成果转化为治本的措施,努力构建教育、制度、监督并重的具有中国公安特色的惩防体系","我们的目标是零刑讯逼供,这对于有180万警察的队伍来说固然不容易,但是我们有信心达到这个目标!"《公安部纪委书记:我们目标是零刑讯逼供》,网易,http://news.163.com/07/0104/10/3403PCJF00011SM9_2.html,最后访问日期为2009年5月15日。

④ 很多公安机关的负责人严禁本部门警察刑讯逼供,特别是严禁带来严重后果的刑讯,这跟公安部的一些规定有关。比如,2001年10月公安部发布了《公安机关执法质量考核评议规定》,根据该规定,公安局、公安分局的警察如果有刑讯逼供,并且带来严重后果,那么整个公安局、公安分局"一票否决",考核不达标;如果某公安局、公安分局连续两年考核不达标,其主要负责人就要引咎辞职。仅2006年一年公安部就分三批共2400个服务队对各地公安机关进行检查。在2002年1月的全国公安厅局纪委书记会议上,公安部指示,今后省级公安机关一年内发生两起刑讯逼供,或发生一起刑讯逼供致人死亡案件,所在省、自治区、直辖市公安厅局长必须到公安部检讨和接受检查。2007年年初公安部党委印发的《关于加强基层所队党风廉政建设的意见》规定,刑讯逼供致人死亡的,所队长要引咎辞职或被责令辞职。

为了破案,不应被这么严厉禁止,现在却发现公安部要"动真格了",因此开始认为"案子破不了不要紧,总不能把自己给弄进去了","多一事不如少一事",还是不要刑讯的好。有的警察还提到公安部"三项教育"中的"严格、公正、文明执法的法制教育"要求禁止刑讯逼供,有的警察提到公安部"三项建议"中的"执法规范化建议"要求禁止刑讯逼供,有的警察提到公安部的"三项排查"中的第二项"深入排查、整治顽症痼疾"重点解决的就是刑讯逼供问题,有的警察则提到公安部"四项要求"①,认为说话都要和气,刑讯就更不行了。很多警察提到,自己不去刑讯并不仅仅是因为可能被判刑讯逼供罪(毕竟被判刑讯逼供罪的可能性是很小的,一般的刑讯行为实践中不会被判刑讯逼供罪,只有那些致人死亡或者造成恶劣社会影响的刑讯者才会被判罪),还因为一旦被投诉②,就要被领导找到谈话,就要被领导批评,这对一个警察来说已经够受的了。

很多地方的公安机关还在公安部规定的基础上制定了适用于本地的有关刑讯的规定。比如,南京市公安局发布的"六项责任追究规定"规定,刑讯逼供致人伤残,政委或分管政工的领导一律就地免职,刑讯逼供致人死亡,处、分县局长、支队长一律就地免职。广东省公安厅要求全省各级公安机关实行领导包案、挂案制度,今后凡是发生重大刑讯逼供案件,都必须由纪委书记亲自组织力量进行调查。浙江省公安厅发布的《浙江公安民警刑讯逼供行为的处理办法》(2003)规定,对直接参与刑讯逼供的民警和指使、授意民警刑讯逼供的领导均予以开除处分;同时,有关办案单位或发案单位的领导和主要负责人要一并承担相应的连带责任;如果刑讯逼供隐瞒不报、弄虚作假或者在查处中包庇袒护的,对有关责任人员,处理办法还根据不同情节,制定了纪律处分的具体规定;处理办法还明确规定,县(市、区)公安机关当年发生两起致人轻伤以上且情节恶劣的刑讯逼供案件,或者发生两起以上因刑讯逼供而造成冤假错案或引发重大群体性事件的,公安局主要领导应当引咎辞职或予以免职。③ 这些做法也对刑讯的抑制起到了一定的作用。

---

① 2003年7月31日,公安部提出对公安民警的四项基本要求:"人要精神,物要整洁,说话要和气,办事要公道"。
② 各地公安机关搞的"大接访"往往也都将刑讯逼供问题作为极为重要的接访内容。
③ 吴丹红:《角色、情境与社会容忍——法社会学视野中的刑讯逼供》,载《中外法学》2006年第2期。

有不少警察提到近几年来公安机关内部评价指标的变化对刑讯的影响。这些警察指出,前几年破案率还是非常重要的考核指标,近几年只有命案的破案率还要纳入绩效考核,其他案件的破案率虽然还要统计,但是只是作一下同比数据比较,已经不纳入绩效考核,破案率低的也不再通报批评了;同样,批捕率、起诉率、退查率也不再纳入绩效考核,现在主要考察的是发案率;因此除了命案和领导指示的案件,一般案件的破案并不会给警察太大的压力,刑讯逼供已经没有那么必要了,倒是因为要考核发案率,有的案件会被隐瞒不报。确实,不同的评价指标对警察行为的影响是非常大的。1996年以前,我国公安机关评价考核的标准主要是发案率、破案率与队伍建设三项,统计方式以报表为主,属于"客观评价"标准阶段。在这个阶段,破案率极为重要,为了提高破案率,不少警察不惜进行刑讯逼供。1996年以后,我国各级公安机关创造了以打分制为主的内部评价标准和丰富多彩的社会评价标准,基本完成了从客观评价体系到客观评价与主观评价相统一的评价体系的转变,从单一评价主体向多元评价主体的转变,从单一评价方法向多种评价方法综合运用的转变。如组织评价和民主测评相结合,主题评价和社会舆论相结合,定性评价和定量分析相结合,定期评价和动态管控相结合。①这个阶段,破案率仍然很重要,但已经没有那么重要了,这当然也会影响到警察刑讯的频度和强度。而当前很多地方的公安机关已经不把除命案以外的案件的破案率作为考核指标了,为了破案而刑讯的必要性已经大大减小了。

(二)"禁酒令"对刑讯的影响

值得注意的是,有一些警察提到公安部"五条禁令"②中的第四条"禁酒

---

① 王大伟:《中西警务衡量标准的比较研究》,新浪网,http://blog.sina.com.cn/s/blog_605cc6ec0100deh3.html,最后访问日期为2009年5月20日。

② 为严明纪律,树立公安队伍良好形象,公安部于2003年1月22日发布了"五条禁令"。这"五条禁令"是:一、严禁违反枪支管理使用规定,违者予以纪律处分;造成严重后果的,予以辞退或者开除。二、严禁携带枪支饮酒,违者予以辞退;造成严重后果的,予以开除。三、严禁酒后驾驶机动车,违者予以辞退;造成严重后果的,予以开除。四、严禁在工作时间饮酒,违者予以纪律处分;造成严重后果的,予以辞退或者开除。五、严禁参与赌博,违者予以辞退;情节严重的,予以开除。民警违反上述禁令的,对所在单位直接领导、主要领导予以纪律处分。民警违反规定使用枪支致人死亡,或者持枪犯罪的,对所在单位直接领导、主要领导予以撤职;情节恶劣、后果严重的,上一级单位分管领导、主要领导应引咎辞职或者予以撤职。对违反上述禁令的行为,隐瞒不报、压案不查、包庇袒护的,一经发现,从严追究有关领导责任。

令"对抑制刑讯有很好的效果。公安部严禁公安民警在上班期间饮酒的初衷主要在于警察酒后形象不佳,饮酒影响工作效率,却事实上同时起到了抑制刑讯的作用。笔者拟以此为切入点讨论一下刑讯逼供发生的心理机制。

当前我国警力不足问题非常严重:(1) 所占比率低。目前世界上发达国家的警察与全国人口的平均比率是万分之三十五,而我国只有万分之十二。(2) 配置不合理。我国放在社会面和居民段的警力不到总警力的60%,而发达国家高达80%。(3) 警察职能泛化,任务繁杂。对人民群众而言,警察现在成了有求必应的"万金油"服务队。据公安部门的一项统计,在全国 110 报警服务台接到的电话中,属于求助性质的非警务报警大约占六七成,修水管、上树救猫、爬楼开锁也成了警察的业务,还居然被当成"警民同乐"的新闻不时出现在媒体上。对其他行政机关而言,警察成了各类活动都可以利用的"工具"。这样,在警力不足的情况下,大量的警力资源被浪费在了与警察业务无关的工作上,警察在为部分人提供一些所谓的便利的同时,恰恰也使得那些危难之中的人得不到及时的、应有的帮助。要知道,现在中国犯罪数量惊人,处在新中国成立以来的第五个犯罪高峰期(该高峰期从 20 世纪 90 年代中期涌来并持续到现在,当前的发案率是 20 世纪 80 年代前半期的 8 倍)。[①]

警力的严重不足使得我国警察工作量极大。据资料反映,我国警察一年的工作量超过 3016 个小时,平均 3 周才能休息一天。[②] 长期的加班、熬夜,来自家庭[③]、上级、公众和舆论的压力,不仅影响了警察的身体健康[④],也

---

① 《聚焦中国今天的警察职业》,载《新周刊》2005 年第 20 期。其实,警力不足、案件数量多对刑讯逼供的影响是不确定的。如果公安系统强调破案率,警察为了在尽可能短的时间内破获尽可能多的案子,可能倾向于进行刑讯;如果公安系统并不强调破案率,那么警察可能不倾向于进行刑讯,因为侦破不了这个案子可以侦破那个,"东边不亮西边亮","虱子多了不咬人"。

② 冯慧敏:《刑讯逼供之警察职业犯罪心理原因分析》,载《法制与社会》2008 年第 7 期(上)。

③ 职业的特殊性,工作时间过长,工作压力太大,生活无规律,使得警察的家庭有更多的矛盾、纠纷和问题,这也增加了警察的心理压力。广州一位 37 岁的警察说:"根据我从属下那里调查所知,普遍的警察家庭关系比普通百姓要差。由于平时没时间,疏于管理,他们子女成才率比别人的要低,素质也相对要差。"而"当了一辈子警察,干了两辈子事,得罪了三辈子人。累了身子,误了孩子,苦了妻子",是《新周刊》记者在 9 城市 10 警种调查中听到最多的抱怨之词。参见《聚焦中国今天的警察职业》,载《新周刊》2005 年第 20 期。

④ 过度的劳累和过大的压力使警察失眠、心率加快、血压增高,肾上腺激素和去甲肾上腺激素分泌增加,肠胃失调,身体容易受伤或疲劳,皮肤功能失调等。

影响了警察的心理健康。①

2004年5月中旬,福建省警方对厦门、三明两市的245名民警进行心理健康测查,发现有半数以上的民警存在不同程度的心理障碍,其中大部分表现为亚健康心理状态。② 某心理测评显示,90%的民警抑郁和强迫症状明显,如"感到自己的精力下降"、"感到难以完成任务"等;80%的民警还有不同程度的敌意和躯体化症状,如"容易烦恼和激动"、"有想打人或伤害他人的冲动"等。③ 四川省公安厅与医学专家两年多的联合研究表明,四川省有5.07%的公安民警存在各种不同程度的心理疾病。"冷、硬、横、推、拖",粗暴执法等问题都不同程度地与心理疾病有关,严重的甚至造成自杀、犯罪等悲剧。④ 相关心理研究也表明,在所有的应激性职业中,警察心理压力最大、心理障碍最多,属于高风险、高负荷、高强度的"三高"人员。概括说来,警察主要的心理问题包括焦虑、紧张、迷惑、抑郁、愤懑、急躁、疲劳感、生气、憎恶、情绪过敏和反应过敏、感情压抑、交流的效果降低、退缩和忧郁、孤独感和疏远感、厌烦和工作无情绪、精神疲劳和低智能工作、注意力分散、缺乏自发性和创造性、自信心不足等。这些心理健康问题使得警察需要一个情绪宣泄点。在没有正常渠道可以宣泄的情况下,警察容易脾气火爆,容易嗜酒嗜烟,冒险行为增加,侵犯、攻击行为增加,而犯罪嫌疑人最容易被当做宣泄对象,尤其碰到态度不老实的嫌疑人,几个小时拿不下口供,就可能心气浮躁,压抑的情绪被激发,就会"大刑伺候",通过拳脚、棍棒来平息心中的怒气,并且从中获得一种发泄之后的快感,一种成为强者和胜利者的满足,由此紧张情绪被舒缓,心理平衡被重获。⑤ 当然,他们并非不知道刑讯违法。许多警察谈到,他们第一次看到刑讯逼供时内心极度自责与不安,甚至想阻

---

① 与社会阴暗面、社会上各种不合理现象的频繁接触,使警察心理上产生的失衡感远远大于普通群众,这也是导致警察心理问题的重要原因。在一次调查中,广州和上海的两位治安民警异口同声地说:"我们每天能看见的、听见的东西,一般人根本难以想象。上至达官贵人、下到平民百姓,黑的白的正的反的,媒体能报道出来的只不过冰山一角。"参见周逸:《为什么中国警察没有心理卫生科》,载《新周刊》2005年第20期。
② 《聚焦中国今天的警察职业》,载《新周刊》2005年第20期。
③ 冯慧敏:《刑讯逼供之警察职业犯罪心理原因分析》,载《法制与社会》2008年第7期(上)。
④ 黄卉:《浅析刑讯逼供犯罪之心理及其预防对策》,载《法制与社会》2008年第8期(上)。
⑤ 陈晓云:《刑讯逼供行为心理分析》,载《福建公安高等专科学校学报——社会公共安全研究》2002年第6期。

止这一行为。可是当他们发现这一行为居然得到同行的认同和自我心理得到抚慰时,逐渐抵消了当初的矛盾心理。①

无疑,刑讯逼供是一种典型的攻击行为。对于这一攻击行为,社会心理学上的挫折—攻击理论是一个很好的分析工具。在心理学上,挫折是个人从事有目的的活动时,由于遇到障碍和干扰,其需要不能得到满足时的一种消极的情绪状态。美国耶鲁大学社会心理学家 J. 多拉德、米勒、杜博、莫厄尔、西尔斯五人在《挫折与侵犯》一书中首次提出了"挫折—攻击假说",认为攻击行为是挫折的结果,攻击行为的发生总是以挫折的存在为先决条件的,同样,挫折的存在也总是要导致某些形式的攻击行为。② 米勒于 1941 年在《挫折—侵犯假说》一文对该假说进行了修正,认为挫折会产生一系列不同类型反应的刺激,其中之一是引起某种形式的侵犯刺激。心理学理论认为,个体在受挫折之后必然会有所表现,以解脱挫折给其带来的心理烦恼、减少内心的冲突与不安,这被称为心理的自我防卫。心理的自我防卫主要有积极的自我防卫、消极的自我防卫和妥协的自我防卫三种形式。积极的自我防卫是对挫折的理智对抗行为,是在理智的指导下采取的形式,表现为升华(如所谓"化悲痛为力量")、增强努力、改变策略再作尝试、补偿(如所谓"失之东隅,收之桑榆");消极的自我防卫表现为攻击行为、固执行为、倒退、逆反和厌世情绪;妥协的自我防卫表现为自我安慰(如酸葡萄、甜柠檬、合理化效应等)、自我整饰、责任推诿。而刑讯逼供行为所表现出对犯罪嫌疑人进行的暴力侵犯攻击,正是警察在审讯过程中受挫折,心理预期不能得到实现时消极的自我心理防卫。③ 这种消极的自我心理防卫还可能因为目标就在眼前,但是却无法如愿实现而强化。根据"目标递增度假设"(goal gradient hypothesis),个体愈接近目标,其实现目标的需求愈急切,即此时目标对个体的吸引力愈强,当此时受挫,个体的挫折反应也就愈强,由此引发的攻击行为也就愈强烈。而攻击行为作为一种发泄行为人内心挫折感的行

---

① 冯慧敏:《刑讯逼供之警察职业犯罪心理原因分析》,载《法制与社会》2008 年第 7 期(上)。
② 时蓉华:《现代社会心理学》,华东师范大学出版社 1991 年版,第 193 页。
③ 陈晓云:《刑讯逼供行为心理分析》,载《福建公安高等专科学校学报——社会公共安全研究》2002 年第 6 期。

为,在心理学上是有益于行为人身心健康的行为。①

讨论至此,饮酒与刑讯的关系已经比较容易确定了。人的生理状态如饥饱、饮酒、吞服药物、内分泌腺机能等都对暴力侵犯发生着影响,大量的酒能削减人的神经抑制能力从而增加侵犯攻击行为的强度。② 面临各种心理压力和挫折的警察在酒精的刺激之下显然更可能采取刑讯手段破案,而"禁酒令"可以在一定程度上防止这种情况的发生。

(三) 检察机关监督力度的加大

笔者所调查的警察中的大多数都认为近几年来检察机关加大了对警察刑讯逼供行为的监督,认为"检察院重视这块了",喜欢"挑毛病"了,更强调警察"执法文明"了。有的警察明确说,"以前公检是一家,现在不是了"。

各级检察机关近几年来确实加强了对刑讯逼供行为的监督③,有很多检察机关还把每年查处的刑讯逼供案件的数量作为考核的指标。这些对刑讯的抑制起到了很大的作用。实践中检察机关对警察刑讯行为的监控途径主要有三条:一是由设立在看守所的监所检察室接受被羁押犯罪嫌疑人对公安机关刑讯逼供行为的控告;二是通过对犯罪嫌疑人的批捕监督警察的讯问行为;三是由检察院的渎职犯罪侦查部门对刑讯逼供犯罪案件进行立案侦查。虽然这些监控都是事后监控,都可能因为警察讯问的封闭性而监控效果不佳,但是,只要检察院注重这些监控,刑讯行为还是能得到一定程度的抑制。因为对于普通警察来说,并不是只有被判刑讯逼供罪才能阻吓其刑讯行为,因检察院的监督而被单位领导问话本身就是很"糟糕"的事情,别

---

① 陈晓云:《刑讯逼供行为心理分析》,载《福建公安高等专科学校学报——社会公共安全研究》2002 年第 6 期。

② 〔美〕B. 瑞文、J. 儒本:《社群心理学》,刘永和编译,福建教育出版社 1993 年版,第 180—193 页。

③ 2005 年 5 月 25 日,最高人民检察院副检察长邱学强在全国检察机关第三次公诉工作会议上表示:"刑讯逼供严重侵犯人权,同时又是冤假错案的温床,不仅人民群众反应强烈,而且严重损害党和政府的形象,危害十分严重,必须作为侦查监督的重中之重,坚决拔掉这颗刑事诉讼的'毒瘤'。"在随后半年时间里,最高人民检察院在全国检察机关开展了以纠正刑讯逼供为重点的专项侦查监督活动。2005 年 7 月 26 日最高人民检察院向全国公布了 3 起刑讯逼供案。2009 年 3 月 10 日,最高人民检察院检察长曹建明在给全国人大的报告中强调,2009 年全国各级检察院要进一步全面加强对诉讼活动的法律监督,加强对刑讯逼供等问题的监督,开展刑事审判法律监督工作专项检查。

说还可能被"扒警服"(即开除)。

(四)公民权利意识(维权意识)增强,媒体的监督

笔者所调查的绝大多数警察都提到我国公民法治意识、权利意识的提高对刑讯抑制的重要作用。在笔者的个别访谈中,一警察就谈到:"现在不能轻易打人了,他挨打了就要闹,就要找领导,就要上访。领导最烦的就是有人闹、上访,特别是上访。领导让你破案,可不想让你给他添麻烦。咱干吗非得给自己添麻烦,给领导添麻烦呢?"

确实,我国公民的法治观念、权利意识在增强,这一方面表现在对刑讯性质的认识上,另一方面表现在被刑讯后的做法上。这使得刑讯逼供不再受到公众的欢迎,不再有"市场"。

林莉红教授2004年至2005年对659位民众所做的调查显示,虽然多数民众认为,对于涉嫌严重犯罪的人,只要实体正确,可以实施轻微刑讯,但是绝大多数民众(83.7%)都知道(明确知道或大致知道)刑讯逼供是我国刑法明确禁止的犯罪行为;大多数民众(67.8%)都觉得刑讯逼供不正常,就算是国家司法工作人员,执法也要文明;认为刑讯逼供是一种正常社会现象的仅为10.7%。值得注意的是,文化程度较高的、居住在城市或大中城市的受访者,更倾向于反对刑讯,相比之下,文化程度较低的、居住在乡镇或小城市的受访者认可刑讯的比例要高一些。[①] 由此,我们可以预见,随着我国公众文化水平的进一步提高,随着现代传媒对刑讯逼供危害的更多宣传,随着我国城市化的进一步加剧,刑讯逼供的社会认可度将持续下降。

事实上,网上的一些言论也佐证了林莉红教授的调查结论。根据这些网上言论,反对对无辜者进行刑讯,支持对有罪者进行刑讯的人还是占优势的(显然,多数人在判断刑讯是否具有正当性上,还是看被刑讯者将来是不是被证明是罪犯。这本身就是一个悖论,因为刑讯者如果已经有充分证据证明被刑讯者有罪,就不会通过刑讯去"逼供"了。也就是说,一般情况下,被刑讯者被刑讯时,他是否有罪还是存疑的)。但是,越来越多的人还是认识到刑讯的危害的,进而反对一切刑讯。

---

① 林莉红、余涛、张超:《刑讯逼供社会认知状况调查报告——上篇·民众卷》,载《法学评论》2006年第5期。

2007年6月3日,天涯网上出现了一篇名为《11岁的我被警察刑讯逼供》的帖子。帖子中,"645764"谈到自己11岁时因偷邻居4000元被警察使用残酷方式刑讯,不仅因此承认了自己偷4000元这一事实,还承认了自己根本没有做的坏事:同时偷了邻居价值六千多元的首饰。笔者对跟帖进行了统计,发现明确发表对刑讯逼供看法的人中,多数人(16人)认为楼主有盗窃行为,因此活该被刑讯。这些跟帖包括:"谁让你偷钱呢","偷东西,不同情你,挨打是该","偷东西该打!!","你并不是无辜的,毕竟偷了人家的钱","警察很多时候打人是不对,但因为这件事打你,是你活该","十一岁就会偷东西,打死你都应该","打你是应该的(偷东西的结果),不过通过恐吓并冤枉你偷首饰是极大的恶棍","捉住了怎么没砍手?11岁就去偷东西长大还不杀人放火啊","要不是挨那顿修理,现在没准就开了黑砖窑了。打的活该","活该,十一岁就知道偷那么多钱了,要不是那几个警察暴皮你,你娃长大了不晓得还要干些啥子事","楼主,实话实说,您这种情况肯定是不值得同情的。要不是当年警察教育你,还不知道今天你的手又伸到了什么地方",等等。显然,这些跟帖者都混淆了程序法上的犯罪嫌疑人和实体法上的罪犯,混淆了作为取证方式的刑讯和作为惩罚方式的刑罚。这也是笔者本人在对普通公民调查中发现的一个最大的问题。不过,即便如此,跟帖中还是有不少人(10人)认为刑讯本身就是恶的,无论是对有罪者还是无辜者。这些跟帖包括:"楼上的说挨打应该的败类们听着,刑讯逼供肯定是违法的","无能的警察只会靠逼供办案","刑讯逼供的警察可耻","这些个烂警察,真该去死","刑讯逼供是我国警察破案的主要手段。那些打人的警察和流氓有什么区别","当别人人权遭践踏时还助纣为虐的人,小心自己也有那么一天。跟小偷的非法暴力比,合法暴力才最为恐怖",等等。①

同样在天涯网,2008年1月27日"清风洗耳"发表了一篇讨论刑讯的帖子《刑讯逼供还要暗中作孽到何时》。由于这篇文章是比较抽象地讨论刑讯,而没有具体的案例,跟帖也相应有些抽象。在这些跟帖中,少数认为刑讯不可避免,如,"彼此彼此,刑讯逼供从来都是手段,无所谓东方和西方,资本主义和社会主义","成熟的法治国家没有刑讯逼供?关塔那摩监狱就不

---

① 天涯网,http://www.tianya.cn/publicforum/Content/free/1/923214.shtml,最后访问日期为2009年6月18日。

存在?"。部分跟帖认为刑讯对于维护治安极为必要(这种跟帖看似都是警察的跟帖),如,"对付流氓,我会比流氓更流氓,但我永远不会成为真正的流氓,因为我是警察。作为和平年代牺牲量最大的群体中的一员,我可以忍受老百姓对我的冷嘲热讽,甚至侮辱谩骂,但是当那些抢劫杀人、强奸抢夺之流出现面前,我还是会毫不犹豫地冲上去,告诉他们什么叫做违法的代价","当过警察么,小警察有个屁权利啊,如果没有破案压力,你会那么卖力啊!!抓一个好说好商量,都他妈放了,你们就高兴了啊!!打黑打盗抢都他妈的不对?警察都放假,你们就舒服了吗?别站着说话不腰痛,警察总抓好人,总打好人么??要客观!!","有刑讯逼供还有这么多飞车党、砍手党、小偷,要是没刑讯逼供还不翻了天?逼对的多还是逼错的多是刑讯逼供有无生命力的判断标准之一。现在的坏人被抓住了要是没刑讯逼供会不会好好说?这些坏人有没这种一人做事一人当的觉悟?(要有的话早就投案自首了,也轮不到刑讯逼供)只讲坏人的人权是对好人人权的最大破坏。若是你被侵害了,你希不希望把侵害你的人暴打一顿?我们不是生活在童话里"。比较多的跟帖反对一切刑讯,比如,"听公安检察眉飞色舞毫无羞耻地说起刑讯破案的手段来,真感到他们的无耻","虽然刑讯披着打击犯罪的外衣,罪恶程度却远远大于一般的刑事犯罪","从道理上、道义上来说,刑讯逼供都是不可取的","即使他做了违法的事情也不能采用酷刑,中国是签署了《国际反酷刑公约》的国家",等等。①

公民被刑讯后其本人或者其家属的申诉、上访,以及群众对被刑讯者的同情也在很大程度上抑制了刑讯的发生。2000年5月25日,黑龙江庆安县农民李福祥被该县公安局刑警大队原副大队长朱松岩等5名刑警刑讯致死。被害人家属为了使得案件得到公正的处理,进行了长达8年的上访,终使进行刑讯的警察被判刑。湖北石首市检察院反贪局副局长徐奉禄等人刑讯逼供致人死亡,引起死者家属及上千群众的自发围观,造成群情激愤。昆明杜培武错案发生后,街头巷尾议论纷纷,各种媒体竞相争报,甚至引起对抗执法。有的地方,因为刑讯逼供加之处置不当,引发群众抬尸请愿、游街求助甚至围攻闹事,极大地恶化了警民关系,破坏了干群关系,损害了政府

---

① 天涯网,http://cache.tianya.cn/publicforum/content/free/1/1108567.shtml 2008-1-27,最后访问日期为2009年6月18日。

形象,危及社会稳定。① 一广州警察说:"现在广州老百姓接触港台文化比较多,讲究人权、法律,动辄投诉警察。我们也因此怕做错事,什么都不敢管,做起事来总觉得绑手绑脚。"② 其实何止是广州的老百姓法律意识提高了。

被告人在法庭上翻供,提出自己在侦查阶段受到过刑讯逼供,也是对刑讯逼供的一种抑制。一名办案民警曾感叹:"刑讯逼供越来越不好使了,辛辛苦苦弄来的口供,到了法庭上就翻,白忙活还添乱,犯罪嫌疑人的法律意识强多了。"③

这里我们要强调一下媒体的监督对抑制刑讯逼供的影响。当前各种媒体资讯非常发达,特别是网络。网络不仅让公众知悉了很多刑讯逼供案件的发生,了解了刑讯逼供的危害,还为公众向有关部门施加压力、监督刑讯案件的处理提供了便利。

(五)警察对刑讯认识的变化,警察对工作、对生活看法的变化

林莉红教授的调查显示,只有13.0%的警察认为刑讯逼供"正常,自古以来审讯都是这么弄",而65.4%的受访警察认为刑讯逼供"不正常,司法工作人员执法要文明";关于破案与刑讯的抉择,有接近20%的受访警察认为"能破案的就是好警察",65.3%的受访警察认为"就算是为了破案也不能对嫌疑人动手",在破案与刑讯之间难以取舍的占15.2%。显然,多数警察已经认识到刑讯是不正常、不文明的,认识到即使为了破案也不能刑讯。当然,就这次调查来看,对刑讯持宽容态度甚至支持态度的警察还是为数不少。不过,值得注意的是,从工作地域上看,认为刑讯逼供"普遍存在、经常发生"的比例随工作区域从省会市向地级市、县或县级市、乡镇的变动明显呈递增趋势,分别为37.7%、38.5%、39.0%、50.0%。同时,调查显示,文

---

① 张兴荣:《刑讯逼供犯罪规律分析及其防治》,载《云南大学学报(法学版)》2002年第1期。
② 《聚焦中国今天的警察职业》,载《新周刊》2005年第20期。
③ 《"刑讯逼供越来越不好使了"令人惊讶》,载《人民公安》2006年第6期。

化程度越高的警察越反对刑讯。① 可见,工作环境、文化程度影响警察对刑讯逼供的认知。这一结论同样被笔者的调查所证实。在笔者的个别访谈中,大中城市的警察比小城市的警察更能认识到刑讯逼供的不正当性,对自己执法的文明程度评价也更高,并且多数警察都提到当前警察素质的提高,提到以前公安队伍很复杂,水平参差不齐,现在招警察一般都是要求公安专业或者法律专业,这些人素质高,不太愿意刑讯,更愿意琢磨审讯心理学。我们有理由相信,随着城市化的进一步发展,随着警察素质的进一步提高,我国的刑讯逼供会进一步减少。

当前警察对工作、生活、家庭的看法也在影响着刑讯的频度和方式。在笔者的个别访谈中,多数警察都认为"能破就破,不能破拉倒","要保护自己,别弄得嫌疑人进去了,自己也跟着进去了","破案重要,这身警服也重要,不能案子破了工作也丢了"。有警察还提到,"以前一个月有22天都是凌晨两点才回家,这不光对自己的身体不好,也影响家庭,现在除了晚上加班,一般都是8点就回家,连夜讯问已经不怎么搞了。当然,当天夜里抓的只能当夜问。轮番讯问搞得也少了,每个警察思路都不同,轮番讯问效果不好;不轮番讯问,一个警察问,问的时间长不了,长时间地问,我们也累啊"。② 2009年3月23日,网友"illman"在"铁血网"上发表了"刑讯逼供没有出路!我宁愿爱自己家人!"的帖子。在这个帖子中,他指出:"你的领导没有权力要求你破案,尽管他有发号施令的权力。你破了案也不会得到提拔的,功劳属于他,你要是一心符合那你就成了'私仆',你若是对人民负责,那你只管尽力,行不行都要在法律框架下行事","注意了,你们没有必要为了领导的一句话去撼动法律,你们生活倘若只是为了迎合、讨好别人,那么

---

① 林莉红、余涛、张超:《刑讯逼供社会认知状况调查报告(下篇·警察卷)》,载《法学评论》2006年第6期。不过,孔一通过对61名警察的调查,发现刑讯取向与文化程度、执业背景(毕业分配、社会报考、部队转业、其他部门调入)、专业化程度(警校、一般高校、高中)不相关。参见孔一:《刑讯逼供调查报告》,载《青少年犯罪研究》2001年第2期。笔者认为,林莉红教授调查了人数更多的警察,结论应更为可信。同时,笔者的调查结论也和林莉红教授的调查结论相符。在笔者的调查中,有警察还专门提到其某同事本来在单位工作很出色,只因为读了个在职法律硕士,受到了法学老师的"法治熏陶",回来办案缩手缩脚,不再打人。

② 在笔者的访谈中,有警察还提到,当前基本上已经没有采用冻、晒的方式进行刑讯的了,"现在办公条件好了,冬天有暖气,夏天有空调,在办公室内是没有办法冻、晒了,弄外面冻、晒,现在都是办公楼,也没有院子,总不能弄到大街上去冻、晒吧?就是有院子也不能在院子里冻、晒啊,同事、领导看见了多不好。"

你们的心胸和那些为了自己欲望而犯罪的罪犯毫无二致","刑讯逼供带不来正义,最多就是舔了别人的屁股。谁要这样活着,那真是无趣——工资足够养家糊口了,职位只能换来一种虚荣,追求虚荣的人是什么货色,你们应当比我见的多了","我有时间决不削尖脑袋往上爬,我宁愿回到自己的家里绞尽脑汁孝敬父母,费尽心思取悦妻子"!令笔者惊讶的是,所有跟帖都是赞成这一帖子的。比如网友"xy96611"说:"搞刑讯逼供的都是傻瓜,尤其是恶搞的。破了案又怎么样?你就能升职?我呸,比办公室的鸟人差远了。出事了,被投诉了呢,自己担吧!聪明的警察才不搞逼供那一套呢,破的就破,破不了就给领导汇报说那小子嘴硬,自己逼不出来。"网友"ctjun"跟帖说:"有的受害人喜欢拿法盲的态度去看待事物,把一件拿不到(或者没有任何证据)证据的案子说得真真的、铁铁的,说警察不抓人是包庇,是得了别人的好处。到处去上访,到处去投诉,当然上访和投诉是他的权力,可是领导就怕了,怕位置不稳,事情搞到上面去了,怎么办?然后一级压一级的下来,落实到具体办案的民警身上。于是就有了刑讯逼供之类的事,其实民警也是普通的人,正常的人,没有谁会把虐待他人作为乐事的","群众看公安,关键在破案。命案必破。这些话都是领导的口头禅,让每一个基层的民警在受害人面前都无地自容。可惜民警不是黄大仙,哪个国家的都不是。为什么不能规范一下警务活动,让尽了职责后不能破案的情况下民警少一点压力,能够在受害人面前站直腰杆。警察做事是做给人看的吗?尽到职责就行了。"网友"猫猫加菲"的跟帖说:"SB才刑讯逼供呢,问不出来是你无能,打坏了人你得进监狱!刑讯逼供问出个案子立个破功跟进监狱谁重谁轻,连傻子都知道吧。我就不信你问不出案子,领导能给你送监狱里面去,就是辞退你他也没那权力。为了将来,同志们,千万别刑讯逼供了!"网友"庄园主人"跟帖说:"刑讯逼供要注意方式、方法,它在短期内不可能消失,但是要避免将自己搭进去,工作永远干不完,我们一路还要走下去。"网友"pengpolice"跟帖说:"警察就像足球守门员,你表现好的时候永远不会被记住,你表现不好的时候永远不会被忘记,有事不要指望任何人会帮你扛,别人不落井下石就很够意思了。"网友"gaojie72"跟帖说:"同意楼主,这次没证据放了他,贼哪怕赖过十次只要失手一次就坐牢,我们有的是时间陪他玩,千万别把自己搭进去,不光害自己,还拖累集体和领导。"①

三、对进一步抑制刑讯逼供的启示

前述对导致我国当前刑讯变化因素的分析对我国进一步抑制刑讯的发生有很重要的启示意义。"实践出真知",实践已经证明这些因素有利于抑制刑讯的发生,我们应该在此基础上继续努力。

(一)重视法治教育,使警察、社会公众能深刻认识到"刑讯是野蛮的、不人道的","通过刑讯办案是无能的表现","破案很重要,但是不能靠刑讯破案"

人的观念、人对事物的认识影响人的行为。很显然,在其他因素相同的情况下,一个有上述认识的警察比一个认为"刑讯是正当的、破案所必需的"的警察更不可能去刑讯。如前所述,当前我国大多数警察对刑讯的性质有比较正确的认识,这是刑讯频度减少、强度减弱的重要原因。不过,还是有不少警察对刑讯有一些错误的认识。② 因此,对警察加强有关刑讯的法治教育还是非常有必要的。值得注意的是,我们尤其要注重对有领导职务的警

---

① 铁血网,http://bbs.tiexue.net/post_3439328_1.html,最后访问日期为 2009 年 6 月 15 日。
② 王敏对湖北省荆门市五十多名警察的调查发现,近三成警察认为公安机关是国家强制性的专政机关,对违法犯罪人员讲点狠,给点"颜色"是很正常的。一位派出所所长说:"只讲道德不讲狠,公安机关就没有权威性和震慑力,违法犯罪人员就不畏惧,老百姓也认为我们很软弱。"一位特派员出身的基层领导说:"20 世纪 60 年代就曾经流行'不打好人,只打坏人'的说法,到现在我依然坚持'对坏人的仁慈就是对好人的残忍'的观点。比如在公众场抓住小偷,给他三拳两脚,更能向群众表明我们打击违法犯罪活动的强硬态度和坚强决心,群众拥护。"有很多警察认为,在办案中偶尔搞一下刑讯逼供也是为了工作,不是谋私,其目的是为了快破案,为了及时打击违法犯罪活动,主观愿望和动机是好的,即使为此犯了错误,受了处分,比起那些搞贪污腐败的人光彩多了。一位刑警队长说:"当前刑事侦查科技含量少,破案手段缺乏,办案水平低下,取证难,警力少,不搞刑讯逼供,一年能破几百起上千起案件吗? 按当前我国的侦查水平,根绝刑讯逼供是不现实的、不可能的。"参见王敏:《浅析民警刑讯逼供彻理状态及治理对策》,载《公安研究》2001 年第 9 期。张敏在对 40 名刑警的调查中发现,有 10 名刑警认为自己在实施刑讯逼供时,不会有恐惧感受或者良心谴责。在问及原因时,有人认为这种行为在司法实践中是司空见惯的,只要不超过限度,打几下是没事的;也有人认为,有些犯罪嫌疑人很"贱",不打他,他还不说,一打他,他就说了;还有一些人认为,侦破案件是自己作为刑警的职责,没能破案才会受到良心谴责,破了案应该受到奖励才是。参见张敏:《刑讯逼供行为的经济学分析》,载《华东政法学院学报》2006 年第 3 期。

察进行法治教育。林莉红教授的调查显示,警察中认为刑讯逼供"都是司法人员自行其是"的比例为 5.3%,"一般是司法人员自行其是"的比例为 49.7%,"一般得到了主管领导的明示或默示同意"的比例为 38.8%,"都得到主管领导的明示或默示同意"的比例为 6.2%。① 显然,相当比例的警察认为刑讯逼供的发生受到了主管领导纵容态度的影响。在王敏的调查中,许多民警也都提到刑讯逼供屡禁不止与领导默许、纵容不无关系。有的民警公开说:"我办案打人,领导又不是不知道,但是没有谁出面制止。"甚至有的领导还给民警传授经验,教民警如何打人不留痕迹等。②

公众对刑讯性质的认识也对警察的讯问行为有影响。如果公众不能容忍警察为了破案而刑讯,那么刑讯就真正成了"过街老鼠"。在对公众的法治教育宣传中,需要向公众特别强调的是,程序法上的犯罪嫌疑人和实体法上的罪犯是不同的,作为取证方式的刑讯和作为惩罚方式的刑罚是不同的;警察基本上都是在没有充分证据证明犯罪嫌疑人有罪的情况下进行刑讯的(有充分证据就根本不需要刑讯"逼供"了),因此被刑讯的人不一定是真正的罪犯。

媒体的监督对刑讯的抑制也起到了很好的作用。不过,和公众一样,当前媒体更关注那些导致冤假错案的刑讯,或者导致嫌疑人死亡的刑讯。也许在从事媒体工作的人认识到所有刑讯都是非人道的、被法律所禁止的之后,更多的刑讯逼供案件会通过媒体曝光。

(二)公安机关内部、检察机关要进一步加强对讯问行为的监督、进一步加强对刑讯行为的惩罚,起诉,法院应严格贯彻非法证据排除规则

如前所述,近几年来公安部、很多地方公安机关对严禁刑讯逼供、"治理"刑讯逼供的强调,使得不少警察触动很大,他们本以为自己为了破案而刑讯至少不应被公安系统这么严厉禁止(甚至应被公安系统"保护")。这对抑制刑讯起到了很大的作用。笔者认为,公安机关内部应进一步加强对讯问的监督,进一步加强对刑讯行为的惩罚。对有刑讯行为的警察定刑讯

---

① 林莉红、余涛、张超:《刑讯逼供社会认知状况调查报告(下篇·警察卷)》,载《法学评论》2006 年第 6 期。
② 王敏:《浅析民警刑讯逼供彻理状态及治理对策》,载《公安研究》2001 年第 9 期。

逼供罪当然有利于抑制刑讯,但是,刑讯逼供罪的适用范围毕竟是比较窄的。事实上,对于办案警察来说,只要他知道,一旦自己的刑讯行为被发现,自己就会被开除出警察队伍、被记过,甚至只是会被领导找来谈话,被领导所不喜欢,他一般就不会去刑讯。

检察机关进一步加强对侦查行为的监督也有利于进一步减少刑讯的发生。如果检察机关能做到一接到有关刑讯的报案就展开调查,一发现刑讯的存在就根据刑讯的严重程度提起公诉或者要求有关机关予以行政处分,那么刑讯将大大减少。

警察刑讯的直接目的是获取证据进而破案。如果我国法院能够严格贯彻非法证据排除规则,进行刑讯的警察的目的将很可能无法实现,这当然有利于抑制刑讯。加州大学伯克利分校教授马克·丹纳曾说过,美国警方有充足的证据表明某些被关押在关塔那摩的囚犯参与了"9·11"恐怖袭击,但是因为刑讯逼供,美国将很难把他们带上法庭审判,"你如何能够把他们从一个'遭受非法审讯的境地'转移到一个每个环节都讲'法律'的审判庭中去呢"?[①] 如前所述,我国也已经有警察感叹,刑讯逼供越来越不好使了,辛辛苦苦弄来的口供,到了法庭上就翻,白忙活还添乱。

(三)增加警察人数,保证警察的正常休息,改革考核方式,注重警察的心理健康

如前所述,我国当前警力严重不足,警察工作量极大,长期的加班、熬夜,不合理的考核方式给警察带来的压力,不仅影响了警察的身体健康,还影响了警察了心理健康。这也是导致刑讯的一个重要原因。我国有必要增加警察人数,保证警察能有正常的休息,改革考核方式,注重警察的心理健康。早在2003年公安部就已经认识到警察心理问题的严重性,并向全国各级公安机关发出通知,提出"各级公安机关特别是领导同志要切实把关心、爱护民警工作摆在突出位置,积极探索尝试,逐步建立起公安民警心理健康医疗制度,使他们能够以良好的精神状态投入到工作当中"。不过,到现在为止,这一工作做得还不好。

[①] 夏英:《"这个国家需要彻底的调查"——专访加州大学伯克利分校新闻学教授马克·丹纳》,载《南方周末》2009年3月26日B12版。

概而言之,对于刑讯逼供,我国将来既要重视具体办案人员观念的转变,也要重视办案机关领导观念的转变,还要注重公众观念的转变;既要加强公安机关的内部控制,也要加强检察机关的外部监督,还要注重法院通过非法证据排除规则的适用进行的外部制约;既要加强国家机关之间的监督制约,也要保障嫌疑人和公众、媒体的监督,其中嫌疑人、公众、媒体是国家不付费的监督者,也是最好的监督者。

检察机关自侦案件中的刑讯逼供问题

王进东[*]

一、检察机关实施刑讯逼供的现状

据不完全数据统计,1979 年至 1989 年,全国共立案查处的刑讯逼供案件 4000 多件[①],1990 年至 1998 年,检察机关共查处刑讯逼供案件 4800 余件[②],其中检察机关在自侦案件中实施的刑讯逼供占有相当大的比重。最高人民检察院渎职侵权检察厅负责人说,当前侵权犯罪有三个显著特点:从案件性质看,刑讯逼供、非法拘禁突出;从犯罪主体看,以司法人员居多,被查处人数占到涉案人员一半以上;从发案部门看,主要集中在基层司法机关和乡镇党委机关。[③] 刑讯逼供极易冤枉无辜,放纵犯罪,"使顽固不化的犯罪分子逃避法律的制裁,还可以使意志薄弱的无辜者受到法律的制裁",不仅违背了依法治国的基本理念,违背了宪法、法律,有悖罪刑法定原则,更

---

[*] 王进东,大成律师事务所律师。
[①] 高志卿:《刑讯逼供的产生原因、危害与对策》,载《洛阳师范学院学报》1998 年第 6 期。
[②] 蔡炎斌:《论刑讯逼供屡禁不止的原因与对策》,载《湖南公安高等专科学校学报》2000 年第 2 期。
[③] 陆仁茂:《古代肉刑的废除对当代反酷刑的启示》,载《文史博览》2005 年第 Z1 期。

严重践踏了我国法律的尊严,损害了检察等司法机关的形象和法律尊严。

刑讯逼供现象是中国当前酷刑现象的核心与焦点所在。① 虽然近年来,随着司法监督、社会舆论监督的不断加强,一部分刑讯逼供案件得以曝光,有关人员也受到法律追究,但是,刑讯逼供现象依然屡禁不止,因刑讯逼供造成的冤假错案、致犯罪嫌疑人伤、残,甚至伤亡的事件仍然屡见报端,致使刑讯逼供成了我国司法体制的痼疾。下列案件均是检察机关在自侦案件中实施刑讯逼供现状的真实反映:

案例一:李寿武在看守所被检察机关刑讯逼供致死案

2004年10月,莱芜市某县检察院在侦查原莱芜市工商局主任科员李寿武涉嫌受贿过程中,因李寿武的供述不能满足检察院的侦查要求,办案人员便在看守所审讯室对其进行了如下审讯:从15日8时至17日7时期间,让李坐在单人木制联邦椅上,双手穿过椅子靠背反铐在后面,用布条将双臂和胸腹部捆绑固定在靠背上,再用布条将两小腿捆绑在一起,并在双脚下面垫上一个马扎,还用一块木板横放在联邦椅扶手下压住双腿,办案人员在讯问中,还不停地用竹条敲其脚趾,用手挠其软肋,直到发现李寿武脸色发黄、呼吸困难,才拨打了120急救无效死亡。后经公安部《物证鉴定书》鉴定结论:李寿武系挤压综合症导致死亡。

案例二:梁继平在度假村被检察机关刑讯逼供致死案

获得2006年度全国先进检察院和集体一等功殊荣的江苏省某县检察院反贪局,在2007年5月接到"供电局在农网改造工程过程中,接受某公司巨额行贿"的线索反映后,在街上偶然发现某公司老板夏某的汽车,便将夏传至检察院调查,并据夏"陈述"曾给时任供电局副局长梁继平好处费30万元,他们又据其他检察院在侦办供电系统受贿案中发现"3%—5%"回扣率的潜规则,评估认定梁涉嫌受贿。

检察院为此设立以反贪局局长为总指挥的"梁继平受贿案"专案组(由反贪局副局长熊正良任组长,在9个成员中除一人有助理检察员资格外,其他均没有检察员资格),同时,还制定了三个审讯小组对其实行"三班四倒"的不间断审讯策略。

---

① 李汉军:《当代中国的酷刑及反酷刑状况》,载《刑事法学》2004年第6期。

2007年5月28日下午8时,检察院将在连云港市工作的梁继平传唤到检察院审讯室。经过12小时审讯,因梁不承认受贿,于是,便宣布对其实施监视居住,继续将其控制在宾馆和度假村里审讯。在长达80多个小时审讯里,办案人员不间断地对其实施体罚和肉刑长达65小时,梁继平亦在无法忍受酷刑折磨时,也分别作了收受夏某300多万元和600多万元的受贿陈述。办案人员以其陈述事实与检察机关掌握的线索差距很大和不老实为由,继续对他实施酷刑。办案人员对梁继平实施的刑讯逼供手段:让其穿着内裤坐在地上接受讯问,不间断地的平举双手、蹲下起立、仰卧起坐、地上打滚、抓头发摇晃、踢打身体、双手勾脚尖、双手托举沙盆(并宣读我是贪污犯,对不起老婆孩子,对不起家人)、用皮鞋跟抽打脚心、身体"打夯"、单或双劈腿、旋转踩碾大腿内侧肌肉。即使梁继平不能坐立和昏睡症状,仍没有放弃讯问,直到梁继平"睡着"死亡。

二、检察机关在自侦案件中实施刑讯逼供的原因探析

1. 检察侦查权的监督缺位是检察机关刑讯逼供的制度性根源

在上述案件中,李寿武在看守所里受到检察机关侦查人员刑讯逼供近48小时,梁继平在宾馆和度假村被侦查人员刑讯逼供80多个小时,犯罪嫌疑人最终的结局都是死亡。这两件事的案发,都是在李某和梁某死亡之后。假设他们两人没有死亡,都向办案人员作了符合"线索"事实的有罪供述,那么,这两起严重的刑讯逼供案件还会被发觉吗?这个问题的答案肯定具有很大的不确定性。

作为执法兼执法监督职能的检察院,他们为什么会如此大胆地实施刑讯逼供?他们实施的刑讯逼供行为居然没有受到任何的外界约束?检察侦查权监督制度的缺位,应当是检察院能够如此"执法"的原因之一。如果有完善的监督机制,刑讯逼供行为就会被及时的发现,就不会等出了人命有关部门才做出反应。从这两个案例来看,监督制度的缺失除了体现在对讯问过程的监督上,还体现在以下两个方面:(1)对侦查人员资格的监督,在梁继平案中,由九人组成的专案组中,除一个人具有助理检察员资格外,其他

人,包括作为专案组长的反贪局副局长,均没有检察员资格。(2)对"监视居住"等侦查强制措施的监督。《刑事诉讼法》规定,人民检察院可以决定对犯罪嫌疑人采取监视居住强制措施;但《刑事诉讼法》还规定,公安机关是监视居住的执行机关,人民检察院没有监视居住的执行权。可在梁继平案中,对梁继平的监视居住是由检察院的具体办案人在执行,这种严重违反《刑事诉讼法》的行为却在侦查过程中不能被发现,可见监督机制的漏洞有多大。

虽然刑事诉讼法对检察侦查权的范围做了限制,但我国所有的刑事诉讼法律、司法解释中,均没有对检察侦查权的行使作出特别规定,而是将检察侦查行为与公安侦查行为不作区分地统一作为侦查行为加以规定。这种不做区分的刑事侦查法律体系,埋下了在自侦案件中产生刑讯逼供的隐患。首先,检察侦查行为与公安侦查行为在性质上有所不同。如前所述,依据宪法及刑事诉讼法的规定,检察机关是法律监督机关,国家工作人员的公务行为属于检察院的法律监督范围之列,这是因为国家工作人员是在代表国家履行职责,他们的公职行为属于执法行为,他们履行职责的行为是否合法,不仅影响着整个国家权力的运行,对普通公民的守法意识以及社会的安定和法制建设也有着举足轻重的作用,他们的职务犯罪行为比普通公民的违法犯罪行为有着更大的危害和破坏力。检察院行使法律监督权,国家除了对监督权作出原则性的规定外,还必须有一些具体的规定,方能使检察院的法律监督权具有可操作性并真正发挥作用,也就是说法律监督权必须由一项项具体的权力来体现,比如,侦查权、起诉权、抗诉权、再审抗诉权等等。检察侦查权是法律监督权的下属权力,它是检察机关对国家工作人员行使监督权的一种重要方式。法律监督权本身的法律监督属性决定了作为其重要组成部分的检察侦查权的法律监督属性,而公安侦查权不具有这一属性。

其次,检察侦查行为与公安侦查行为在具体的操作程序上,尤其是在监督程序上有着很大的不同。公安机关的侦查行为作为职务行为,由检察院这一"专业"法律监督机关来进行监督,在逻辑上和制度建制上都是符合"对权力进行监督"这一权力设计理念的。但检察侦查权的行使是由检察院来进行操作的,那对于法律监督机关的权力又由什么机关来监督呢?尤其是对侦查权这样一种极易被滥用的权力。在这个问题上,我国法律并未作出明确规定。在立法没有明确监督主体的情况下,目前对检察侦查权的监督只能以检察机关内部监督和人大外部监督为主。依据我国刑事诉讼法的规定,检察院内部实行侦检分开、侦诉分离,对自侦案件的内部监督也是由批捕和公诉部门分别实施审查批捕、审查起诉来实现。但是,其一,这种监督毕竟只是检察机关对自己的监督,缺乏刚性的外部监督和制约。自侦部门、侦监部门、公诉部门等毕竟同属一个检察院,经常会相互询问、交流,况且,侦查部门又为相对独立的反贪污贿赂局,其行政级别高于侦查监督部门,监督的力度难以保证。即使检察机关内部能够做到很好的制约,但对于犯罪嫌疑人和社会公众而言,明显缺乏透明性。所以,与世界各国通行的侦查程序的司法审查相比,如注重外部制约和监督、由法官介入审查并签署强制措施令状的做法,我国检察机关内部"侦监结合"的做法更显监督力度之单薄。其二,审查批捕和审查起诉只是事后监督,这种监督不具有实时性,对侦查部门的效力不强。另外,依据法律规定,公诉部门和批捕部门作出起诉决定和批捕决定一般依据的侦查部门移送的诉讼文书和证据材料,这种书面上的审查根本没有可能发现刑讯逼供问题的存在,即使公诉部门提审犯罪嫌疑人,也由于刑讯逼供举证很难而不予理睬。而事实也正是如此。实践中刑讯逼供的案件一般都是在犯罪嫌疑人重伤、死亡或者在法庭审理时,被告向法官提出控告并有充足的证据时才被发现,而没有一例刑讯逼供的案件是在审查批捕和审查起诉的过程中被发现的。梁继平案和李寿武案都是在被害人被刑讯致死后才被发现的。这种监督效力可想而知。其三,对犯罪嫌疑人的羁押都是由检察院中的侦查部门控制,在侦查阶段都是对外封闭的,而检察院中的纪律监督或者信访等监督部门,对同为一个系统的侦查部门一般也是得过且过,并不主动出击。在这种情况下出现了两个问题:第一个就是讯问计划和讯问监督的问题,为了保证侦查进度和侦查秘密,侦查部门的讯问计划是不需要以书面的形式向其他任何部门汇报的,只是在侦查部门内部进行讨论和决定,完全由侦查部门自己说了算,并且在大多数情况下讯问计划是非书面的,只是在侦查人员之间形成的一种共识或默契。有很多讯问计划中包括夜间审讯、轮班连续审讯、采取非法讯问措施等刑讯的内容,又因为讯问环境对外封闭没有任何监督力量的介入,在这种情况下刑讯逼供很容易发生。比如在梁继平案中,在对梁进行刑事拘传之前,专案组就已经提前做好计划:如果在12小时之内拿不到他的有罪供述,则对其采取监视居住措施,继续审讯。从合法的程序上来讲,强制措施的采取和变更应当依据犯罪嫌疑人涉嫌犯罪的轻重、人身危险性和妨碍侦查的可能性,而不能根据口供的取得情况来决定采取何种强制措施,更不能提前就计划好在何种情况下采取何种强制措施。本案中监视居住措施的采取是讯问计划的一部分,这只是对后面各种刑讯逼供措施的铺垫,而且很显然的是,专案组对梁继平实施的刑讯逼供手段也都是提前计划好的,并非临时想出来的。第二个就是被刑讯的犯罪嫌疑人如何进行控告的问题,在羁押环境封闭的情况下,犯罪嫌疑人完全被侦查人员控制,不能和外界接触。在本文的两个案例中,梁继平和李寿武在被刑讯过程中,没有接触过讯问人员之外的任何人,也没有任何侦查机关之外的人,包括律师会见他们,询问其是否受到刑讯逼供。也就是说,梁继平和李寿武没有任何途径对侦查人员的刑讯行为向外界提出控告。虽然在侦查阶段犯罪嫌疑人可以见律师,法律也规定律师有权就侦查人员侵犯犯罪嫌疑人人身权利的行为向有关机关提出控告,但法律没有赋予律师对刑讯逼供调查取证的权利,很多情况下犯罪嫌疑人自己也很难拿出证据,况且侦查阶段律师在检察机关面前就已经很被动,所以大部分律师不敢轻易以此向有关机关提出控告,即使提出控告,一纸空文没有任何证据的控告书往往是泥牛入海,杳无音信。

　　就外部监督而言,人大对检察机关的监督至今存在定位不明确、缺乏力度、效果不明显、与司法程序不相衔接等问题。人大监督通常以处理申诉、纠正错案、进行司法救济为目的。这种监督首先缺乏操作性,人大作为权力机关几乎不可能在会议上讨论某个具体案件,如果作为国家权力机关的人大把过多精力用在监督具体案件上,把自己置于第二检察机关或者信访室的地位,则是舍本求末,纠缠在具体案件的申诉中,难免导致主要职能的弱化。所以全国人大常委会和省级人大及其常委会集体对具体自侦案件进行监督几乎无法操作。另外,外部监督自身也难以规范。人大没有侦查权和取证手段,对具体司法案件进行监督,很难体现科学性和客观性,也很难纳入法定程序和人大自身的会议程序,极易掺杂个人影响,导致对司法权和检察权的干预。

　　在内部监督流于形式,外部监督缺乏力度的情况下,我国检察侦查权在司法实践中已完全成为"不受任何制约的权力"。因此,有学者提出"检察机关监督公安机关、国家安全机关的侦查活动,但它自己的侦查活动却不受监督"的质疑,甚至得出"应当废除检察机关侦查权"的结论。① 也正是检察侦查权监督制约机制的缺失,导致检察机关工作人员在自侦案件中滥用侦查权,侵犯犯罪嫌疑人的人身权利的现象广泛存在,刑讯逼供也因此屡禁不止。

2. 有罪推定的思维是检察机关刑讯逼供的思想根源

在梁继平案中,检察院根据夏某的交代获得线索,从而对梁继平进行刑事拘传。经过审讯,梁继平没有承认自己有经济问题或受贿,此时,则必须在有其他证据证明受贿的情况下才能对其采取侦查强制措施。但是检察院在没有任何其他证据的情况下,依然按照先前的侦查计划对梁继平进行监视居住,并在监视居住的过程中对其进行刑讯,梁继平在无法忍受折磨的情况下分别作出了收受夏某300多万和600多万的受贿陈述,可办案人员仍然以陈述与线索事实差距太大和不老实交代、抗拒审讯为由,继续刑讯。在这个过程中,侦查人员的有罪推定思维暴露无遗,因为如果侦查人员没有在思维上先入为主地认定梁继平有罪,则在刑事拘传之后就不会对其采取监视居住措施,更不会在梁继平作出有罪供述之后仍然认为其没有如实交代,继续对其进行刑讯逼供。侦查人员的思维模式并不是通过收集证据来证明梁继平是否犯罪,而是已经在主观上肯定了梁继平的犯罪事实和犯罪数额,只待其口供加以证实,所以梁继平不交代或交代的受贿数额不对,都会被认定为没有如实供述。这是有罪推定思维最典型的表现。

"有罪推定"即犯罪嫌疑人、被告人被先入为主地推定为有罪,可以不经其他司法程序而将其直接宣告有罪或作为罪犯对待;或者虽经司法程序才能够将刑事被告宣告有罪,但这种司法程序是以假定被告人有罪而设的。"有罪推定"的思维是检察机关刑讯逼供的思想根源,也是刑讯逼供难以禁绝的思想根源。

有罪推定原则源于纠问式的诉讼结构。在传统纠问式诉讼结构中犯罪嫌疑人、被告人被先入为主地认定为有罪,在诉讼中处于被动受讯的地位,

---

① 谭世贵:《中国司法改革研究》,法律出版社2000年版,第116页。

诉讼的一切程序与步骤都是围绕如何证明犯罪嫌疑人、被告人的犯罪事实而展开。所以，刑讯逼供也只是证明存在犯罪的一种手段，其违法性只是形式上的，不具有实质意义。中国的刑事诉讼模式曾长期沿用纠问式模式，对被告人实行有罪类推，其中一个显著特点就是刑讯逼供合法化。① 新中国成立后，在借鉴前苏联职权诉讼模式的基础上形成了重打击、轻保护的诉讼模式，刑事诉讼的目的并不在于保护人权，而在有效惩治犯罪、维护社会秩序。因此，1979年《刑事诉讼法》并没有规定无罪推定原则，在刑事诉讼法、司法解释及司法实践中明显带有有罪推定的思想。时至今日，现行《刑事诉讼法》第12条规定，"未经人民法院依法判决，对任何人都不得确定有罪"，这条规定也并非完全意义上的"无罪推定"原则。该条规定可简称为人民法院的判决定罪原则，或者叫"罪从判定"原则。② 该原则吸收了无罪推定原则的某些合理因素，但绝不是国外普遍适用的无罪推定原则。因为真正的无罪推定原则的核心内容在于强调严格的证明责任，其首先设置了一个"对被告人在判决确定前应视为无罪"的假定，而"罪从判定"原则的主要目的则在于统一定罪权，强调只有人民法院才享有审判权，因此它没有从根本上即程序法的角度解决犯罪嫌疑人、被告人在审判之前的诉讼地位问题。③ 所以，我国刑事诉讼法对进入审判程序之前的犯罪嫌疑人诉讼地位的定位问题采取的是一种回避的态度。

我国的法律之所以对此问题予以回避，笔者认为正是由于侦查阶段犯罪嫌疑人身份的特殊性。在法庭审判阶段，"无罪推定"原则的适用是毋庸置疑的，因为在法庭审理过程中，法官必须保持中立的态度，在有充足的证据证明被告的确实施了犯罪行为之前，法官不得判决被告有罪，这是为了保证审判的中立性、公正性和权威性。而在审查起诉阶段，审查起诉部门也同样是根据侦查部门移送的证据材料来判断犯罪嫌疑人是否符合提起公诉的条件，在确定移交的证据能确实充分地证明犯罪事实之前不能向法院提起公诉，如果侦查部门两次补充侦查完毕后仍不能向审查起诉部门移送充足

---

① 靳学仁：《刑讯逼供研究》，中国检察出版社2007年版，第116页。
② 李德永、蔡胜权：《论刑讯逼供的法律成因》，载《浙江公安高等专科学校学报》2001年第4期，第40页。
③ 杨春洗、杨敦先：《中国刑法论》，北京大学出版社2000年版，第164页。

的证据,那么审查起诉部门就可以依法作出不起诉决定,这也是"无罪推定"原则的具体适用。问题就在于在侦查活动中"无罪推定"原则是否可以适用?在刑事诉讼法1996年修改之前,犯罪嫌疑人一直被称为罪犯或者被告,正是由于"罪犯"或者"被告"这种叫法有明显的未审先判的意味,饱受诟病,所以新的刑诉法将之修正为犯罪嫌疑人,意思就是被侦查对象有犯罪的嫌疑,但在法院作出有罪判决之前不能将之认定为真正的罪犯,这种称呼的转变被视为国家对犯罪嫌疑人权利保护的重视,也被认为是对原有的"有罪推定"观念的摒弃,是"无罪推定"原则在侦查阶段的落实,但是刑讯逼供这种严重侵犯犯罪嫌疑人权利的现象却并没有因此而减少,这是为何?诸多学者认为这是因为"无罪推定"原则没有真正切实地运用于侦查阶段,侦查人员的观念没有彻底转变。笔者不这样认为。

当然,我们坚决反对"有罪推定",侦查部门必须收集证据查明案件事实,以此来判断犯罪嫌疑人是不是真正的罪犯。但是从另一方面来讲,犯罪嫌疑人毕竟是有实施了犯罪行为的嫌疑,我们不能妄断他就是真正的罪犯,但是也不可能同时推定他不是罪犯,因为如果推定犯罪嫌疑人没有实施犯罪,那么我们采取的各种侦查措施包括讯问,就失去了存在的根据。刑事诉讼法对侦查行为的规定仅限于程序性规定,对于具体的侦查策略和侦查行为的开展,则交给专门的侦查学去研究。在实践中,案件的证据调查工作都是围绕犯罪嫌疑人展开,在侦查伊始无法确定犯罪嫌疑人的,证据调查的第一项重要工作也是确定犯罪嫌疑人,可以说,犯罪嫌疑人是刑事案件中事实和证据调查的中心和突破口。在检察机关自侦的职务犯罪和渎职犯罪案件中,更是如此,不管是检察机关立案之前的初查,还是立案之后的侦查工作,都是围绕犯罪嫌疑人进行。在侦查理论中,侦查行为的起点是假设犯罪嫌疑人实施了犯罪行为,因为只有以这个假设为基点才能最终厘清整个犯罪事实的真相,侦查过程就是不断地调查取证来证实这个假设和推翻这个假设的过程,这是侦查学意义上的"有罪推定",而非司法意义上的"有罪推定"。各种侦查行为和技术措施的开展都是以上述假设为根据的,如果侦查期限届满搜集到的证据不能证实这个假设的成立,那就说明犯罪嫌疑人不是真正的罪犯,至少在法律上是这样;如果搜集到的证据能证实这个假设的成立,那就说明犯罪嫌疑人就是真正的罪犯。问题就在于,当搜集到的证据不能证明这个假设成立时,某些侦查人员仍主观认定犯罪嫌疑人就是真正的罪犯,并采取非常措施逼其交代,这时就产生了刑讯逼供和冤假错案。通过上面的分析我们可以看出,"无罪推定"在侦查学意义上来讲是不可行的,有违侦查学方法论,但如果侦查期限届满侦查人员收集不到充分的证据证明犯罪嫌疑人有罪时,就不能再坚持上述假设的成立,此时"无罪推定"才有了适用的余地。像在李寿武案中,在没有任何其他证据的情况下,如果李寿武不主动交代犯罪事实,侦查机关想要证明其有罪则需要再进一步收集其他证据或者直接将其释放,待有进一步线索时再采取强制措施。但侦查人员并没有这么做,而是继续将其关押并对其刑讯逼取口供。所以,检察院自侦案件中刑讯逼供产生的原因是某些侦查人员在犯罪嫌疑人有罪假设被否定之后,仍然坚持"有罪推定"的思维。

侦查人员对"有罪推定"思维的坚持,反映出的是其对程序公正的淡漠,而程序公正的核心在于合法收集的证据才能成为对被告定罪量刑的根据。笔者认为,检察机关侦查人员在无法获得充分证据的情况下仍然坚持这种"有罪推定"的侦查思维一个重要原因是检察院自侦案件的特点。检察院的自侦案件大部分是职务犯罪,这些案件中尤其是行贿受贿案件,除了口供,其他可利用的证据很少,并且即使有其他证据也需要有犯罪嫌疑人的口供相佐,像在本文的两个案例中,除了犯罪嫌疑人的口供,侦查机关可获取的其他证据基本上没有。犯罪嫌疑人也明确这一点。所以有些狡猾的犯罪嫌疑人就会心存侥幸死扛不承认自己犯罪,认为只要扛过去,即使检察院有其他证据没有口供也定不了自己的罪。对于犯罪嫌疑人的这种心理状态,有经验的侦查人员也是心知肚明的,在没有其他证据或者其他证据不充足的情况下,如果犯罪嫌疑人不交代或者少交代,则被不加区分地认为存在上述侥幸心理,而侦查人员不曾想到,其中的确有如实供述的犯罪嫌疑人。所以在这两个案子中,梁继平和李寿武不交代或者交代的数额侦查人员认为不对,就被认为是不老实交代,有侥幸心理。在侦查人员"破案"心切的情况下,刑讯逼供的发生也就在所难免了。

3. 对口供的过分依赖是检察机关刑讯逼供的动因

纠问式诉讼模式中口供曾被称为"证据之王"①，口供指的是犯罪嫌疑人、被告人在侦查阶段、审查起诉阶段、审判阶段作出的有罪、无罪、罪轻、罪重的供述和辩解。口供是犯罪嫌疑人对案情的叙述，它作为一种证明案件事实的直接证据，自古就有"断罪必取输服供词"和"无供不录案"的原则。我国现行刑事诉讼法对口供也给予了较高的地位，《刑事诉讼法》第48条把"犯罪嫌疑人、被告人供述和辩解"作为证据之一，在其他实物证据难以取得或极为有限的情况下，其重要性便被突显出来。在长期纠问式诉讼模式的影响下，口供在目前我国侦查证据体系中有着举足轻重的作用，口供之所以占有如此显赫的证据地位，不外乎在于：在侦查人员看来，提供口供的犯罪嫌疑人或被告人对所发生的案件事实具有最直接、最真实的认知，所提供的口供也当然是最可靠、最完整的定罪依据。与此同时，一旦获取了口供，其他证据的搜集也就有了方向，案件的侦破会因此取得突破性进展，结案便指日可待，因此口供对提高侦查的效率有着很重要的意义。

我国的刑事审判工作对口供也有很大的依赖。"对口供的这种依赖，实际上体现了目前我国在对待口供问题上所存在的功能选择单一的问题，即重视口供在实体方面的查明案件事实、打击犯罪的功能，而轻视口供在人权保障方面的功能。这在某种程度上，亦反映了当前刑事诉讼实用主义或者说是功利主义的取向。对口供的这种依赖，如果说在传统社会里是源于科学技术落后及证据生成机制匮乏所导致的客观证据获取能力的不足"②，"那么在现代社会则更多的是源于对客观真实的不懈追求和刑事诉讼打击、控制犯罪的单一职能定位。对依口供查明案件事实、打击犯罪功能过分倚重的结果，必然是办案人员为获取口供而不择手段。这不仅损害了犯罪嫌疑人、被告人的人权，也会大大降低口供的可靠性，直接导致冤假错案的发生。从证据体系来看，不仅使口供本身异化为有罪供述这样一种单一的形式和内容，也使其他证据难以发挥应有的作用，不利于建立完整的证据规则，进而妨碍诉讼科学化、民主化的进一步发展"③。口供属于言词证据，其

---

① 何家弘、南英：《刑事证据制度改革研究》，法律出版社2003年版，第234页。
② 周洪波：《社会日常监控：口供制度的变迁动力》，载《学习与探索》2003年第3期。
③ 葛玲：《关于口供价值的理性思考》，载《证据科学》2008年第2期。

特点就在于,在其记录在纸面上并由供述人签字之前,它可以被随意改动,这种改动包括犯罪嫌疑人自己的改变,也包括犯罪嫌疑人被迫改变供述。在整个证据体系中有着如此重要地位的口供却又如此容易被改动,甚至有时可以由侦查人员主导,这就是为什么刑讯逼供经常出现在讯问犯罪嫌疑人的过程中。

  我国刑诉法虽然规定了严格依法收集口供,严禁用刑讯逼供、威胁、引诱、欺骗等手段获取口供,但由于缺乏具体的操作规定,这一规定形同虚设,这从实践中大量发生的刑讯逼供案件可以得到证实。另外,我国《刑法》第93条规定"犯罪嫌疑人对侦查人员的提问,应当如实回答",根据该条规定犯罪嫌疑人负有"如实回答"的义务,不如实回答会怎样,我国的刑事政策有明确的规定,"坦白从宽,抗拒从严",不如实回答就是抗拒,抗拒就要从严判刑。"如实回答"四个字看似简单,却为犯罪嫌疑人去除了两件对抗刑讯的武器:沉默权和不得被迫自证其罪的权利。笔者不愿就这两项权利泛泛而谈,仅就其对抗刑讯逼供的作用进行讨论。首先从道义上来讲,如果犯罪嫌疑人真正实施了犯罪,那么他应当主动向侦查机关如实交代,以受到国家的刑事惩罚,这是他的道德责任。但在法律上来讲,如果在审讯中犯罪嫌疑人因不愿意交代或者被迫交代自己没有实施的犯罪行为,此时犯罪嫌疑人有权保持沉默,侦讯人员不得强迫犯罪嫌疑人自证其罪。对口供的依赖,加上在侦查过程中犯罪嫌疑人与侦查机关的地位并不对等,犯罪嫌疑人此时不具有任何主动性,完全处于诉讼客体的地位,而侦查机关却是诉讼的主体,主导着侦查程序的进行,二者构成了刑讯逼供产生的温床。为了均衡侦查机关与犯罪嫌疑人的力量对比,赋予犯罪嫌疑人这两项权利是完全有必要的,首先,这样可以降低侦查机关对口供的依赖性,因为如果犯罪嫌疑人有权保持沉默,那么获取口供对侦查机关来讲不再是那么容易,这无形中促使侦查人员的注意力转向口供之外的其他证据;其次,可以增强犯罪嫌疑人对抗刑讯逼供的防御力,因为如果法律确定了这两项权利,那么犯罪嫌疑人保持沉默则是有法可依,成为了一项法定权利,那么侦查人员也就会有所顾忌,这在一定程度上降低了犯罪嫌疑人受到刑讯逼供的可能性。但是《刑法》第93条的"如实回答"否决了这两项权利,这在某种程度上加重了检察院侦查部门对口供的依赖性。

从侦查工作的效率上来讲,获取口供的过程和资源消耗较之收集其他证据材料具有省时、省力等显著优势。另外,检察机关自侦案件对口供也有特殊"偏好"。由于贪污贿赂犯罪和渎职犯罪等自侦案件往往具有隐蔽性、取证手段单一性,并且除口供以外的其他可供收集的证据不多,在侦查工作中必然导致对口供的过分依赖。比如,一对一的受贿案,他人难知详情,不易暴露于世,除了行贿人交代曾向受贿人行贿外,很难再找到其他证据能证明受贿人有受贿行为。在这种情况下,除了通过讯问迫使犯罪嫌疑人供述之外,不可能再有其他证据认定犯罪嫌疑人存在受贿的事实。本文中的两个案例便是如此。梁继平案中,检察院在对梁继平刑事拘传之前,除了夏某的交代之外没有其他证据证明犯罪事实的存在,梁继平的账户中是没有钱的,既然没有钱也就认定不了梁有非法收入,也就不能进一步证明梁的犯罪行为。如果就这样将案件移送到审查起诉部门,是无法起诉的,但是案件已经立案不能随便撤销,所以此时梁继平的口供就至关重要。侦查人员的思路是这样的:通过口供就可以查清账户中的钱被转移到了哪里,知道钱到了哪里就可以将钱追回来,钱被追回来之后这笔钱就可以作为行贿受贿的物证,再加上夏某和梁继平的口供,梁继平被定罪量刑就十拿九稳了,这就是一个铁案。李寿武案的侦查思路基本也是如此,并且这一思路在受贿案件的侦破中屡试不爽,以至于发展成为了一种"公式",并应用于其他职务犯罪案件的侦查实践中。

  如果没有口供,要找到赃款去向就会很难,在这种情况下,获取口供的低成本、高效率在一定程度上鼓励了侦查人员"走捷径",往往将侦查工作的重点和主要精力用于如何撬开犯罪嫌疑人的嘴;而自侦案件对口供过分依赖的特殊性质,更滋生了侦查人员的"口供情结";加之我国刑事诉讼制度并未确立相应的程序保障机制,非法证据"毒树之果"仍可被法官采信,并且在只有口供的情况下法院仍会作出有罪判决,与对刑讯逼供微弱的惩罚力度相比,只要通过刑讯能够找到犯罪证据,逼供取得的口供就可以被法庭采纳并作为定案的依据,这也使得侦查人员的刑讯逼供更无后顾之忧。这样,一方面迫于破案压力侦查人员具有强烈的追求口供的主观心理,另一方面又存在侦查人员运用"应当如实回答"义务逼取口供的客观条件,而最后通过逼供获取的实物证据可以不受任何审查和限制的作为定案依据,最终,犯罪嫌疑人按照侦查人员事先预设的内容交代作案事实已成为必然,而犯罪嫌疑人做无罪或罪轻的辩解,自然会被视为不"如实回答"问题,为迫使犯罪嫌疑人"张口说话"获取口供,刑讯逼供也将在所难免。也因此,获取口供成为检察机关刑讯逼供的动因。

4. 非法实物证据排除规则的缺失放纵了检察机关的刑讯逼供

所谓非法证据是在刑事诉讼中,法律授权的官员违反法律规定的权限或以违法的方式取得的证据,它包括实物证据和言词证据。① 而非法证据排除规则(Exclusionary Rule of Illegally Obtained Evidence),则是对非法取得的言词证据与非法搜查和扣押取得的实物证据都予以排除的统称。② 世界各国的证据规则虽然差别很大,但大都确立了非法证据排除规则。根据英美法系国家的证据制度,刑讯逼供的手段是直接违反"自白任意规则"的,因而在英国,对于以刑讯逼供手段获取的言词证据被直接予以排除。美国的做法则更进一层,除了排除侵犯被追诉人正当程序权利所得的供述外,根据"毒树之果"理论,依据口供所获得的一切证据(包括言词证据与实物证据),都不具有可采性。从大陆法系国家的立法和实践来看,对以刑讯逼供手段获取的口供也是加以排除的。综合而言,无论英美法系还是大陆法系,对于非法取得的口供,各国都绝对地予以排除,但是对于以逼取口供为线索而获得的实物证据是否具有证据能力并作为定案根据,不同国家则有不同的规定。我国法律也明确禁止非法取证行为。如最高人民法院关于《执行刑事诉讼法若干问题的解释》第61条规定:"严禁以非法的方法收集证据。凡经查证确实属于采用刑讯逼供或者以威胁、引诱、欺骗等非法手段获取的犯罪嫌疑人、被告人口供、证人证言和被害人陈述,不得作为定案的依据。"最高人民检察院在《人民检察院刑事诉讼规则》第265条中规定:"严禁以非法的方法收集证据。以刑讯逼供、威胁、引诱、欺骗以及其他非法手段获取的犯罪嫌疑人口供、被害人陈述、证人证言,不能作为定案的根据。"

根据两高司法解释,在非法证据的效力方面,不能作为定案根据的证据是以非法方法取得的"证人证言、被害人陈述和被告人陈述"这一类言词证

---

① 陈卫东、李奋飞:《论侦查权的司法控制》,载《政法论坛》2000年第6期。
② 樊崇义、艾静:《诉讼法角度抑制酷刑对策论纲》,载《南都学坛》(人文社会科学学报)2007年11月。

据。对于非法收集的实物证据如物证和书证等是否予以排除,刑事诉讼法及司法解释都没有明确规定。而我国《刑事诉讼法》第53条恰恰规定:"没有被告人供述,证据确实、充分的,可以认定被告人有罪和处以刑罚。"在本文的两个案件中,如果梁继平和李寿武没有死亡,检察院通过口供所获取的存款信息、转账信息、现金的存放地、往来信件、便条、电子邮件、收据、借据、合同等证据,是可以在法庭上使用的,并可以作为定罪量刑的依据。这些证据来源于口供,当然会与口供相互印证形成完整的证据链条,但这个证据链条的起点或者说来源的合法性是否应当被考虑在对这些证据的使用中?

《刑事诉讼法》第53条无疑为"毒树之果"非法实物证据被作为定案依据提供了法律依据。这种立法模式实际上是有限排除违法证据,即只排除非法言词证据而不排除违法物证证据,目的在于在程序公正和有利于打击犯罪这两者之间取得平衡。司法实践中,通过侵犯犯罪嫌疑人的人身权利或诉讼权利而取得的证据,如以刑讯方式逼取口供为线索而取得的实物证据,以及违反法定程序进行搜查、扣押而取得的实物证据,经查证属实并补办相应的手续,依然被认为有效,法官也可以此为依据作出判决。所以,我国非法实物证据排除规则的缺失为检察机关通过刑讯逼取口供并获取其他实物证据打开了方便之门:一方面口供以低成本、高效率等优点成为当之无愧的"证据之王";另一方面通过非法逼供获取的实物证据又可以堂而皇之地被法官所采信并作为定案依据,这样一来,刑讯逼供似乎成为破案的"法宝",而非法实物证据排除规则的缺失在客观上放纵了检察机关的刑讯逼供。

5. 侦查技能提高不及职务犯罪的发展,催生刑讯逼供的广泛运用

随着我国经济的不断发展,由于对国家工作人员的管理监督机制存在漏洞,在巨大的经济利益面前职务犯罪案件越来越多。在职务犯罪与反职务犯罪的较量中,职务犯罪从犯罪手段、专业化、智能化方面在不断提高;随着对反腐工作的宣传和各级官员对职务犯罪案件侦查手段的了解,反侦查能力越来越强,职务犯罪的表现形式越来越隐蔽,越来越不易察觉,即使被发现也由于犯罪分子在犯罪过程中注意了对证据的销毁、隐匿而很难取证,加上职务犯罪可供利用的证据本来就不多,这给检察机关对职务犯罪的侦查工作越来越艰难。面对日趋增长的职务犯罪发案率,社会公众和上级领

导对"破案率"的要求也越来越高。"破案率"作为对侦查部门工作的一项重要考核指标,与侦查人员的奖金福利挂钩,同时也是对领导干部领导能力的衡量标准,是领导升迁的重要依据。碰到大案要案,上级领导还要亲自督办。另外,"破案率"的高低也体现了国家打击职务犯罪的力度和能力,受到社会公众的广泛关注。面对上述职务犯罪的发展进步,以及侦查工作面对的新情况和巨大压力,某些侦查人员的业务能力显然不能应付这些状况,为能及时破案交差,只能选择刑讯逼供。

6. 单一粗暴讯问方法是侦查人员选择刑讯逼供的黔驴之技

讯问方法指的是侦查人员在对犯罪嫌疑人进行审讯时所采用的方式、策略和方法,它一直都是侦查学研究的一项重要内容,因为其对获取口供、侦破案件有着重要的作用。"就自侦案件来说,尤其是贿赂案件,暗中交易的双方一般都不会留下任何痕迹,因此犯罪的某些具体情节,就有赖于在犯罪嫌疑人供述的基础上加以查证。某些自侦案件虽然已取得一定的间接证据,但在现有证据尚未形成一个严密的证明体系的情况下,就必须通过审讯加以印证和固定。可见,审讯不仅仅是法定程序的要求,更是查明案件事实,解决法律实体问题的一项重要的侦查活动。"① 而讯问方法是整个审讯过程的精髓。审讯的过程是侦查人员与犯罪嫌疑人斗智斗勇的过程,但是我们有一部分侦查人员只会斗勇而不善于斗智,在犯罪嫌疑人拒绝招供的情况下,就采取了刑讯措施。在本文的两个案例中,侦查人员根本就没有根据犯罪嫌疑人的特点和心理状态对讯问方法进行选择和研究,一上来就进行刑讯,并且花样百出,可谓是"有备而来"并且"来势凶猛"。刑讯逼供显然被当成了"万能定律",可以解决侦查中的一切证据问题。通过这两起案件我们可以看到,在某些侦查人员的思维里,讯问方法就只有两个字:"折磨",在侦查人员强大的攻势面前,何愁其不招。

之前的刑讯,主要体现在对犯罪嫌疑人身体显性的侵害,即犯罪嫌疑人是否曾受到非法对待,从其身体上是否有伤痕就能判断。随着人们对刑讯逼供越来越关注,国家对刑讯逼供的查处和惩罚力度越来越大,显性的侵害显然容易被发现,所以刑讯的方式由显性的侵害逐渐演化为隐性的侵害。

---

① 朱红梅、夏平、邓临新:《讯问方法探析》,载《云南警官学院学报》2008年第5期。

隐性的刑讯逼供在犯罪嫌疑人身上找不到任何伤痕,很难取证。比如在梁继平案件中,检察院对其实施的"只穿内裤坐在地上接受讯问,不间断地平举双手、蹲下起立、仰卧起坐、地上打滚、抓头发摇晃、双手勾脚尖、双手托举沙盆(同时不断地说我是贪污犯,对不起老婆孩子,对不起家人)"等,这些刑讯措施如果不是梁的死亡是不可能被发现的。这种情况是在"斗勇"的讯问方法下产生的,而且这种讯问方法一旦遇到意志力和体能极强的犯罪嫌疑人是起不到任何作用的,只要他能扛过去,在没有其他证据的情况下是没有办法追究他的刑事责任的,从而造成了放纵犯罪的危害。

为了能避免刑讯逼供,我们必须限制这种"斗勇"式一味猛攻的讯问方法的使用,将其转变为"斗智"的心理战。"犯罪嫌疑人的复杂性、多样性和案件的隐蔽性增加了审讯活动的难度,侦查人员与犯罪嫌疑人之间展开的一场面对面的智慧和意志的较量。正确的审讯方法,往往可以使犯罪嫌疑人精心构筑的心理防御体系被摧垮,缴械投降,使案件的侦查得以顺利进行。审讯中,了解不同犯罪对象的心理特点,如性格和年龄段的特点,都会使审讯取得事半功倍的效果,所谓'攻心为上,攻城为下',这就是侦查讯问具有明显的心理谋略特色。"①因此,面对犯罪嫌疑人被检察机关传唤后怀着侥幸心理拒供的情况也不断增多,其中以"沉默"的方式对抗讯问,以拖延时间的较常见。侦查人员必须改变以前那种情绪急躁、急功近利、急于求成、方法简单粗暴的工作作风,这种工作作风加上长期受有罪推定思维和口供至上意识的影响,很容易走上刑讯逼供的破案"捷径"。

三、遏制检察机关在自侦案件中实施刑讯逼供的对策探析

1. 加强对检察侦查权的监督和制约

笔者认为,从预防刑讯逼供的角度来讲,对检察侦查权的监督和制约主要通过侦押分离制度的建立来实现。侦押分离的核心内容是限制侦查机关在侦查阶段对犯罪嫌疑人的人身控制力,使犯罪嫌疑人由第三方"托管",从

---

① 朱红梅、夏平、邓临新:《讯问方法探析》,载《云南警官学院学报》2008年第5期。

而避免检察侦查部门对犯罪嫌疑人的人身权利进行侵害,第三方起到保护犯罪嫌疑人和监督检察院的作用。这个第三方,就现有体制来讲指的就是看守所。该制度包含以下几项内容:

(1) 不得夜间审讯。俗话说"月黑风高杀人夜",黑夜给实施非法侵害的人以安全感。实践中,刑讯逼供一般也是发生在夜间审讯中。之所以侦查部门喜欢选择在夜间审讯,可能是基于以下几点考虑:① 夜间审讯可以排除外界干扰,安静的环境有利于审讯;② 在夜间,一般人的精神和体力都处于低位,犯罪嫌疑人也更容易在意志上溃败;③ 在深夜审讯,犯罪嫌疑人更容易感到恐惧和无助,容易慌乱,也容易露出马脚。诚然,夜间审讯有利于讯问的一面,但是在深夜最缺乏外界的监督,侦查人员也更容易感受到外界束缚的减少,更容易采取刑讯逼供的行为。所以,我们有必要禁止在夜间的讯问活动,看守所有权力拒绝侦查部门在夜间提审犯罪嫌疑人。这就需要每次讯问的开始时间及结束时间都要由看守所独立记录并严密保存,并且讯问笔录也要复印并加盖侦查部门和看守所的公章由看守所严密保存。

(2) 讯问地点不得在羁押机关之外。为了保证在讯问时有第三人的监督,侦查人员对犯罪嫌疑人讯问的地点必须选在看守所。这项措施对被采取监视居住措施的犯罪嫌疑人格外有意义。实践中,对于批捕部门不批捕的犯罪嫌疑人,检察院侦查部门一般都采取监视居住措施。还有一种情况,符合逮捕条件的案件,侦查部门不申请批捕而决定采取监视居住措施,以方便审讯、逃避监督。在检察院自侦案件中,被采取监视居住措施的犯罪嫌疑人的被限制状态,与被羁押于看守所的犯罪嫌疑人的被限制状态没有区别。在被监视居住期间,犯罪嫌疑人不能和外界有任何联系,而且监视居住的地点都由侦查部门决定,并且全程有侦查人员的看管。在这种情况下,犯罪嫌疑人完全处于侦查人员控制之下,侦查人员想怎么审就怎么审,想什么时候审就什么时候审,没有任何监督力量的介入,所以在这种情况下刑讯逼供发生的几率非常高。为了防止刑讯逼供的发生,即使是对被监视居住的犯罪嫌疑人进行讯问也必须在看守所进行。这样做不仅有可行性,而且有利于对非法讯问的取证。因为每次在看守所讯问的日期及持续时间,看守所都有单独的记录,并且笔录的内容看守所也有独立备案,在这种情况下侦查部门造假就很困难,即使造假,取证也很容易。

（3）每次讯问都要进行录像录音,并且监控设备、刻录设备以及监控录像都要由看守所控制和保存。虽然我国目前也规定,在讯问时要有录像,但是摄像设备是由侦查人员控制的,何时录何时不录由侦查人员决定。所以实践中的情形是,在侦查人员正常讯问时摄像设备是打开的,但当对犯罪嫌疑人进行刑讯逼供时,侦查人员就会关闭这些设备。在这种情况下,讯问录像对查处刑讯逼供是没有任何帮助的。但是如果录像设备由看守所控制,全程录像,侦查人员不能控制设备的开关,并且拍摄下的影音资料由看守所独立保存,侦查人员没有查看的权利,那么这会很有效地避免刑讯逼供的发生。

为了达到看守所对检察院侦查部门监督的效果,使上述三方面建议切实施行,应当注意以下问题:首先,必须将看守所从公安机关中剥离出来,赋予其独立的法律地位。目前,看守所由公安机关下属的监所管理部门管理,其为公安机关的附属单位,缺乏独立性,在这种体制下实现上述看守所的监督职能是不可能的,因为它也受制于人,行使权力底气不足。其次,必须赋予看守所监督审讯行为的权力,确立看守所在侦查活动中的监督地位,由法律确认看守所不仅仅是羁押场所,更是保护犯罪嫌疑人的权利、协助犯罪嫌疑人对抗侦查人员的非法侵害、对侦查部门的讯问进行监督的部门;最后,这项权力必须落实到具体部门,否则制度的效果也无法实现,这就需要在看守所中设立一个独立的部门行使该项权力,并承担不作为的责任。

2. 提高侦查人员的程序意识

程序意识指的是侦查人员对于侦查行为所遵循程序的公正性、合法性、正当性的认识。根据我国刑事诉讼法的规定,我国的刑事诉讼程序是:由侦查机关收集证据,调查事实,侦查终结后移送检察院起诉部门,由起诉部门对案卷材料进行审查,如果证据确实充分则由检察院向法院提起公诉,法院经过开庭审理,充分听取控辩双方的观点,作出是否有罪的判决。虽然《刑事诉讼法》规定"人民法院、人民检察院和公安机关进行刑事诉讼,应当分工负责,互相配合,互相制约……",但在实践中,这三个机关更注重的是配合而非制约,陈瑞华教授称之为"流水作业"。若把一个有罪判决比喻为一个"产品",那公、检、法三机关就是这个"产品"的三个不同的工序。之所以公安、检察、法院更注重于各自之间的配合而非制约,根本问题不在于这三个机关之间的感情好坏或者是三个机关愿意相互配合,而在于他们有着共同的职责和目的,就是把"产品"生产出来,也就是追究犯罪。根据"无罪推定"原则,在法院作出有罪判决之前,犯罪嫌疑人或被告是否真正犯罪在法律上来讲是没有定论的,所以"产品"是否能生产出来,就要看各个工序的工作质量了。但在这个过程中,是否能成功追究罪犯的刑事责任,起决定性作用的是侦查机关,因为公诉部门和法院对事实和证据的审查是在侦查机关侦查结果的范围之内,侦查机关框定了公诉部门和法院的视线,"从证据的角度看,侦查阶段的核心任务是发现、收集犯罪嫌疑人有罪或者无罪的证据;公诉和审判阶段则主要是审查和认定侦查阶段收集的证据,是在既有证据范围内进行证据评断"。①

虽然侦查行为也属于刑事诉讼的范畴,但是刑事诉讼的程序公正却要通过控、辩、审的结构来体现,在这个三角形结构中,没有侦查部门的位置,侦查人员是不用参与庭审的,这是由法律对公、检、法的分工不同决定的,所以侦查人员的程序意识先天不足。另外,侦查工作的重点是收集犯罪证据、查明案件事实,侦查行为的运作也是通过行政模式来实现,虽然法律规定程序要合法,但其更注重的是实体性的效果,这种观念在侦查人员心中也是根深蒂固。侦查人员对于自己的工作在追诉犯罪中的决定性作用是明知的,但是又欠缺程序意识,这样刑讯逼供很容易发生。

提高侦查人员的程序意识,应从以下几个方面入手:(1)规定侦查人员出庭进行质证的义务。在庭审过程中如果控辩双方对取证程序的合法性有分歧,则侦查人员有义务出庭;如果辩护律师或被告人提出被告曾在侦查阶段受到刑讯逼供,侦查人员有义务出庭,并要陈述审讯过程。(2)组织侦查人员参加庭审。通过庭审观摩和庭后分析整改,侦查人员的法律意识、程序意识、规范意识和证据意识会不断增强,并运用到具体的侦查工作中,这有助于提高侦查人员讯问犯罪嫌疑人的规范性。(3)加强对犯罪嫌疑人权利保护的学习。刑讯逼供的发生在很大程度上是由于某些侦查人员对犯罪嫌疑人权利的漠视,因此在讯问过程中不遵循合法程序,为获取证据而不惜牺牲犯罪嫌疑人的人身权利。加强侦查人员对犯罪嫌疑人权利保护的学习,

---

① 王戈:《论侦查人员证据意识的培养和提高》,中国诉讼法律网,http://www.procedurallaw.cn/xsss/zdwz/200807/t20080724_51760.html,最后访问日期为2011年3月1日。

有利于侦查人员在潜移默化中树立权利意识,从而指导其合法讯问。

3. 建立非法证据排除制度

就建立我国的非法证据排除制度,笔者提出以下两点思考:

(1) 非法言词证据。对于非法言词证据,我国已明令排除,最高人民法院《关于执行刑事诉讼法若干问题的解释》第61条规定:"严禁以非法的方法收集证据。凡经查证确实属于采用刑讯逼供或者以威胁、引诱、欺骗等非法手段获取的犯罪嫌疑人、被告人口供、证人证言和被害人陈述,不得作为定案的依据。"最高人民检察院在《人民检察院刑事诉讼规则》第256条中规定:"严禁以非法的方法收集证据。以刑讯逼供、威胁、引诱、欺骗以及其他非法手段获取的犯罪嫌疑人口供、被害人陈述、证人证言,不能作为定案的根据。"虽然对于非法言词证据的排除,法院和检察院态度是坚决的,但举证问题却使该项制度止步不前,因为在实践中鲜有被告人举出确实充分的证据证明自己的确受到了刑讯逼供。所以,非法言词证据排除制度的关键是举证问题。在现行讯问过程缺乏监督的情况下,解决这个问题的确很难,因为除非造成犯罪嫌疑人重伤或者死亡,在其他情况下获取刑讯逼供的证据很难,即使有伤,在经过几个月的侦查羁押之后也基本痊愈,留下的痕迹也无从使法官判定是否为刑讯逼供所留,或者刑讯逼供根本不会对犯罪嫌疑人造成物理性伤害。假设本文案例李寿武没有死,在侦查阶段或者在庭审时其提出被刑讯逼供的控告,他们将如何举证?侦查人员对其实施的刑讯逼供措施基本不会在身体上留下明显的痕迹,但是这些刑讯逼供手段又的确给他在身体上和精神上造成了巨大的痛苦,比如,李寿武在全身不能动弹的情况下,由侦查人员不断地用竹条敲脚趾、用手挠其软肋,这些方法产生的痛苦不亚于殴打,而且对人的精神有着更大的伤害,但对这些行为确实也不能拿出实物证据。有人建议要举证倒置,即在犯罪嫌疑人或被告人提出刑讯逼供的控告时,要侦查人员举证自己没有刑讯逼供,不能不说这个建议又走向了另一个极端。如果真正采取这种举证方式,那么笔者敢说至少有一半以上的被告人会提出这种控告,而且证明没有进行刑讯逼供要比证明刑讯逼供还要难,这对侦查人员来讲也是一种不公。笔者认为,如果真正落实前面所讨论的看守所对侦查讯问监督的三项措施,这一问题可以解决一大部分。另外,关于对刑讯逼供行为举证责任的分配及举证方式有待于我们的进一步研究。

（2）非法实物证据。《美国联邦宪法第四修正案》规定："人民的人身、住宅、文件及财产不受任何无理搜查和扣押的权利不得侵犯；除依据可能成立的理由，以宣誓或代誓宜言保证，并详细说明搜查地点和扣押的人或物，不得颁发搜查和扣押状。"但为了防止犯罪与刑罚失去平衡，1984年联邦最高法院规定了"最终或必然发现"的例外以及"善意"的例外，缩小了排除非法取得的物证范围。而同属英美法系的英国主张衡平原则，对非法搜查、扣押的实物证据只要与待证事实有关，原则上不予排除。只有在排除非法证据具有更大价值时，才由法官自由裁量予以排除。在德国，对于非法获得的物证，以利益权衡原则为标准予以处理，即侵犯人的尊严和人格自由所得的证据应予禁用，但对于重大犯罪，前者应当让步。在法国，原则上认为非法收集的物证有证据效力。日本在第二次世界大战后深受美国法律制度的影响，主张否定非法实物证据的法律效力。但到1978年，最高法院对此设定了限制条件，即在证据物的扣押程序上存在"重大违法"时，对该证据物予以排除。纵观世界各国对非法实物证据的态度，都非绝对排除，有的是采取"原则上不排除"态度，当严重损害了人权保护价值时才予以排除；有的是采取"原则上排除"态度，但当重大案件且排除该项证据有损于重大的社会利益时则不予排除。笔者认为，非法实物证据如果是真实的，则不应排除，因为实物证据具有不易更改性，非法程序并不能导致证据价值的破坏，只有在非法获取证据的手段严重侵害犯罪嫌疑人的人格尊严和人身权利时才应当予以排除。问题就在于，我们如何在个案中去比较与衡量社会利益和犯罪嫌疑人的利益孰大孰小，这一问题也有待于我们去做进一步的研究。

4. 提高侦查人员自身的业务技能，优化讯问方法和技能

前面已经分析，检察院自侦案件中的证据取得比其他普通的刑事案件要困难，这就需要侦查人员有较高的业务技能，另外也需要有比较先进的讯问方法和侦查设备。目前检察院侦查人员的业务技能和业务素质平均起来不高，这就导致在取证不能时，只能采取刑讯逼供的方法获取口供。讯问方法的选择也很重要，这是一门很深的学问。讯问过程是侦查人员与犯罪嫌疑人拼意志、拼智慧的过程，而且犯罪嫌疑人都是国家工作人员，反侦查能力较强，讯问起来肯定比较艰难，科学有效的讯问方法和策略的采用，才能

"撬开"保持沉默的犯罪嫌疑人"金口",打破"沉默"壁垒,使一些原来已陷入僵局的案件,终于出现了"柳暗花明又一村"的结果,使侦查讯问工作实现事半功倍。但是很多侦查人员不善于学习和运用讯问方法,对犯罪嫌疑人的讯问还停留在"快说"、"抗拒从严"等逼问的水平上,逼问不成则拳脚伺候。

证据供需失衡与刑讯逼供*

吴纪奎**

> 刑讯逼供这种卑劣的手段(shoddy subterfuge)之所以有持久的生命力,其原因在于它可以避免有关证据的正式法律制度免于崩溃的危险。①
>
> ——John H. Langbein

引论

近年来,随着众多震惊全国的冤假错案见诸报端,刑讯逼供问题不仅成为了我国法学界以及民众议论的焦点,而且其俨然成为了西方国家以及国际人权组织攻击我国人权状况的一个利剑。民众的关注以及国外的指责促使我国刑事法学界投入了大量的学术资源研究刑讯逼供问题。通过盘点我国法学界关于刑讯逼供的研究成果,我们欣喜地看到当前学界对于刑讯逼供的研究,无论

---

* 本文的写作得益于导师陈瑞华教授的悉心指导,特此致谢。
** 吴纪奎,北京大学法学院2008级博士研究生,主要研究方向为侦查学与证据学。
① John H. Langbein, "Torture and Plea Bargaining", 46 *The University of Chicago Law Review* 1978(3), p.20.

在研究内容还是研究方法上都具有可圈可点之处。从研究方法上来看,学界对于刑讯逼供的研究早已摆脱了传统法学研究方法的窠臼,并引进了哲学①、生理学②、社会学③、心理学④、经济学⑤以及文化⑥等学科中的理论作为分析工具,对刑讯逼供进行了全方位、多角度的剖析。在研究内容方面,尽管大量关于刑讯逼供的研究仅停留在对刑讯逼供危害性的简单分析、刑讯逼供根源的大而空的论述以及治理刑讯逼供的宏大对策上(即对刑讯逼供采"危害—成因—对策"的研究径路⑦),但是我们也欣喜地看到已有少数学者开始关注并试图揭示刑讯逼供发生的深层社会原因。⑧ 在看到这些可喜的变化的同时,我们也必须清醒地意识到,当前我国理论界关于刑讯逼供成因的探讨还很不深入。可以毫不客气地说,当前我国理论界尚未揭示出刑讯逼供发生的深层原因。

通过梳理学界关于刑讯逼供成因的分析,我们可以发现无论采用何种研究方法,其核心结论却是一致的——**刑讯逼供是由我国侦查人员的特性**

---

① 徐常宾:《用唯物史观重析刑讯逼供行为》,载《科技信息》2007 年第 11 期。
② 唐俊杰:《警察为什么刑讯逼供——来自生理学、心理学和社会学的初步解释》,载《清华法治论衡》(第 10 辑),第 45 页以下。
③ 例如有学者将社会学中的"越轨"理论引入到了刑讯逼供的研究,将刑讯逼供视为一种越轨行为,并以社会学中关于"越轨及其社会控制"的相关理论作为分析工具,对刑讯逼供产生的原因及其防范从社会学的角度进行了全新的诠释。请参见郑亚非:《刑讯逼供成因及防范对策的社会学分析》,载《江西公安专科学校学报》2007 年第 2 期。
④ 例如有学者将社会心理学中的"攻击行为"理论引入到对刑讯逼供的研究,将刑讯逼供视为一种"攻击行为",并以社会心理学中关于攻击行为的解释以及控制理论作为分析工具,对刑讯逼供的成因以及预防从社会心理学的角度进行了阐释。请参见陈晓云:《刑讯逼供行为心理分析》,载《福建高等专科学校学报》2002 年第 6 期。
⑤ 例如有学者将经济学中的"成本收益"理论引入到刑讯逼供的研究,将警察视为"经济人",并以经济学中的"经济人"行动的成本收益理论作为分析工具,对刑讯逼供的成因以及预防从经济学的角度进行了阐释。请参见刘方权:《刑讯逼供的经济分析》,载《福建高等专科学校学报》2002 年第 6 期;谢川豫:《刑讯逼供的经济学解析——以刑事侦查为视角》,载《法学论坛》2005 年第 5 期;宁杰:《讯问经济学——刑讯逼供的经济分析》,载《经济学》2002 年第 4 期。
⑥ 在论述刑讯逼供的成因时,我国学者不约而同地将矛头指向了我国长期以来形成的封建主义文化以及警察亚文化。有关文化对刑讯逼供的影响,请参见江仁宝:《刑讯逼供与封建主义"草民意识"》,载《炎黄春秋》2003 年第 2 期;有关警察亚文化对刑讯逼供的影响,请参见杨宗辉等:《刑讯逼供的亚文化思考》,载《江苏警官学院学报》2003 年第 5 期。
⑦ 何永军:《从辩诉交易看刑讯逼供治理》,载《江西公安专科学校学报》2006 年第 4 期。
⑧ 例如近年来,有学者采用苏力教授提出的"语境论"的分析方法,对于刑讯逼供产生的社会原因进行了全新的阐述。请参见左为民等:《从合法到非法:刑讯逼供的语境分析》,载《法学》2002 年第 10 期;吴丹红:《角色、情景与社会容忍》,载《中外法学》2006 年第 2 期。

(如侦查人员素质差、人权保障意识欠缺、封建主义的特权思想严重以及强烈的口供情结等)、**侦查体制缺陷**(如公安机关办案经费不足、不科学的业绩考评、侦查讯问的封闭性等)、**法律对侦查讯问的软弱控制**(如我国法律没有确立犯罪嫌疑人享有沉默权、侦查讯问的律师在场权、警察讯问录音录像、完善的非法证据排除、独立的羁押场所等制度)**与强大外在压力**(如被害人上访、民愤、限期破案与命案必破等)**相结合的必然结果**。基于这种认识,学界对治理刑讯逼供开出的药方无非有四:一是提高侦查人员的素质、强化侦查人员的人权保障意识;二是加大侦查的经济投入、建立科学的侦查激励机制;三是仿效西方国家在立法上确立犯罪嫌疑人的沉默权、侦查讯问的律师在场权、建立警察讯问的录音录像制度、完善非法证据排除规则,实现羁押场所的独立化等;四是采取各种途径减少上访、媒体、民众与各级机关对侦查机关施加的外在压力,保障侦查机关独立办案。

乍一看起来,这种论述已经相当的深刻,其建议也已颇为具体且具有可操作性,但是仔细分析我们就会发现,学界关于刑讯逼供成因的分析无论在研究方法还是在研究内容方面都存在着重大的缺陷。**具体到研究方法来说**:一方面,我国学界关于刑讯逼供成因的分析主要是一种纯粹的理论性演绎推理,且在演绎推理的过程中充斥着研究者个人的主观臆断而鲜有实证资料的支持①;另一方面,在进行横向的中外对比以阐释我国刑讯逼供屡禁不止的根源时,学者们过多地关注了法律文本上的差异,而对于法律制度的

---

① 在我国,学界的一个普遍共识是:刑讯逼供屡禁不止的一个重要原因是侦查人员素质差、人权意识淡薄、崇尚由供到证的侦查模式等,而实证研究却表明:刑讯逼供与侦查人员的素质并无必然的相关性(请参见孔一:《犯罪预防实证研究》,群众出版社 2006 年版,第 132 页);侦查人员对于刑讯逼供的认知已相当的高(请参见:林莉红等:《刑讯逼供社会认知状况调查报告》,载《法学评论》2006 年第 5 期);侦查人员在司法实践中,并非像学者所指责的那样总是在获取了犯罪嫌疑人的口供后,再根据犯罪嫌疑人的口供获取其他的证据,相反倒是检察人员和法院却高度重视口供的作用(请参见谢小剑等:《口供运用状况的调查研究》,载《西华大学学报》2006 年第 4 期,第 98 页)。

实践运作层面(尤其对法律制度有效运作的制度性环境)的关注则明显不够。① 这种研究方法上的缺陷带来的一个结果便是学者提出的大量治理刑讯逼供的对策欠缺科学性。**在研究内容方面**学界关于刑讯逼供成因的分析只揭示了刑讯逼供的**促进因素(或称之外因)**,而尚未涉及刑讯逼供的**诱发因素(或称之为内因)**。也就是说,当前我国理论界仅仅揭示了刑讯逼供发生的外因,而尚未触及刑讯逼供发生的内因。这是因为:尽管在当前中国的语境下,由于国家惩罚机制的软弱与不科学的激励机制的结合更容易诱发刑讯逼供,但**其并不能解释**为什么确立了完善的惩罚机制以及科学的激励机制的国家仍然时而发生刑讯逼供现象?② **而且它也不能解释,为什么在一种类型的案件中容易发生刑讯逼供而在其他类型的案件中则很少发生刑讯逼供?为什么同一侦查人员在案情基本相同的两个案件中,仅在一个案件中实施刑讯逼供,而在另一案件中则不实施刑讯逼供?更为重要的是它不能解释为什么侦查人员不采取合法行为而偏偏铤而走险实施刑讯逼供行为?** 刑讯逼供毕竟是一种严重的违法行为,这种违法行为一经查证属实,轻则可能遭到内部纪律处分甚至毁掉个人的职业生涯,重则可能触犯刑法规定的刑讯逼供罪乃至构成故意伤害、故意杀人罪。对此,几乎每个警察都有清醒的认识,而且每年处理的大量的刑讯逼供案件也时时提醒侦查人员切莫刑讯逼供。③ 尽管由于各种原因,在司法实践中,仅有一小部分刑讯逼供

---

① 在检讨我国刑讯逼供屡禁不止的成因时,多数学者只是关注了中外立法在制止刑讯逼供上的差别,而对制度有效运作的经济条件、社会条件、文化条件以及技术条件等制度性环境则鲜有关注。以非法证据排除规则为例,在实行非法证据排除的西方发达国家,其不仅对于需要排除的非法证据有相当严格的限定,而且雄厚的经济基础支撑的强大的社会控制能力、高度发达的刑侦技术也使得其在一定程度上摆脱对于口供的依赖,两者的结合使得法官可以毫无顾忌地在司法实践中排除通过刑讯逼供获得的口供而不至影响对于犯罪的打击。而在我国,虽然最高人民法院《关于执行〈中华人民共和国刑事诉讼法〉若干问题的解释》第 61 条确立了对刑讯逼供取得的口供予以排除的非法证据排除规则,但是,面对薄弱经济基础支撑下的软弱的社会控制能力以及落后的侦查技术导致的 30%的破案率,以及如果没有口供,破案率会骤降到 10%的残酷现实,我们很难期望,在严重影响打击犯罪的情况下,法官敢于采取非法证据排除规则。正是由于缺少对于制度运行环境的关注,学者所主张的照搬西方发达国家预防刑讯逼供的诸如沉默权、讯问的律师在场权、非法证据排除规则等一系列的制度很难获得国家立法机关的采纳。

② 纵观当今世界各国的司法实践,我们就会发现刑讯逼供不是中国的特有现象,事实上其他国家也存在刑讯逼供现象。自我标榜为人权卫士的美国,最近也被揭露出对于被关押在关塔那摩监狱内的囚犯曾实行过刑讯逼供。

③ 据媒体报道,在我国,近 20 年因刑讯逼供立案查处的案件平均每年在 400 起左右。请参见:http://www.hrol.org/news/info.php? id=1141,最后访问日期为 2011 年 9 月 1 日。

者受到了相应的处罚,但是,采取刑讯逼供毕竟有一定的风险。如果采取合法的行为能够达到与刑讯逼供同样的侦查破案效果,笔者相信没有任何一个理性的侦查人员会铤而走险选择刑讯逼供行为。**同样重要的是,学界根据刑讯逼供的成因开出的治理刑讯逼供的药方很难获得民众和国家立法机关的支持,而且即使获得了立法的支持,在司法实践中治理刑讯逼供的立法措施常常会走样甚至形同虚设。**[①] 这也让我们不得不再次怀疑学者关于刑讯逼供成因分析的正确性。

美国学者杰克·D.道格拉斯曾一语中的地指出:"导致警察越轨的最根本的原因,在于警务工作的性质,特别是公务职责的不可能性。"[②]受此启发,笔者认为要想探寻刑讯逼供的真正诱因,我们必须从侦查工作的性质入手。侦查破案,打击犯罪、保护人民,维护社会秩序是任何国家任何时代的警察都无法推卸的责任,更是公众对警察的热切期待。然而,现代社会实行无罪推定,对犯罪分子的追究采证据裁判主义,强调在没有证据或者证据对于案件事实的证明不足以达到法律规定的证明标准时,对被告人只能作出无罪的判决。也就是说,在现代社会,能否将犯罪分子绳之以法主要取决于两个方面:一是法律对于定罪的要求;二是警方的证据收集能力。历史地看,为了维护基本的社会秩序,无论是奴隶社会、封建社会、资本主义社会还是社会主义社会,其基本上是根据国家机关取证能力的强弱来确定国家在打击犯罪时承担的证明负担的大小,而且在国家机关取证能力极端低下的情况下,国家不但会通过法律降低追诉机关对于犯罪的证明要求,甚至还会不惜将刑讯作为取证的合法手段。对社会秩序的基本需求,要求各国要在国家机关的取证能力与法律对于追诉机关追诉犯罪的要求之间维持一定的平衡关系。在国家机关取证能力低下的情况下,人为地过分提高追诉机关追诉犯罪的要求,其结果无非有二:一是法律对追诉机关的过高要求有意无意地在司法实践中被降低,立法的标准与司法标准发生背离,立法被司法架空;二是面对较高的追诉要求,在合法取证手段不能奏效的情况下,追诉机

[①] 最高人民法院《关于执行〈中华人民共和国刑事诉讼法〉若干问题的解释》第61条确立的对于刑讯逼供取得的证据的排除规则在司法实践中的名存实亡便是一个绝好的例子。

[②] 〔美〕杰克·D.道格拉斯等著:《越轨社会学概论》,张予等译,河北人民出版社1986年版,第410页。

关为了完成其任务便会采取非法手段取证,其结果便是非法取证手段在司法实践中或明或暗的大行其道。

凭借着雄厚的经济基础以及完善的社会管理体制,当代西方国家侦查机关的取证能力获得了前所未有的提高,这就为其提高法律对于犯罪的追诉要求提供了坚实的基础。在人权保障运动以及较低的追诉要求产生的社会负面后果的双重压力下,西方发达国家提高控方对犯罪的追诉要求乃是情理之中的事。与西方发达国家不同,经济基础薄弱、社会控制能力软弱、犯罪现代化以及社会转型使得我国警方的取证能力处于最为低下的时期,在这个最为艰难的时期,我国却正好赶上了世界范围内的人权保障运动,这就使得我国的刑事立法不得不提高追诉机关对于犯罪的追诉要求。这本无可非议。但是这样做必然会造成取证能力低下与追诉的高法律要求之间的巨大矛盾。处于刑事执法前沿的警方无疑无法摆脱由此造成的尴尬境地:依法行事,无法破案;不能破案就要承受各种压力;重压之下就得违法破案;违法破案可能就要承担各种不利的后果。更为糟糕的是,由于刑事政策、刑事立法、刑事司法的诸多不合理相结合,导致原本相对于取证能力来说就高的追诉的法律要求,在实践中又被人为地提高了。所有这一切导致的一个结果便是:我国司法实践中的追诉要求不仅严重地脱离了警方的取证能力,而且其还远高于取证能力远强于我国的西方发达国家立法以及司法实践中要求的追诉要求。下面,笔者从中国的特有语境出发,沿着证据供需关系这条主线,分析刑讯逼供的真正成因。

一、证据的高需求

为了防止任意地将人入罪,各国均通过立法或者判例,明确规定了定罪的证据要求,而这种定罪的证据要求又相应地传导到侦查阶段并成为侦查机关取证的指南。从本质上来说,侦查机关的取证负担主要是由定罪的证据数量、质量要求以及取证时间要求共同决定的。然而十分不幸的是,由于立法的不合理以及司法实践中不科学的规定,在司法实践中,我国侦查机关承担的取证负担要远远高于西方发达国家。

(一) 脱离诉讼实践的犯罪构成要件——高证明责任

犯罪构成要件不仅具有限制国家权力、保障人权的实体法功能,而且还具有诉讼的功能。日本学者小野清一朗曾一针见血地指出:犯罪构成要件是刑事诉讼的指导形象。① 笔者认为犯罪构成要件对于刑事诉讼的指导最核心的体现在犯罪构成要件规定了刑事诉讼应当查明的案件事实。在整个刑事诉讼的过程中,犯罪构成要件就像一只"无形的手"指挥着警方的取证行为、控方的举证行为、辩方的辩护行为以及法官的审判行为。因此,犯罪构成要件设置的科学与否是直接关系到整个刑事诉讼运行的大问题。然而十分不幸的是,在我国,无论是理论界对于犯罪构成要件的理论构建、司法界对犯罪构成理论的运用,还是立法对于具体犯罪构成的设置都存在重大的缺陷。

1. 缺乏推定机制的犯罪构成。在犯罪构成理论方面,无论是英美法系国家的双层次犯罪构成模式还是大陆法系的阶层式犯罪构成模式,其都有一个共同的特点:强调犯罪构成要素之间的推定关系。② 具体来说,在大陆法系国家,犯罪构成要素由构成要件符合性、违法性、有责性三部分组成,这三者的关系体现于:当某一行为具备构成要素符合性则推定其具有违法性,具备违法性则推定其有责性。在英美法系国家,犯罪构成要素由犯罪本体要件与责任充足要件组成。更进一步讲,犯罪本体要件由犯罪行为与犯罪意图构成。犯罪本体要件与责任充足要件之间的关系体现在:如某个行为符合犯罪本体要件,则推定其具备责任充足要件。从诉讼证明的角度来看,犯罪构成要件之间的这种层层推定关系实质上具有证明责任分配(burden of proof)的作用。③ 质言之,犯罪构成要件的推定关系减轻了控方的初次"提出证据责任"(burden of producing evidence)(英美法系语)或主观证明责任(大陆法系语)。也就是说,犯罪构成要件的这种内在推定机制使得控

---

① 〔日〕小野清一朗:《犯罪构成要件理论》,王泰译,中国人民公安大学出版社2005年版,199页。
② 孙秀芹:《证明责任视野中的犯罪构成研究》,载《河南高等专科学校学报》2008年第4期。
③ 证明责任(burden of proof)实际上包括两部分内容:提出证据责任(burden of producing evidence)和说服责任(burden of persuasion)。犯罪构成要件各要素之间推定机制的存在减轻了控方的提出证据责任,因此,从总量上来说也就减轻了控方的证明责任。

方在对于犯罪成立的首轮证明中只需证明推定的基础事实即可(在大陆法系国家,基础事实是构成要件该当性的事实。在英美法系国家,基础事实是犯罪本体要件事实)。控方一旦完成基础事实的证明,法官便会推定被告人具有违法性和有责性,除非辩方提出证据推翻推定(在大陆法系国家,辩方推翻推定的方法主要是提出违法阻却事由与责任阻却事由;在英美法系国家,辩方推翻推定的方法是提出各种辩护理由),控方无需对于推定的事实再提出证据。因此,无论是在英美法系国家还是在大陆法系国家,虽然根据无罪推定的原则,控方对于犯罪的成立承担说服责任(burden of persuasion)(英美法国家用语)或者"客观证明责任"(大陆法系国家用语),但是由于犯罪构成的这种推定关系的存在,控方首轮提出证据责任的减轻在一定程度上减轻了控方的证明责任(burden of proof)。与英美法系和大陆法系国家不同,我国的犯罪构成理论源自苏联,在我国犯罪构成采"四要件说"——犯罪客体、犯罪客观方面、犯罪主体与犯罪主观方面,并且将"违法性"排除在犯罪构成理论之外,这就使得我国犯罪构成的各要素之间很难形成一种推定的逻辑关系。犯罪构成要件推定机制的缺失,导致在我国控方承担的首轮"提出证据责任"要超过英美法系与大陆法系国家。具体来说,犯罪构成内部推定机制的存在,使得在大陆法系国家控方无需就被告人责任能力、责任的故意与过失、期待的可能性等有责性要件承担提出证据的责任。在我国,由于这些事实是犯罪主体要件与犯罪主观方面要件的组成部分,根据我国的犯罪构成理论控方要对其进行举证。因此,与大陆法系国家同行相比,我国控方要承担较多的证明责任。[①] 在英美法系国家,尽管其辩护理由涵盖的范围相当的广泛,但从宏观的角度来看,其辩护理由主要有两大类:正当理由(justification)(例如紧急避险、正当防卫等,这些辩护理由与大陆法系的违法性阻却事由有些相似)与可得宽恕(excuses)(例如未成年、错误、精神病、被迫行为等,这些辩护理由与大陆法系的责任阻却事由有些相似)。以此分析,英美法系国家的合法辩护理由涵盖了我国犯罪构成中的"主体"要件(如未成年人辩护、精神状况辩护)以及犯罪主观方面要件(如错误)的部分内容,这也使得在英美法系国家,控方承担的证明责任也要低于我国。

[①] 聂昭伟:《犯罪构成体系的完善:以诉讼证明为视角的思考》,载《刑事法评论》(第19卷),第194页。

通过对于英美法系国家、大陆法系国家与我国犯罪构成理论的分析之后,我们就会发现一个十分有趣的现象:两大法系国家都将被告人易于举证而控方难以举证的部分事实(相当于我国犯罪构成理论中的犯罪主体以及犯罪主观方面的部分事实)的提出证据责任课予了被告人。

2. 不科学的个罪设置。在我国,不仅平面犯罪构成理论导致控方相对于其外国同行要承担较重的证明责任,而且个罪犯罪构成设置的欠科学也导致在某些具体犯罪的证明方面控方承担的证明责任也较重。相对于其他国家来说,我国刑事立法由于受到"厉而不严"刑事政策的影响,其在个罪的犯罪构成的设置方面具有以下三个突出的特点:

首先是大量的个罪构成含有定量的因素。① 据学者统计我国刑法分则条款中三分之二的个罪犯罪构成包含了定量的因素。立法对于个罪犯罪构成的定量设置,使得"量"成了一个事关犯罪成立与否以及严重程度的重要衡量指标,这不仅造成了我国刑法奠基于结果本位,而且犯罪构成中"量"的因素也加重了警方在案件初期的证明责任,尤其在"量"的因素介于犯罪成立与否的关键点附近更是如此。正是由于这种犯罪构成的定量性要求与我国法律规定的立案条件相结合,导致了司法实践中的立案难问题并进一步限制了侦查行为的启动。有学者通过实证调查发现,鉴定对于时间的高需求是导致司法实践中警方无法在法定办案期限完成相关诉讼行为从而导致超期羁押的一个非常重要的原因②,而刑事司法中大量鉴定的根源则在于犯罪的定量要求。因此,笔者认为,犯罪构成的定量因素加重了警方在案件初期的证明负担,这就意味着在案件的初期阶段我国警方相对于外国同行要承担较重的证明责任。

其次是刑法在个罪中设置了大量的特殊主观构成要件:目的与明知。据有学者统计,在我国,诸如"以非法销售为目的"、"以牟利为目的"、"以非法占有为目的"、"以勒索财物为目的"、"泄愤报复目的"、"为谋取不正当利益"等达20处之多,数量之大在各国刑事立法上实属少有。③ 除了目的犯之外,我国立法也设定了大量的明知犯。据有学者统计,仅我国刑法分则就有

---

① 储槐植:《刑事一体化论要》,北京大学出版社2007年版,第116页。
② 左卫民:《侦查羁押制度:问题与出路》,载《清华法学》2007年第2期。
③ 储槐植:《刑事一体化论要》,北京大学出版社2007年版,第155页。

30个具体罪名的成立要求具有"明知"的认知要求。①我国刑事立法中大量充斥的目的犯与明知犯,要求控方不仅要对普通的犯罪构成要件要素进行证明,而且还要对目的与明知进行证明。因此,大量目的犯以及明知犯的存在实际上增加了控方的证明责任。由于诸如目的、明知等主观犯罪构成主要根植于人的内在心理活动,因此犯罪嫌疑人的供述成了证明犯罪主观意图的唯一直接证据。诚然正如理论界所普遍注意到的:犯罪嫌疑人的口供具有天然的不可靠性,因此不能单凭犯罪嫌疑人的供述来认定犯罪的主观意图,对于犯罪主观意图的认定应当通过行为进行认定。不可否认,在司法实践中,有些案件通过行为确实可以认定犯罪嫌疑人的主观意图。但是同样不可否认的一个事实是,在有些案件中,犯罪主观意图很难通过外在行为获得满意的认定,这种情况在毒品犯罪、金融诈骗犯罪、贪污贿赂犯罪中表现得尤为突出。在这种情况下,犯罪嫌疑人的口供是证明其特殊主观意图的唯一证据。在我国司法实践中,这些特殊主观构成要件的不合理设置大大增强了控方的证明难度,并使大量的作恶者逃脱了法网。为了有效遏制诸如毒品犯罪、金融诈骗犯罪以及贪污贿赂犯罪等高发性的犯罪,在无客观证据可资利用的情况下,在法律硬性要求对于特定的主观构成必须证明的状况下,控诉方很难不依赖口供。

再次,刑事实体法缺乏诉讼关怀。正如有学者所指出的:"法有实体与程序之分,实体法犹车也,程序法犹轮也,轮无车则无依,车无轮则不行。故国家贵有实体法,尤其贵有程序法。"②实体法与程序法的关联性由此可见一斑。然而十分遗憾的是,由于受到学科研究人为划分造成的学者"画地为牢"式的研究视野和我国立法长期以来深受意识形态的禁锢以及缺乏民主参与传统等的影响,我国的大多数立法都或多或少地存在着与实践脱节的现象,刑事立法也不例外。我们刑事立法与诉讼实践脱节最集中地体现在立法对于个罪的设定缺少诉讼关怀。与我国不同,英美法系国家受到"法官造法"传统的影响,其个罪设定具有深深的"诉讼面向性"烙印自不待言,即便是恪守"制定法"传统的大陆法系国家,由于受到"严而不厉"刑事政策以

---

① 王雨田:《英国刑法犯意研究》,中国人民大学出版社2006年版,第194页。
② 转引自王兆鹏:《刑事诉讼讲义》,元照出版公司2003年版,第3页。

及思维缜密形成的"精确立法"①传统的影响,其立法也具有相当的诉讼面向性。具体来说,英美法系国家个罪设定上的诉讼关怀主要体现在两个方面:刑事严格责任(criminal strict liability)与推定犯罪构成(constructive ingeredients of a crime)。所谓刑事严格责任就是对于某些缺乏犯罪意图的行为可以追究刑事责任。尽管对于个罪设定刑事严格责任主要是出于公共利益的考量,但是此举也在客观上起到了减轻长期困扰控方的主观意图证明难题。② 由于对于个罪设定严格刑事责任因其公正性备受质疑,因此,刑事严格责任对于减轻控方对主观意图证明困境的作用是相当有限的。事实上,英美法系国家主要是通过推定犯罪构成来解决诉讼证明困境问题。在英美法系国家,通过推定犯罪构成减轻控方证明责任的推定主要有两大类③:一种是犯罪构成要件主观心态的推定;二是犯罪行为性质的推定。主观心态推定是以证明某些客观事实的存在代替证明主观心态本身的方式减轻控方的主观意图证明困境问题,而行为性质推定则是以证明"现状"代替证明"过去"的方式来减轻控方对于过去犯罪行为的证明责任。在大陆法系国家,尽管其对于个罪未规定刑事严格责任,但其个罪设定上也注重通过犯罪构成要件的设定来减轻控方的证明责任,这主要体现在两个方面:对被告人课以客观证明责任与刑事推定。在对被告人课以客观举证责任方面,以日本为例,其《刑法》第 207 条规定被告人对于不属于同时伤害的事实负有客观证明责任,《刑法》第 230 条规定被告对于有关损害名誉的揭发事实的真实性承担客观证明责任;《儿童福利法》第 60 条第 3 款规定,被告人对于不知道儿童年龄方面无过失承担客观证明责任等等。在刑事推定方面,日本《关于处罚危害人体健康的公害犯罪的法律》第 5 条就公害罪法中的因果关系设定了推定制度,在毒品犯罪案件中对于不法收益设定了推定制度等等。④ 相较于英美法系国家以及大陆法系国家通过刑事立法减轻控方证明责任方面,我国刑事立法存在着较大的差距,通观整部刑法,除了持有型犯罪以及巨额财产来源不明罪外,我们很难觅寻到通过刑事立法减轻控方证

---

① 王世洲:《刑法学是最精确的法学》,载罗克辛:《德国刑法学总论(第 1 卷)》,王世洲译,法律出版社 2005 年版,译者序。
② 储槐植:《刑事一体化与关系刑法论》,北京大学出版社 1997 年版,第 186 页。
③ 同上书,第 364 页。
④ 〔日〕田口守一:《刑事诉讼法》,刘迪等译,法律出版社 2000 年版,第 227 页。

明责任的例子。由于控方的证明责任最终要转移到警方,因此犯罪构成要件的不合理设置不合理地增加了警方的取证负担。

(二) 法律与实践的背离——逮捕的高证明标准

证明标准的高低直接决定着证明负担的轻重。在证明标准的设定上,世界各国无不根据具体诉讼行为对于相对人人权的侵犯程度的不同规定了不同的证明标准,一般来讲,具体诉讼行为对于人权侵犯程度越重,要求的证明标准也就越高。客观地讲,我国 1996 年《刑事诉讼法》对于不同诉讼行为也规定了多层次的证明标准,具体来说,立案的证明标准是有犯罪事实需要追究刑事责任;逮捕的证明标准是有证据证明有犯罪事实可能判处徒刑以上刑罚且有逮捕必要;审查起诉、提起公诉以及定罪的证明标准是案件事实清楚、证据确实充分。目前学界对于刑事诉讼法规定的上述证明标准的合理性提出了普遍的质疑。姑且不论立法是否具有合理性,单单就实践来说,司法实践中有关机关对于具体诉讼行为的证明标准的把握已经严重背离了立法的规定。司法对于立法的背离最典型的表现在逮捕的高证明标准。具体来说,在司法实践中,由于受到以下两大因素的影响,检察院掌握的逮捕的证明标准几乎达到了定罪的证明标准[①]:一是检察机关内部批捕后起诉率的严格控制。在司法实践中,出于种种原因,检察院规定,捕后不作犯罪处理率(包括捕后撤案、不诉、劳教和判无罪)严格控制在逮捕总数的 1.5%。[②] 二是避免错案赔偿。检察院人为地将逮捕的证明标准提高到定罪的证明标准,其危害有三:一是增加了警方报捕的证明负担;二是逮捕后对于犯罪嫌疑人少则 2 个月,多则 7 个月的羁押对于警方的取证保障意义丧失殆尽;三是人为地缩短了警方的取证时间。在我国,法律之所以规定了较长的逮捕后羁押时间,其部分目的在于为警方的取证提供充足的时间保障,然而检察院将逮捕的证明标准人为地提高到定罪的证明标准的结果便是,法律为警方提供的取证时间被人为地压缩到逮捕前阶段,逮捕后的取证时间对于警方来说只是一种"书面"上可资利用的时间,其根本不具有实践意义。

[①] 石均正:《关于拘留转为逮捕证明要求的调查报告与分析》,载《政法学刊》2000 年第 4 期。
[②] 毛晓玲:《逮捕证明标准研究》,载《人民检察》2003 年第 7 期。

（三）时间分配欠科学——较短的证明时间

如上所述，检察院人为提高了逮捕的证明标准，其不仅增加了警方的报捕负担，更为重要的是缩短了警方的取证时间，使得警方对于证据的收集时间实际上被压缩到逮捕前阶段。那么逮捕前阶段，警方具有多长的取证时间呢？这些时间能够满足警方的取证要求吗？下面笔者对此进行详细分析。

从理论上讲，对于犯罪证据的收集主要分为两个阶段：犯罪嫌疑人到案前阶段与犯罪嫌疑人到案后阶段。尽管法律对于案件的侦破没有具体的时间限制，从理论上讲警方有足够的时间收集证据，但是在司法实践中，警方在该阶段能够收集到的证据非常有限，在该阶段警方只能进行现场勘查，证人、被害人访问等工作，而且更为重要的是由于缺乏比对对象无法进行同一认定，这些证据只能在犯罪嫌疑人到案后才能发挥作用，这就意味着犯罪嫌疑人到案后逮捕前的时间是警方最为重要的证据收集准备工作时间。正是基于此，犯罪嫌疑人到案后至逮捕前的时间长短对于警方能否完成较高的取证任务具有至关重要的影响。

那么，在我国犯罪嫌疑人到案后逮捕前警方能够利用的取证时间又有多少呢？根据我国刑事诉讼法的规定，警方能够使用的到案措施主要有四个：传唤、拘传、拘留、逮捕，在这四个到案措施中，基于证据要求以及错案赔偿的考虑，在侦查实践中，警方能够首次适用的到案措施就只有传唤和拘传。由于两者的时限比较短，除了现行犯以及准现行犯由于人赃俱获，证据比较扎实且犯罪嫌疑人一般不进行抵抗，因此很容易在较短的时间内收集到足够的证据以达到逮捕的证明标准外，绝大多数案件都无法在短短的一天时间内取得足够的证据对犯罪嫌疑人进行报捕。① 在此情况下，为了防止犯罪嫌疑人干扰侦查或者逃跑，警方能够利用的手段也就仅剩下了刑事拘留。然而，与检察院一样，基于错误拘留要承担赔偿责任以及业绩考评的考量，在司法实践中公安机关法制部门掌握的拘留的证据标准也比法律规定的标准高。② 在这种情况下，为了达到拘留的证明标准以换取较长的取证时

---

① 马静华：《侦查到案措施：从现实到理想》，载《现代法学》2007年第2期。
② 左卫民：《侦查羁押制度：问题与出路》，载《清华法学》2007年第2期。

间保障,警方的选择无非有两个:一是通过连续传唤和拘传对于犯罪嫌疑人采取变相的羁押措施,以求获得充足的取证时间,一旦证据符合拘留的标准就对犯罪嫌疑人办理拘留手续,这种情况一般在证据条件较好的案件中适用。二是对于证据条件不好又具有重大嫌疑的犯罪分子,先采取一些非法措施获得犯罪嫌疑人的口供,以求以最简单的方法达到拘留的证明标准。无论哪一种方式按照现行的法律规定都是违法的。有实证调查显示,在我国犯罪嫌疑人在初次讯问中的认罪率达到了了 87.93%。① 这也从一个侧面说明了警方在较高的拘留证明标准的压力下采取的措施的严厉程度。然而,十分不幸的是即使冒着违法的风险,警方换来的取证时间也是少得可怜,因为根据我国刑事诉讼法的规定,一般刑事案件警方只能获得 3 天的取证时间,特殊情况下可以延长至 7 天,对于流窜作案、多次作案、结伙作案的可以延长至 30 天。这也就意味着按照法律的规定,在我国除了流窜作案、多次作案、结伙作案外,警方能够获得的最长的取证时间仅 7 天而已,而且这有限的时间还会被内部审批手续占去一定的时间。② 对于承担繁重取证责任的警方来说这显然是不够的。与其他国家相比③,我国立法对于拘留后羁押期限的规定具有以下缺陷:一是原则上刑事案件的拘留期限仅有 3 天,其根本不能满足取证时间的需要。从比较法的角度,我们也可以发现,比我国警方承担的取证负担轻的国家,在一般的刑事案件中,其赋予警方的不受干扰的取证时间一般要长于我国。例如在日本,犯罪嫌疑人被羁押后,对于一般的案件,警方能够获得 10 天不受干扰的取证时间;在英国为 70 日;在

---

① 刘方权:《认真对待侦查讯问》,载《中国刑事法杂志》2007 年第 5 期。
② 根据学者的实证调查,在司法实践中,为了确保批捕率,在向检察院报捕前各地公安局一般要求要经由法制科进行内部审批。例如,在有的地方公安局法制科要求报捕案件应当提前 5 天(刑拘期限为 30 日的案件)或 3 天(刑拘期限为 7 天的案件)移送法制科审查;有的地方要求办案部门应提前 2 天(刑拘期限为 7 日的案件)或 7 天(刑拘期限为 30 日的案件)移送审查。请参见左卫民:《侦查羁押制度:问题与出路》,载《清华法学》2007 年第 2 期。
③ 需要说明的是,在侦查羁押期限的法律规定方面,我国与西方法治国家存在着重大的不同。西方法治国家的侦查羁押是一段式羁押,即仅法官有权决定对犯罪嫌疑人实施羁押,此后不会再行启动羁押的决定程序。根据现有法律的规定,我国实行的是两段式羁押:拘留后羁押与逮捕后羁押。如文中所分析的,由于逮捕的高证明标准导致警方的取证时间被压缩到逮捕前阶段,警方能够实际利用的不受干扰的取证时间实际上就变成了拘留后的羁押期限。因此,在下文对于羁押期限的比较中,笔者仅将拘留后的羁押期限与西方国家的羁押期限进行比较。

德国达6个月;法国也有4个月之久。① 二是立法对于拘留后羁押期限的延长的规定不科学。由于没有考虑到案件的多样性,仅仅将特殊的三类案件的羁押期限给予较长的期限延长,对于一般的案件的期限延长太短,从而导致警方即使在延长的期限内也无法完成相应的取证工作。从比较法的角度,我们同样可以发现,各国对于羁押期限的延长规定比较概括,因此能够满足实践的需要。例如在日本,其《刑事诉讼法》第208条规定,当具有不得已的事由时,对于犯罪嫌疑人的羁押可以延长至20日。而且在司法实践中,法官对于"不得已的事由"的解释也相对比较宽泛,这就使得在日本,即使不是流窜作案、多次作案、结伙作案,如果案情复杂警方也能够获得20日的不受干扰的取证时间。②

(四)看守所隔离功能不到位——办案时间再次被人为缩短

众所周知,将犯罪嫌疑人羁押于看守所的目的之一就在于防止其破坏证据或者串供,因此,看守所承担的一项重要功能就是隔离功能。然而十分遗憾的是,在司法实践中,看守所的隔离功能却处于严重的缺位状态。看守所隔离功能的缺位主要体现在以下两个方面:一是看守所管不住人。③ 在我国刑事司法实践中,由于看守所的管理不到位,看守所民警、释放人员、工勤人员以及律师等为在押犯罪嫌疑人通风报信的现象非常严重,这就为侦查机关的侦查制造了重大的障碍。二是在押人员交叉感染。④ 在我国,对于犯罪嫌疑人的羁押实行的是集中群体羁押,而不是单独羁押。在集中群体羁押的情况下,一旦将犯罪嫌疑人投入看守所,里面会有很多"教授"级的案犯热心地教他对付公安机关的经验,这样也会大大阻碍整个侦查的进程。总之,看守所隔离功能的缺位使得侦查人员不敢将犯罪嫌疑人投入看守所,除非案件证据已经确实充分(但这种情况比较罕见)。在这种情况下,侦查机

---

① 关于各国的羁押期限及其延长的情况,请参见陈瑞华:《问题与主义之间——刑事诉讼基本问题研究》(第二版),中国人民大学出版社2008年版,第147页。
② 〔日〕土本武司:《日本刑事诉讼法讲义》,董璠舆等译,五南图书出版公司1997年版,第149页。
③ 李忠诚:《刑事强制措施功能研究》,载《法制与社会发展》2002年第5期。
④ 艾明:《论我国刑事侦查中剥夺人身自由措施之合理配置》,载《中国刑事法杂志》2004年第3期。

关的做法无非有二:要么置法律规定于不顾,长时间地将犯罪嫌疑人控制在自己手中;要么在法律允许的较短的合法控制犯罪嫌疑人的时间内,通过非法手段突破犯罪嫌疑人的口供并尽早将相关证据进行固定,以防将犯罪嫌疑人投入看守所后其毁灭证据或者翻供。

二、证据的低供给

事实上,一个国家侦查机关在司法实践中,能够获取的证据的多少及其质量,是由一个国家的社会治理水平、法律对于侦查的限制以及法律赋予侦查机关的强制侦查手段以及侦查机关的技术水平等方面共同决定的。所以,任何国家侦查机关的取证能力都要受到其社会、法律以及技术等因素的制约。具体到中国的语境来说,由于多种因素的结合,在刑事司法实践中,证据的社会、法律以及技术供给均存在严重的不足。

(一)证据的社会供给不足

在刑事司法实践中,证据的社会供给主要取决于一个国家的社会治理水平。一个国家的社会治理水平对侦查机关取证能力的影响主要体现在其对于证据的客观固定能力以及民众对于司法的支持意愿。

1. 社会控制能力弱——证据客观生成机制匮乏

任何国家的社会控制能力都要受制于国家拥有的资源的存量和结构,因此国家拥有的资源的多寡直接决定着一个国家的社会控制能力。从宏观上说,国家进行社会控制的资源可以区分为配置性资源与权威性资源。配置性资源是支配物质工具的能力,而权威性资源则是支配人类自身活动形式的手段。凭借着丰裕的物质基础以及理性的官僚体制,欧美等发达国家的控制能力得到了巨大的扩张,并实现了国家权力对社会的全面渗透与监视。[①] 因此,福柯将西方现代社会比喻为"全景敞视的"规训社会,在这样的社会里人们的行为无时无刻不受到社会的监控。发达国家政府建立的完善

---

① 唐皇凤:《常态社会与运动式治理——中国社会治安治理中的"严打"政策研究》,载《开放时代》2007年第3期。

的个人数据库①、金融机构建立的服务系统②以及其他通过科技手段建立的集服务与监控于一体的各种电子系统,再加上随处可见的闭路电视监视器③,使得任何人的日常生活行为都会被这些电子系统所记录,这就意味着政府能够轻易掌握任何人在任何时间内的行踪。④ 凭借着这些客观证据,警方便可以实现对于犯罪的精确打击。反观我国,在可资利用的资源方面,我国不仅面临着配置性资源严重匮乏的残酷现实,而且还在权威性资源的核心——现代理性官僚体制的构建方面存在重大的缺失,这种缺失体现在两个方面:一是法理性权威的缺位与非人格化程序的缺失大大限制了中国官僚组织的治理能力,官僚组织深受人格化权力和传统人伦关系的影响;二是官僚体制内部严重的条块矛盾、机构重叠与职能交错等一系列体制性缺陷大大限制了中国官僚制所能达到的理性化水平。⑤ 社会可资利用的资源的缺失注定我国无法实现对于社会的全面监控。软弱的社会控制能力导致的一个结果便是,在我国一旦发生犯罪,警方只能在案发地进行大规模的摸底

---

① 在个人数据库建设方面,大多数国家很早以前就建立了进行人身识别的指纹数据库,近年来随着 DNA 技术的迅速发展,各发达国家又陆续建立了 DNA 数据库,据统计至 2004 年,全球已经有 76 个国家建立了 DNA 数据库。自 1995 年建立以来,英国的 DNA 数据库已经有近 420 万人(2008 年,占英国总人口的 7%)的样本数据。美国国家 DNA 数据库里面已经有近 190 万份数据。与发达国家相比,在 DNA 数据的建设方面,我们不仅存在着 DNA 样本少的问题(据有关部门介绍 DNA 数据仅有 20 多万份),而且 DNA 数据库的结构也不尽合理,最为突出的表现是我们尚未建立完善开放的现场检材 DNA 数据库。有关该问题的详细论述请参见章少青:《欧美国家 DNA 数据库的应用状况及前景》,载《中国司法鉴定》2006 年第 6 期;李虎军:《DNA 数据库:更有效识别罪犯》,http://www.police.com.cn/Article/keji/jckj/200502/187.html,最后访问日期为 2011 年 9 月 2 日。

② 在西方国家,日常消费主要以信用卡或借记卡结账,很少使用现金,商店的经营活动也都以转账、支票或直接以卡结账,这就为警方通过日常消费追踪犯罪嫌疑人提供了大量的信息。

③ 据估计,截至 2008 年 1 月,整个英国已经安装了 450 万台闭路电视摄头,即平均每 15 个人一台,每人每天平均要"上镜"300 次,参见:《英国约有 450 万个监控摄像头,每天千人遭窃》,载 http://scitech.people.com.cn/GB/6841051.html,2008 年 12 月 10 日访问。在美国,摄像头更是遍及除了私人公寓楼外的所有空间,在公共场所方面包括机场、广场、街道、公园以及各著名旅游景点都安装有摄像头,以实时监控这些地方的情况,在一些私人经营的超市、饭馆、酒店、楼宇,摄像头更是数不胜数。请参见:《美国:摄像头严格限于公共空间》,http://www.af666.cn/2008/news/2007-09-03/845.html,最后访问日期为 2008 年 12 月 10 日。

④ 周伟:《社会控制能力:司法改革的物质基础》,载崔敏主编:《刑事诉讼与证据运用》(第一卷),中国人民公安大学出版社 2005 年版,第 365 页。

⑤ 唐皇凤:《常态社会与运动式治理——中国社会治安治理中的"严打"政策研究》,载《开放时代》2007 年第 3 期。

排查,加之缺乏旅馆业、出租房行业①的管理信息,导致排查只能在当地常住人口中进行,如果排查发现不了可疑人员,便束手无策,如果发现了形迹可疑者,便只能采取非常手段获得口供。退一步讲,即使通过各种侦查手段能够破案并确定犯罪嫌疑人,由于社会控制能力的软弱,一旦犯罪嫌疑人作案后潜逃,警方也无法查找到犯罪嫌疑人的下落,从而使得犯罪嫌疑人可以长期逍遥法外并继续作案。据权威数据披露:在我国尚有30万逃犯尚在潜逃中,这从一个侧面说明了,社会控制能力软弱导致我国对于犯罪的打击处于相当不利的地位。

2. 民众对于司法的支持——证人数量逐年下降

在传统社会,侦查机关侦破案件的一个很重要的手段就是走群众路线。而在现代社会,由于人口大流动以及警民关系的弱化,群众路线对于破案的贡献率越来越小,群众路线失效的最典型的标志就是证人数量逐年下降。有实证调查显示②:在1984年的50个案件中共有证人证言392份,1994年50个案件的证人证言急剧下降到了195份,2004年50个案件中的证人证据则下降为177份。在我国证人数量逐年下降是由多种因素造成的,概括来讲,主要有以下几个方面的原因:一是在现代社会犯罪手段更加隐蔽,客观上导致很多犯罪行为没有证人。二是由于社会的变迁,人们的生活圈出现了由熟人社会向生人社会的转变,在生人社会人的相互依赖性以及利益关系弱化,加之作证可能带来的经济上的损失以及人身的潜在危险,在没有外在压力的情况下,很少有人愿意主动作证。三是由于过度强调侦查专业化而忽视了群众路线的作用,近年来出现了警民关系弱化的现象。警民关系的弱化导致侦查实践中愿意主动向警方提供线索的证人逐年减少。

(二) 证据的法律供给不足

不可否认,刑事诉讼的目的在于发现真实,但是发现真实不是刑事诉讼的唯一目的,更不能以"不择手段、不问是非及不计代价的方法发现真

---

① 在有些地区有实证调查显示:犯罪嫌疑人的落脚点64.5%在出租屋,特别是流窜犯罪嫌疑人住在出租屋的比例更是高达83.1%,请参见张雷:《流动人口出租屋治安管理对策》,载《辽宁警专学报》2007年第6期。

② 刘方权:《案件中口供与证据》,载《中国人民公安大学学报》2007年第6期。

实".① 在现代社会,为了追求其他的价值,法律对于侦查机关发现事实的手段予以了严格的限制,其典型包括通过立法明文禁止不正当的讯问方法、对于强制措施的适用从实体条件与程序条件两个方面进行了严格的规制等。但是另一方面,为了消解这些法律限制对打击犯罪的消极影响以增强侦查机关应对犯罪的能力,现代各国无不或明或暗地认可了一些行之有效的获取证据的手段的合法性。

1. 法律供给不足之一——严峻刑罚的代价

贝卡利亚早就指出:罪犯面临的恶果越大,也就越敢于规避刑罚,甚至为了摆脱对一次罪行的刑罚,罪犯会犯下更多的罪行。② 苛酷的刑罚对打击犯罪的影响主要体现在两个方面:一是苛酷的刑罚阻止了犯罪嫌疑人作出有罪供述;二是苛酷的刑罚促使审判者为了规避苛酷刑罚可能造成的不公正现象,而故意抬高证明标准或者直接作出无罪的宣判。美国学者通过大量的史料证实:温和的刑罚与刑讯制度的衰落之间存在着潜在的联系。③ 因此,一个国家的刑罚状况对于司法实践中口供的供给会产生重大的影响。欧洲启蒙运动以来,刑罚的轻缓化就成为了世界刑法发展的主要潮流。在这种潮流的推动下,西方国家的刑罚体系经历了以死刑和身体刑为中心的刑罚体系到以自由刑为中心的刑罚体系,再到以罚金和自由刑为中心的刑罚体系的历史演化过程。即便发展到20世纪70年代,美国出现了"轻轻重重"的刑罚改革倾向,但是这种刑罚轻缓化的趋势依然没有改变。④ 刑罚的轻缓化运动,尤其是缓刑、罚金刑的大量运用,为刑事司法实践中口供的获取提供了便利条件,这就为西方国家刑讯的消亡提供了条件。与西方国家不同,我国并未经历过大规模的轻刑化运动,长期以来我国一直奉行重刑化的刑罚思想,尤其近年来由于处于激烈的社会转型期,严打的思想以及实践有所抬头,刑罚又有趋重的倾向。在刑讯合法化的条件下,重刑对于口供的影响可能不大,但是一旦宣布刑讯为非法,那么重刑对于口供的抑制作用便开始凸显。因此,我国刑罚的重刑化倾向遏制了司法实践中口供的供给。

---

① 林钰雄:《刑事诉讼法》(上册),中国人民大学出版社2005年版,第11页。
② 〔意〕贝卡利亚:《论犯罪与刑罚》,黄风译,中国法制出版社2005年版,第54页。
③ 〔美〕米尔吉安·R.达马斯卡:《比较法视野下的证据制度》,中国人民公安大学出版社2006年版,第220页。
④ 黄华生:《论刑罚轻缓化》,中国政法大学2004年博士论文,第103页。

2. 法律供给不足之二——秘密侦查措施名不正言不顺

随着社会的发展,现代社会的犯罪越来越呈现出智能化、隐蔽化、组织严密化的特征,而且很多的犯罪无被害人、无确定的犯罪现场。对此,传统的通过犯罪现场与走访证人的犯罪侦查手段很难奏效。出于对人权的保障,为了防止侦查人员重新回到使用强迫、暴力手段获取犯罪嫌疑人口供的老路上去,世界各国纷纷通过立法赋予了侦查机关以秘密侦查措施的实施权。正如有学者所指出的[①]:世界各国在困住警察右手(即严格限制警察的强制权力)的同时,放开了警察的左手(即赋予其秘密侦查措施)。从比较法的角度来看,世界各国赋予警方的秘密侦查手段包括以欺骗为特征的乔装侦查和以隐瞒为特征的秘密监控两大类。前者以卧底、线人、诱惑侦查等为主要表现形式,而后者体现为监听、窃听、秘密搜查等手法。[②] 然而,在我国除了《人民警察法》与《国家安全法》对于技术侦查措施有原则性的规定之外,其他秘密侦查手段则缺乏明确的法律依据。而在司法实践中,法外的大量的秘密侦查措施[③]却在广泛地应用,由于缺乏立法的规制,在我国秘密侦查措施的适用处于一种宽泛化的滥用状态。同样是由于没有法律依据,在我国通过秘密侦查措施获得的材料不能作为定案的依据。在司法实践中,通过秘密侦查措施获得的证据只能通过以下方式进行转化[④]:一是在讯问犯罪嫌疑人时,向其适时出示通过秘密侦查手段所获取的材料,打破其侥幸心理,促使其供述,从而将通过秘密侦查手段所获取的材料转化为能够公开使用的犯罪嫌疑人的供述和辩解,并进而根据这些供述收集其他相关证据。二是对采取秘密侦查手段获取的材料,如果在起诉中检察院或者审判中法院需要查阅,则由办案人员到侦查机关查阅,但不允许复制,并不作为证据公开使用。三是由侦查机关出具对侦查活动的文字说明提交法庭,但是对秘密侦查的具体操作也是隐晦的,只是提及在侦查活动中运用

---

① 陈卫东:《秘密侦查合法化之辨》,载《法制日报》2007年2月26日。
② 程雷:《遏制刑讯逼供与秘密侦查合法化之博弈》,载《法制日报》2007年11月25日。
③ 据实践部门的人员介绍,在我国常用的秘密侦查手段有电话侦控、网络侦控、电话查询、秘密拍照录像、秘密搜查等。参见周雄哲:《秘密侦查应用现状的调查与思考》,载《湖南行政学院学报》2008年第3期。
④ 陶杨:《困境与出路——秘密侦查所获材料的证据能力考察》,载《吉林公安高等专科学校学报》2004年第4期。

了秘密侦查手段。四是在极个别的情况下,对卧底侦查员或者特情提供的材料酌情以证人证言的形式出具书面证据,部分承认这些材料的证据能力。在这四种转化方式中,由于后三种转化方式的在证明效力上远不如通过口供的方式进行转化的证明效果,因此,在司法实践中,通过秘密侦查获得的证据材料主要是在侦查讯问中用于促使犯罪嫌疑人作出有罪供述。这就意味着在侦查实践中,即使秘密侦查获得的材料能够证明犯罪嫌疑人有罪,也只能通过这些材料撬开犯罪嫌疑人的嘴,而且在侦查讯问实践中,为了不暴露秘密侦查手段,侦查讯问人员只能采用间接的方式提示犯罪嫌疑人警方掌握的证据,这就使得这些证据在促使犯罪嫌疑人作出有罪供述的效果上大打折扣。如果犯罪嫌疑人自始至终不承认罪行,侦查讯问人员就只能采取非法的手段获取口供。

3. 法律供给不足之三——口供激励机制缺乏

尽管各国立法为了防止侦查人员过分依赖口供导致刑讯逼供等严重侵犯人权的行为,在立法上人为地有意贬低口供的证据价值,然而,在各国的司法实践中,从古至今口供在证据体系中的"证据之王"的地位始终未动摇过。为了能够获得犯罪嫌疑人的口供,各国在限制通过强制手段获取口供的同时,纷纷通过立法建立了鼓励犯罪嫌疑人自愿作出有罪供述的措施,有学者将其称为"协商取供"。[①] 不同的国家基于各自的历史传统和现实制约条件选择了不同的协商取供形式,概括来讲主要有自白协商型与认罪协商型。前者指辩方与控方或者审判方经明示或者默示协商后作出自白;后者则是指辩方与控方或者审判方经明示或者默示协商后,对控方指控的犯罪表示承认或认可,由此直接适用简易程序定罪量刑。自白协商型取供方式主要存在于大陆法国家,认罪协商型取供模式则以美国的辩诉交易最为典型,后来该模式为包括德国、法国、意大利等在内的大陆法系国家所采纳。协商取证模式的核心思想在于利用人的趋利避害心理通过量刑上的折扣来换取犯罪嫌疑人的有罪供述,协商取证模式的有效运行需要制度性的保障,更需要司法参与者的诚信以及默契。然而,在我国口供获取的激励机制无论在立法还是司法层面都存在较大的缺失。具体来说,在立法层面上,我国

---

① 周长军:《论取证模式的转向》,载《环球法律评论》2008年第2期。

并未通过立法明文规定犯罪嫌疑人作出有罪供述的激励机制;在司法层面上,我国一直采行"坦白从宽,抗拒从严"的刑事政策教育犯罪嫌疑人认罪伏法。由于该刑事政策没有法律化,且缺乏制度上的保障,更为重要的是在司法参与者之间也未形成有效地配合,导致在司法实践中该政策不但未起到鼓励犯罪嫌疑人供述的目的,反而造成了侦查机关不讲诚信的形象,并进一步导致犯罪嫌疑人不愿与侦查机关合作。在社会上广为流传的"坦白从宽,牢底坐穿;抗拒从严,回家过年"的顺口溜,也从一个侧面反映出,"坦白从宽,抗拒从严"的刑事政策所产生的事与愿违的效果。

(三)证据的技术供给不足

在刑事司法实践中,侦查取证是一项技术活。既然刑事侦查是一项技术活,那么刑事侦查活动就要受到一个国家现有的侦查取证技术水平的限制。十分不幸的是,相较于科学技术发展的突飞猛进,我国侦查机关侦查取证技术的发展则落后得多,这主要表现在:

1. 侦查技术落后——现场勘察收效甚微

现场勘查工作是侦查破案的第一环节,他不仅可以为侦查破案提供线索和依据,而且可以为刑事诉讼提供可靠证据。然而,在我国现场勘察工作并未能发挥其应有的作用。据权威数据显示:在我国刑事案件现场勘查率仅为30%,现场痕迹物证提取率为70%,其中现场指纹提取率不足10%。[①] 在一份对警方进行的有关刑讯逼供的实证调查中,有17.76%的警察认为刑讯逼供是由于侦查技术落后造成的。[②] 之所以如此,是因为在我国司法实践中现场勘查工作受到人才、设备、制度以及理念的制约。[③] 首先在人才方面:目前我国的刑事技术人员仅有三万人左右,数量明显不足。据专家估计:按照平均一组勘查人员每年勘查现场不超过100起计算,根据我国发案数量,我们还需要培养几万名技术人员。在技术装备方面:我国平均每个县拥有现场勘查车1.3辆,专用车就更少。有的县虽然有现场勘查车,但车上没有

[①] 毛立新:《双重背景下侦查改革的困境与出路——兼论我国侦查程序改革》,载崔敏主编:《刑事诉讼与证据运用》(第一卷),中国人民公安大学出版社2005年版,第410页。

[②] 孔一:《犯罪预防实证研究》,群众出版社2006年版,第174页。

[③] 翟永太:《解决现场勘查软肋需釜底抽薪》,http://www.cpd.com.cn/gb/newscenter/2008-10/08/content_1034089.htm,最后访问日期为2011年5月1日。

任何器材和装备,实际上就是一辆交通工具;有的县还没有现场勘查车。在制度方面,我国既未建立有效的快速反应机制又未建立起科学的现场保护制度,而且在现场勘查过程中,也未形成一套科学的证据发现、固定、提取、包装以及保管机制,这就使得在重大案件中即使能够有效地提供人员与技术设备,也常常因为现场保护不善或者现场勘查过程不规范导致现场勘查过程证据的收集无论是在量还是在质上都存在重大的缺陷。在现场勘查理念方面,在侦查实践中不仅公安机关的主要领导不重视现场勘查,而且现场勘查人员的勘查理念也相当的落后。在现场勘查实践中,勘查人员只重视对原始现场、现场中心部位的勘查,而忽视对其他现场及现场外围部位的勘查;只重视明显的、宏观的、传统意义上的痕迹、物品的发现与提取,而忽视对微量物品与其他特殊痕迹、物品的发现与搜集。① 在当今犯罪分子作案趋于职业化和技能化以及有意破坏案件中心现场的时代背景下,这种落后的现场勘查理念根本无法为案件的侦查提供有效的线索。

2. 审讯技术——单一而空洞

在欧美发达国家,在强化侦查机关的口供获取能力方面,除了确立了口供的激励机制,其还形成了一套行之有效的心理强制审讯技术。在当今欧美国家的审讯实践中,欺骗与诱导相结合的心理强制审讯策略已经成为审讯实践中审讯方法的主流。由于以心理学为基础的心理强制的审讯策略是在洞悉人性的弱点并且巧妙地运用人性的弱点的基础上发展而来的,因此其在获取犯罪嫌疑人的口供方面具有相当的威力。以美国为例,在美国通过心理强制的审讯策略诱使 80% 的犯罪嫌疑人放弃了米兰达权利,一旦犯罪嫌疑人放弃米兰达权利,侦查讯问人员便采用十分流行且具有可操作性的"九步审讯法"②来获取犯罪嫌疑人的口供,而且经过培训,在美国警方基本上都掌握了上述审讯方法。反观我国,由于长久以来形成的对刑讯逼供的惯性依赖,在短时间内尚未摸索出一套适合我国国情的行之有效的替代性的审讯策略,这种状况可以从我国公安院校的侦查讯问教科书中窥见一斑。随手翻阅任何一本《侦查讯问》教科书中关于审讯方法的介绍,我们就

---

① 管光承:《刑侦部门现场勘察率低的原因与对策》,载《犯罪研究》2005 年第 1 期。
② 关于"九步审讯法"的具体阐述,请参阅〔美〕佛瑞德·英鲍等著:《刑事侦讯与自白》,高忠义译,商业周刊出版股份有限公司,第 119 页。

可以发现,其对于审讯方法的介绍主要是生搬的军事谋略以及思想政治教育的某些方法,而且这些方法没有形成一个完整动态的可操行性的体系。俗话说得好:一把钥匙开一把锁。由于适用对象的差异,将军事谋略以及思想政治教育的方法运用到侦查讯问实践的结果可想而知。更为糟糕的是,在我国由于警察培训体制存在的严重缺陷,在我国承担绝大多数案件侦讯任务的广大基层公安民警很难获得高质量的有关新的审讯技术的培训教育,广大民警对于审讯技术的掌握主要来自于其他老民警的帮带。所有这些因素决定了,在我国通过审讯技巧来突破犯罪嫌疑人的口供并不现实。

总之,面对较短的时间内必须完成的繁重的取证任务,受制于社会条件以及制度性环境,我国的警方很难交出一份满意的答卷。刑事司法中证据供需严重失衡的矛盾已经成为刑事司法实践中一切违法的根源。

三、结语:敢问路在何方?

说到底,刑讯逼供问题与一个国家的司法证明制度密切相关。在人类相当常的一段时间内,之所以承认刑讯的合法性,乃在于刑讯可以确保在常规方式无法提供证明的情况下确保证明的实现。[①] 也正是基于此,有美国学者颇有见地地指出:"刑讯逼供这种卑劣的手段(shoddy subterfuge)之所以有持久的生命力,其原因在于它可以避免有关证据的正式法律制度陷于崩溃的危险。"[②]因此,从本质上说,刑讯逼供只不过是侦查人员对于证明不能的一种本能的反应而已。刑讯逼供的兴衰史表明刑讯逼供与一个国家、一个时代的刑罚制度与证据制度有着密切的关系。[③] 没有刑罚制度与证据制度的变革,刑讯逼供的深层社会根基就不会动摇,在这种情况下,任你立法以及公众无情的鞭挞,刑讯逼供依然会我行我素,当前我国刑讯逼供屡禁不止就是典型的写照。

---

① 〔英〕罗伯特·巴特莱特:《中世纪神判》,徐昕等译,浙江人民出版社2007年版,第177页。
② John H. Langbein, "Torture and Plea Bargaing", 46 *The University of Chicago Law Review* 1978 (3), p.20.
③ 唐作培等:《法定证据制度与刑讯》,载《人民法院报》2006年5月26日第B03版。

因此,要想在中国铲除刑讯逼供,我们必须从刑罚制度与证明制度入手,这才是治理刑讯逼供的治本之策。然而,说来容易,做来难。无论是刑罚制度还是证明制度的变革都涉及一个国家的政治、经济、文化等一系列的问题,其变革也并非一蹴而就的事情,对此,我们必须有一个清醒的认识。然而,我们高兴地看到,我国刑法学界正在积极推动刑罚的轻缓化改革运动。乐观地看,刑罚的轻缓化改革在较短的时间内可以实现,但是证明制度的改革必定是一个长期的曲折的过程。证明制度的改革,其难就难在:一是证明制度本身是任何法律制度的核心;二是证明制度涉及各项利益[①];三是证明制度的改革与一个国家的社会治理水平、经济发展状况、法律、技术等一系列问题有关。证明制度改革的难,不代表我们不能有所作为。在证明制度的改革方面,笔者认为,我们可以沿着两条主线进行:一是调整法律对于证据的需求。对于证据需求的调整是改革证明制度中最难的部分,其涉及整个法律制度的大调整问题。二是从社会、法律以及技术方面增强证据的供给能力。

---

① John H. Langbein,"Torture and Plea Bargaing", 46 *The University of Chicago Law Review* 1978(3), p. 19.

被告人审前供述的证据能力

张　颖[*]

纵观刑事诉讼制度发展的历史和各国的司法实践,不可否认的是,没有一个国家、一种诉讼制度会忽视口供这种证据对案件的直接证明作用,口供的独特功能决定了任何国家的警察都会不遗余力地获取犯罪嫌疑人、被告人的供述。因此,刑讯逼供等非法取证行为也就随之而发生。从证据学的角度来看,刑讯逼供的背后是被告人供述的证据能力问题,也就是说,通过非法手段所获取的被告人供述是否具有进入法庭审判程序的资格,对此类证据法庭又应该作出怎样的处理? 对于这个在诉讼中至关重要的问题,各国法律均予以规范。美国证据法学者彼得·墨菲(Peter Murphy)曾经说过:"诉讼中所要解决的是与证明有关的问题,说到底主要是对证据的采纳与排除问题。"[①]乔恩·R. 华尔兹也指出:"大多数证据规则都是关于什么应被接受为证据的问题——可采性问题。"[②]在我国,2010 年 6 月颁布的《关于办理死刑案件审查判断证据若干问题的规定》和《关于办理刑事案件排

---

[*] 张颖,副教授,硕士,从事刑事诉讼、证据制度研究。
[①] 转引自葛玲:《论刑事证据排除》,中国人民公安大学出版社 2011 年版。
[②] 〔美〕乔恩·R. 华尔兹:《刑事证据大全》,何家弘等译,中国人民公安大学出版社 1993 年版。

除非法证据若干问题的规定》(以下分别简称《死刑案件证据规定》和《非法证据排除规定》,合称《两个证据规定》)中,对于被告人供述的证据能力问题也作出了明确的规定:"采用刑讯逼供等非法手段取得的犯罪嫌疑人、被告人供述属于非法言词证据……经依法确认的非法言词证据,应当予以排除,不能作为定案的根据。"在司法改革举步维艰的今天,这样的突破实属不易,但在充分肯定进步的基础上,我们还应该冷静地分析存在的不足和局限。

有鉴于此,本文拟以《两个证据规定》和2012年《刑事诉讼法》为蓝本,对被告人审前供述的证据能力进行考察。需要说明的是,本文所讨论的被告人供述的证据能力,并不等于被告人供述的自愿性问题,笔者认为,影响被告人供述证据能力的除了自愿性这一因素外,取证主体、手段和程序的合法性都将严重影响被告人供述的证据能力而承担被排除在审判之外的风险。

一、创新:证据能力规则的突破

同现行刑事诉讼法及1998年的司法解释相比,《两个证据规定》和2012年《刑事诉讼法》的颁布,是刑事司法改革的重大突破。

第一,确立了证据裁判原则。证据裁判原则,又称证据裁判主义,是指司法机关和司法人员对于案件事实的认定,必须依据证据。2012年《刑事诉讼法》第53条规定:"对一切案件的判处都要重证据,重调查研究,不轻信口供。"该条文虽然基本体现了证据裁判原则的精神,但却没有在立法中明文规定该原则。《死刑案件证据规定》第2条明确规定:"认定案件事实,必须以证据为依据。"这就标志着证据法一以贯之的基本原则在我国正式确立。该原则的确立,对于增强司法人员的证据意识、完善证据规则,反对口供主义,都具有重要意义。[①]

第二,确立了非法证据排除规则。一项完整的非法证据排除规则包含

---

① 陈光中:《刑事证据制度改革若干理论与实践问题之探讨》,载《中国法学》2010年第6期。

着"实体构成性规则"与"程序实施性规则"两大部分。① 从实体构成性规则方面看,明确了非法证据的种类和范围,并根据违法情节的轻重,确立了三种排除规则,一是强制性排除规则,即采用刑讯逼供、暴力、威胁方法取得的非法言词证据,没有任何自由裁量的余地,必须排除于法庭之外;二是自由裁量的排除规则,即物证、书证的取得"明显违反法律规定"、"可能影响公正审判"的,由法官综合考虑违法行为的严重性、损害的法益、采纳该证据是否会影响司法的公正性等因素,作出是否排除的裁决;三是可补正的排除规则,即对于一些技术性违法所形成的"瑕疵证据",可责令侦查人员进行补正,使该瑕疵证据的证据能力得以恢复。从程序实施性规则来看,《非法证据排除规定》建立了排除非法证据的可操作性规程,包括确立了证据合法性调查的双重启动模式——职权启动和诉权启动。人民检察院在审查批准逮捕、审查起诉中,对于非法言词证据应当依法予以排除,不能作为批准逮捕、提起公诉的根据。在审判阶段,被告人及其辩护人提出被告人审判前供述是非法取得的,法院应当依申请启动排除非法证据的裁判程序;确立了"程序审查优先"原则,一旦被告人和辩护人申请对被告人审前供述的合法性进行调查,即会阻断法官对案件事实的实体审理,转入到对侦查行为合法性的审查程序;明确了控方的证明责任、证明方式和证明标准。在被告人和辩护人提供了涉嫌非法取证的人员、时间、地点、方式、内容等相关线索或者证据后,法庭经审查对审前供述的合法性有疑问,由公诉方承担证明责任,证明被告人审前供述的合法性。并且,这种证明需要达到我国刑事诉讼法中的最高证明标准,即证据确实、充分。如果公诉方不提供证据加以证明,或者已提供的证据不够确实、充分的,将导致法庭作出排除非法证据的裁决。按照规定,公诉方的证明方式主要有两种:一种是向法庭提供讯问笔录、原始的讯问过程录音录像或者其他证据材料;另一种则是提请三类人员出庭作证,包括讯问人员、讯问时在场的其他人员及其他证人。

第三,确立了取证、认证的基本规范。在《死刑案件证据规定》的第二部分,规定了各种证据的分类审查与认定,内容包括证据审查的重点、符合什么条件的证据能被采用、什么情况下证据不能作为定案的依据、瑕疵证据如

---

① 陈瑞华:《非法证据排除规则的中国模式》,载《中国法学》2010年第6期。

何处理等。就被告人的供述而言,细化了七项着重审查的内容,包括讯问的程序是否符合法律的规定、讯问手段是否合法,是否有刑讯逼供获取供述的情形、被告人的供述是否前后一致、有无其他证据予以佐证等等;再次重申了采用刑讯逼供等非法手段取得的被告人供述,不能作为定案的根据,并同时规定讯问笔录没有经被告人核对确认并签名(盖章)、捺指印的、讯问聋哑人、不通晓当地通用语言、文字的人员未提供翻译人员的,其供述也不得作为定案的依据;另外,特别值得一提的是,《死刑案件证据规定》从司法实践的角度出发,在禁止使用非法证据和基本要素欠缺的证据的同时,允许对带有"技术性违法"性质的"瑕疵证据"进行"补正"或"作出合理解释",以克服证据的瑕疵,使其具备证据能力。这些规定在一定程度上解决了证据收集、使用、判断的随意性问题,为程序性的辩护提供了依据,同时也给侦查机关提出了更加严厉的要求。

第四,确立了不得强迫自证其罪原则。在《刑事诉讼法》第53条,明确规定了"严禁刑讯逼供和以威胁、引诱、欺骗以及其他非法方法收集证据,不得强迫任何人证实自己有罪"。这是一个牵动诉讼全局的表述,表明我国刑诉法确立了不得强迫自证其罪的原则。不得强迫自证其罪,在联合国《公民权利和政治权利国际公约》中表述为:"在刑事诉讼中,人们不得被强迫作不利于他自己的证言或强迫承认有罪"(Not to be compelled to testify against himself or confess guilt)。这是目前国际上视为刑事诉讼中对被追诉人进行公正审判的一项最低限度的保障,具有多种意义:首先,对犯罪嫌疑人、被告人来说,这是一项权利,一项诉讼角色的选择权。犯罪嫌疑人、被告人可以选择认罪,充当控方的证人,也可以选择不认罪或是保持沉默。其次,该原则要求侦查人员在讯问犯罪嫌疑人时不得采用强制的手段,强迫犯罪嫌疑人认罪。这里的"强迫"通常包含两层含义,一是社会心理学意义上的强迫,即通过实施肉体或精神上的折磨,使犯罪嫌疑人丧失自由选择诉讼角色的权利;二是法律意义上的强迫,泛指一切没有选择诉讼角色的自由意志。再次,控诉方只能主动担负起收集并证明犯罪嫌疑人、被告人有罪的全部责任,不能再把破案的希望寄托在获取犯罪嫌疑人、被告人认罪的口供上面。[①]

---

① 樊崇义:《从"应当如实回答"到"不得强迫自证其罪"》,载《法学研究》2008年第2期。

最后,如果犯罪嫌疑人在没有任何压力的情况下自愿选择了认罪,坦白交代了犯罪事实,那么需要进行从宽处理。该原则的确立,体现了我国刑事诉讼制度的民主与进步。同时,2012 年《刑事诉讼法》还建立了一系列制度保障该原则的实施,比如:拘留、逮捕后 24 小时将被拘留、逮捕的嫌疑人送看守所羁押;犯罪嫌疑人被送交看守所羁押以后,侦查人员对其进行讯问,应当在看守所内进行;并规定对讯问过程的录音录像制度。

相对于西方国家的证据规则而言,一种非法证据排除规则的"中国模式"已经初步形成。[①] 这是"我国刑事证据制度发展中的阶段性进步"[②],但冷静下来思考,我们还应该看到在《两个证据规定》和《刑诉法修正案》中,对被告人审前供述的证据能力的规范还存在诸多的局限,比如:侦查机关以外的行政机关所获取的供述有证据能力吗?取证主体合法吗?侦查机关利用威胁、引诱、欺骗的方式所获取的供述有证据能力吗?重复自白有证据能力吗?违反录音录像义务所获取的供述有证据能力吗?侵犯律师帮助权所获得的供述有证据能力吗?这一系列的问题亟待进一步地反思。

二、局限:审前供述证据能力存在的若干问题

传统证据法理论认为,证据具有三个特性:客观性、关联性和合法性,其中,证据的合法性包含了三个要素:取证主体合法、取证程序合法、证据形式合法,只有同时具备了这三项要素的证据才具有证据能力。在《两个证据规定》和《刑事诉讼法》中,对涉及这三个要素的违法行为所取得的供述如何处理规定的仍不完善。

(一) 取证主体的合法性问题

第一,越权管辖所得供述之证据能力问题。

我国《刑事诉讼法》第 18 条明确划分了公安机关和检察院的职能管辖范围,这种检警二元化的侦查权配置模式,旨在防止职能管辖中的利益驱动

---

① 陈瑞华:《非法证据排除规则的中国模式》,载《中国法学》2010 年第 6 期。
② 熊秋红:《刑事证据制度发展中的阶段性进步》,载《证据科学》2010 年第 5 期。

性和管辖的任意性,但却限制了在某些特殊情况下职能管辖的灵活机动性。司法实践中公安机关和检察院的职能管辖权屡屡发生冲突,引发了管辖权是否有效,所获取之证据是否具有证据能力的争议。笔者曾经看到过这样一则案例:

2006年5月,某县人民检察院渎检科以本县卫生局医政科科长王某涉嫌玩忽职守罪对其进行立案侦查。由于案件涉及一乡镇卫生院院长徐某,故检察机关对徐某一并立案侦查。同年8月1日,该县人民检察院起诉书指控王某犯玩忽职守罪、徐某犯事业单位人员失职罪,向同级人民法院提起公诉。该县人民法院受理后,在诉讼过程中县人民检察院以发现不应该追究王某刑事责任为由向县法院要求撤回对王某的起诉,县人民法院裁定准许县人民检察院撤回对王某的起诉。但县人民检察院仍以自行侦查取得的原有证据对徐某一人进行指控,指控徐某犯事业单位人员失职罪。庭审中,被告徐某及其辩护人提出,县人民检察院指控的证据来源于该院的自行侦查。根据职权管辖的分工,县人民检察院对事业单位人员失职罪无侦查管辖权,故县人民检察院对其无侦查权而取得的证据材料不能作为证据使用。①

类似于这样的越权管辖案例在实践中并不罕见,究其原因或立案时,案件性质不明确;或如上述案例,在案件侦查过程中发现另一犯罪,而者侦查机关对该犯罪无管辖权却一并立案侦查;或因为一些利益的驱动,如业绩考核成绩、没收赃款赃物后通过财政返还部分款项等。如何确定越权管辖所获取之证据,特别是所获取之供述是否具有证据能力呢?如果一概承认越权管辖的有效性,赋予越权管辖所获之供述证据能力,势必违反法治原则;但如果不加甄别地否认越权管辖的有效性,否定越权管辖所获供述之证据能力,又会浪费司法资源,降低诉讼效率。结合中国目前的司法状况,笔者赞成龙宗智教授在此问题上的观点,以"善意"和"恶意"作为区分之标准。所谓"善意管辖",是在案件本身性质不够明确,或者对案件性质合理地存在某些争议的情况下实施的管辖;所谓"恶意管辖",是指明知无管辖权而进行的管辖。② 对于善意管辖的,由于主观上并无过错,并非明知不能为而为之,

---

① 陈李荣、于笑蓓:《从一司法案例论侦查主体越权管辖取得证据的效力问题》,载《中国检察官》2008年第12期。
② 龙宗智:《取证主体合法性若干问题》,载《法学研究》2007年第3期。

是履行职责的行为,因此,只要在侦查过程中,侦查人员取证方式、程序等符合法律规定,应承认因越权管辖所获取之供述的证据能力。另一方面,如果在有关利益驱动之下恶意管辖的,法律不应当纵容在司法活动中偏离程序公正要求的利益驱动行为,应当对其设置程序性制裁[①],重新考虑因恶意越权管辖所获取供述的证据能力。

第二,纪检部门所获供述之证据能力问题。

在我国司法实践中有一特殊问题,即凡具有党员身份的国家工作人员涉嫌职务犯罪的案件,纪检程序通常是司法程序的前置程序,案件的突破和犯罪嫌疑人供述的取得通常在此阶段基本完成,然后移交司法机关处理。因此,如何看待纪委所获供述之证据能力,成为无法回避的问题。

对于纪委所获之供述是否具有证据能力,有三种不同的观点。肯定说根据证据的相关性认为能证明案件真实情况的一切事实都是证据,如果纪委所获取之供述能证明案件的事实,也能成为刑事诉讼中的证据;否定说则根据证据的合法性认为纪检口供是纪检部门查处违纪案件的依据,由于取证主体、证据形式和取证程序不合法,因此它只能作为刑事案件的线索材料,而不能直接作为刑事诉讼的证据。[②] 折中说认为,纪委获取的人证原则上不能作为刑事诉讼程序中使用的定案依据,但根据实际需要,在具备相对合理性的前提下允许有某种例外。[③] 笔者赞成否定说的观点。首先,《刑事诉讼法》对取证主体作出了明确的限制。《刑事诉讼法》第3条明确规定了刑事案件的侦查权由公安机关、检察院行使,除法律另有规定外,其他任何机关、团体和个人都无权行使这些权力。同时,该法第116条规定讯问犯罪嫌疑人必须由人民检察院或公安机关的侦查人员负责进行。这些规定说明在刑事诉讼中,能作为证据使用的犯罪嫌疑人的供述,必须是法定的主体按照法定程序收集的。而根据《刑事诉讼法》的规定纪委不具有取证主体的资格,如果承认纪委所获供述之证据能力,在司法程序中允许作为证据使用的话,势必突破法律的规定。其次,刑事侦查是一个特殊的职业领域,侦查人员往往都受过专业训练,由于纪委工作人员大都缺乏这种专业技能、专业规

---

① 龙宗智:《取证主体合法性若干问题》,载《法学研究》2007年第3期。
② 邱文华:《试析纪检口供的证据效力》,载《河北法学》2005年第11期。
③ 龙宗智:《取证主体合法性若干问题》,载《法学研究》2007年第3期。

范,因此,其取证手段、程序可能会违反法律的规定,所形成的证据材料可能会存在大量的瑕疵,其可诉性受到质疑。再次,纪委工作人员不受刑法相关罪名的制约。《刑法》所规定的刑讯逼供罪、暴力取证罪、枉法追诉、裁判罪等,其犯罪主体为司法工作人员,由于纪委工作人员非属司法工作人员之列,这些罪名都无法适用。因此,即使是在调查过程中有侵犯被调查者权利的行为,由于没有实体法上的救济,就使得纪委所获取供述的自愿性、可靠性受到质疑。最后,纪委是对违反党纪、政纪的案件行使调查权,根据《纪检机关案件检查工作条例》规定,在查处违纪案件的过程中,发现有涉嫌犯罪的,应当移送司法机关依法处理,司法机关依照法律规定进行立案侦查。如果直接承认纪委调查中所获供述之证据能力的话,等于架空了刑事诉讼的侦查程序,无异于将侦查权交由纪检部门代为行使,违背了法治原则。由此可见,纪委作为非司法机关,在调查过程中所获供述不具有证据能力。

(二)取证方式的正当性问题

第一,采用威胁、利诱、欺骗的方式获取供述之证据能力。

《非法证据排除规定》第 1 条将非法言词证据限定在"采用刑讯逼供等非法手段取得的犯罪嫌疑人、被告人供述和采用暴力、威胁等非法手段取得的证人证言、被害人陈述",2012 年《刑事诉讼法》第 54 条对其进行了确认。这就意味着采用威胁、利诱、欺骗的方式获取的犯罪嫌疑人的供述已不在法律禁止的范围以内。那么,是否采用威胁、引诱、欺骗的方式所获取的犯罪嫌疑人的供述就可一概认为具有证据能力呢?这是一个值得讨论的问题。事实上,通过威胁、利诱、欺骗的方式获取供述在各国的侦查实践中是很常见的,因为它很难和侦查中的侦讯谋略、侦讯技巧截然分开。如刑事司法专家阿瑟·S. 奥布里等人著《刑事审讯》一书称:"审讯方法大致包括以下几类:直接的方法和间接的方法,激情刺激的方法与巧立名目的遁词诡计方法……缩小犯罪等级法,夸大犯罪等级法,缩小犯罪后果法,假象欺骗和吓唬法……"① 因此,作为侦讯谋略的欺骗、利诱以及一些轻微的、法律许可的威胁,并未完全被各国刑事司法所禁止。比如:在美国,1969 年的"弗雷泽诉

---

① 龙宗智:《威胁、引诱、欺骗的审讯是否违法》,载《法学》2000 年第 3 期。

卡普（Frazier v. Cupp）"案中,据以定罪的供述实际是通过欺哄手段得到的,而美国联邦最高法院在判决中含蓄地指出"警方虚假传达了罗尔斯所作陈述的事实尽管是有关联性的,但照我们看来不足以使其在其他方面为自愿的供认不可采纳"。① 在德国,"欺罔如单纯为一项诡计,则应一般认定为允许的……恐吓、胁迫需为违反刑诉法之行为,如胁以合法的暂时逮捕,此应属合法之行为……"②那么,如何确认因威胁、利诱、欺骗行为所获供述之证据能力呢？虽然大多数国家对这些方法的适用都具有一定的容许性,但也设定了界限。首先,通过威胁的方式进行讯问,通常是被法律所禁止的,比如,以对犯罪嫌疑人的亲属的重大不利相威胁,以不招供就施以暴力相威胁等等,均会对犯罪嫌疑人产生难以抗拒的精神强制力,往往会为了避免这些不利的后果而作出供述,由此而获取的供述不具有证据能力③；其次是关于讯问中的利诱,这里的利诱通常是指在讯问的过程中向犯罪嫌疑人许下承诺以期获取口供的行为。利诱在一定限度内是具有容许性的,比如辩诉交易就是以宽大的承诺换取被告的认罪。判断的标准是:向嫌疑人作出的承诺或类似的陈述是否妨碍了嫌疑人作出自愿和理性的供认决定。④ 如果向嫌疑人作出的承诺会妨碍其供述的自愿性和理性,则该供述不具有证据能力,如答应嫌疑人只要认罪,就可以将其释放或只要供出同案犯就可以不追究其犯罪行为。再次是讯问中的欺骗,波斯纳曾经指出"法律并不绝对地防止以欺骗手段获得口供；在审讯中是允许一定的小诡计的。特别是夸大警察已获得的、对犯罪嫌疑人不利的其他证据,让犯罪嫌疑人觉得招供不会失去什么预先战术设计,都是许可的"⑤。但是必须要有一定的限度,即该欺

---

① 〔美〕约翰·W.斯特龙主编:《麦考密克论证据》,汤维建等译,中国政法大学出版社2004年版,第298页。
② 〔德〕克劳思·罗科信:《刑事诉讼法》,吴丽琪译,法律出版社2003年版,第235页。
③ 德国判例BGHSt15,181有一代表性的案情:一位涉嫌谋害亲子的父亲在多次被威胁将被带去见其子之尸体时,其终至崩溃而做自白,联邦最高法院判此为使心理痛苦的禁止方法。参见〔德〕克劳思·罗科信:《刑事诉讼法》,吴丽琪译,法律出版社2003年版,第234页。
④ 〔美〕约翰·W.斯特龙主编:《麦考密克论证据》,汤维建等译,中国政法大学出版社2004年版,第296页。
⑤ 转引自龙宗智:《试论欺骗与刑事司法行为的道德界限》,载《法学研究》2002年第4期。

骗行为是否造成了不真实的供述或者该欺骗行为使社会难以接受。① 因此，通过实施超过一定界限的欺骗行为所获取的供述不具有证据能力。

第二，重复自白的证据能力。

在司法实践中，侦查人员在办案时通常会对犯罪嫌疑人进行多次讯问，以有效地固定证据，也就是说，通常情况下，犯罪嫌疑人的审前供述不会只有一次，如果侦查机关采用了刑讯逼供行为获得了第一次有罪供述后，依法对犯罪嫌疑人进行讯问，又获取了后续的有罪供述，根据《非法证据排除规定》可以直接排除采用刑讯逼供行为所取得的第一份供述，但后续供述是否具有证据能力呢？从法理上分析，依法所获得的供述当然应当具有证据能力，但是，如果承认了后续供述的证据能力的话，第一份供述的排除不就失去意义了吗？非法证据排除规则不就可以被成功地规避了吗？那么，对于犯罪嫌疑人的这些重复自白，应该怎样确定其证据能力呢？台湾地区学者林钰雄先生提出了这样一个判断标准：先前之不正方法对于后来自白之"任意性"有无影响。② 此即"证据禁止使用的继续效力"。也就是说第一次非法取证行为若影响了后续供述的任意性的话，后续供述就不具有证据能力。由于一次刑讯逼供行为的实施，通常情况下是会具有延续性的，会让犯罪嫌疑人产生严重的恐惧心理，即使之后侦查人员不再使用刑讯的手段，而是采用合法的审讯方式，犯罪嫌疑人都会基于"一朝被蛇咬，十年怕井绳"的恐惧心态而再次作出供述，该供述也已无任意性可言。由此，在重复自白中，后续口供的取得受到了第一次非法取证行为的影响，实际是第一次非法取证行为的直接后果，两者之间有因果关系。那么，这种因果关系会不会因为其他因素的介入而阻断，使得后续供述取得证据能力呢？在这个问题上，有学者认为若取证主体改变，由法院作为中立主体讯问，在讯问符合要求的情况下，被告仍然承认有罪的话，即波及效应中断，供述可以作为定罪依据。但目前，我国公检法三机关在刑事诉讼法"分工负责、互相配合、互相制约"的

---

① 加拿大最高法院在1981年罗斯曼诉奎恩的案件中遇到了一个毒品贩子对一位装扮成罪犯的警察的有罪供述是否可以采用的问题，安东尼奥·拉默大法官列举了两种情况说明警察所用的圈套和欺诈方法不能具有使社会震惊的性质，一是警察乔装成牧师听犯罪嫌疑人的自白，二是警察装扮成提供法律帮助的律师引出犯罪嫌疑人的有罪供述。参见龙宗智：《威胁、引诱、欺骗的审讯是否违法》，载《法学》2000年第3期。

② 林钰雄：《刑事诉讼法》，中国人民大学出版社2005年版，第150页。

原则指导下,奉行三机关"流水线作业"的办案模式,法官的中立性不够,那种本应成为"社会正义最后堡垒"的法院,却与检警机构联合起来,成为追溯犯罪这一"流水线"上的操作员。① 即使是变更了讯问的主体,也不能完全抵消侦查机关刑讯逼供所造成的消极影响,因此,单纯的变更讯问主体在我国目前的司法体制下,不能成为中断因果关系的因素。由于我国行的司法体制和刑事诉讼机制,产生了一种"绑定"效应,先前的非法讯问行为一经实施,其与后续自白之间的因果关系就很难被切断。② 那么,笔者认为,只要侦查机关的非法取证行为查证属实,重复自白就毫无例外地不具有证据能力。

(三) 取证程序的合法性问题

第一,违反录音录像义务获取之供述的证据能力。

2012 年《刑事诉讼法》第 121 条规定:"侦查人员在讯问犯罪嫌疑人的时候,可以对讯问过程进行录音或者录像;对于可能判处无期徒刑或者死刑的,应当对讯问过程进行录音或者录像。录音或者录像应当全程进行,保持完整性。"该条规定赋予了侦查机关在讯问犯罪嫌疑人时全程录音、录像的义务,旨在通过录音录像的方式强化对侦查讯问活动的监督,遏制刑讯逼供等非法取证行为的发生,同时,也有助于提高讯问笔录的正确性。然而,从 2007 年全国检察机关办理职务犯罪案件讯问时全程录音录像的情况来看,有些侦查人员通过采用变通手段使讯问同步录音录像制度的预期功能被架空:如先对犯罪嫌疑人进行讯问,在其被迫招供后再录音录像,或者先将相对人作为证人进行询问,在其承认有罪后再作为犯罪嫌疑人进行讯问,在讯问时才录音录像。③ 那么,这些违反录音录像义务而获取的供述有证据能力吗? 笔者认为,可以分下几种情况讨论:一是未全程录音录像的。"全程",即从讯问嫌疑人开始时起至讯问终止时止。基于此,侦查机关不得在讯问开始一段时间后才开始录音录像,也不得在中途中断或停止录音录像。作为讯问同步录音录像制度的发源国英国,为了保证录像的全面性,在 2004 年修正的《警察与刑事证据法守则 F》第 2 条第 3 款中规定:"在记录媒介被

---

① 陈瑞华:《刑事诉讼的前沿问题》(第二版),中国人民大学出版社 2005 年版,第 345 页。
② 万毅:《论"反复自白"的效力》,载《四川大学学报(哲学社会科学版)》2011 年第 5 期。
③ 瓮怡洁:《英国的讯问同步录音录像制度及对我国的启示》,载《现代法学》2010 年第 3 期。

放入录制设备中并打开开关之后至整个录制过程中,记录媒介应当逐秒显示小时、分钟和秒。"若录音录像出现不连贯、中断或者存在空白之处的,应当否定供述的证据能力。二是事后录音录像的。所谓事后录音录像是指侦查人员先对犯罪嫌疑人进行讯问,在嫌疑人认罪后再制作录音录像的行为。这种做法违背了录音录像制度设立的初衷,而且有使用不正当的讯问方式之嫌,该供述无证据能力。三是录音录像效果不清晰的。为保证录相的品质和效果,英国《警察与刑事证据法守则F》第2条第3款规定:"记录媒介的材质必须是高质量的、新的和以前没有用过的。"[①]如果在讯问按照法律的规定进行了全程录音录像,但由于录音录像品质效果不佳,导致无法辨认录制的内容,则无法辨认部分所对应之供述无证据能力。因为虽然该录音录像在形式上符合了法律的规定,但由于无法辨认其内容,使得同步录音录像的立法本意无法实现,也应属于违反录音录像义务的情形,只有这样才能避免侦查机关在履行义务时的规避行为。当然,确系技术问题而造成效果不清晰的,也可以考虑补正,以治愈与之相应的供述的证据能力。

第二,侵犯犯罪嫌疑人律师帮助权所获供述之证据能力。

日本学者松尾浩也将犯罪嫌疑人、被告人在刑事诉讼中的权利分为"消极的防止权"和"积极的防止权",前者为在讯问时的沉默权,后者为辩护权(包括自行辩护和聘请律师帮助进行辩护)。[②] 在强大的国家权力面前,犯罪嫌疑人处于极其弱势的地位,无法有效地行使辩护权,其辩护权的行使必须依靠律师的帮助,律师的帮助既可以有效地保护犯罪嫌疑人的合法利益,又可以防止侦查人员使用非法手段获取犯罪嫌疑人的供述。因此,犯罪嫌疑人、被告人的律师帮助权不仅为世界各国所普遍认可,也成为联合国保障人权的一项重要内容。联合国《关于律师作用的基本原则》第7条指出:"被拘留或逮捕的所有人,无论是否受到刑事指控均应迅速得到机会与一名律师联系,不管在何种情况下至迟不得超过自拘留或逮捕之时起得48小时。"[③]2012年《刑事诉讼法》也强化了犯罪嫌疑人、被告人的律师帮助权,比如:确认了侦查阶段律师的辩护人身份,会见问题上吸收了《律师法》第34

[①] 瓮怡洁:《英国的讯问同步录音录像制度及对我国的启示》,载《现代法学》2010年第3期。
[②] 孙长永:《侦查程序与人权》,中国方正出版社2000年版,第305页。
[③] 陈瑞华:《比较刑事诉讼法》,中国人民大学出版社2010年版,第255页。

条的规定,确认了双重阅卷权,扩大了法律援助的范围等等,以防止控辩双方力量的严重失衡。但从司法实践来看,律师行使帮助权的行为常常遭到拒绝,而法律也未规定侵犯该权利的救济机制,导致控辩双方力量的失衡。从各国立法来看,为保障犯罪嫌疑人的该项权利,对违反律师帮助权而获得供述的证据能力作出了相关规定。比如,在美国,1964 年就 Escobedo v. Illinois 案件的判决中,最高法院首次判定被告人在警察的挤压型讯问阶段就享有获得律师协助辩护的宪法权利,并认为警察以侵犯被告人这一权利的方式获得被告人供述应属排除规则的适用范围。① 在英国,对于违反律师帮助权获得的口供是否排除由法官根据案情自由裁量。② 在日本,侵害辩护人委托权的自白不仅程序违法,而且侵害了供述的自由,被认为是任意性值得怀疑的自白,原则上予以排除。③ 在德国,虽然也明确规定了告知义务,但未进一步严明违反这一取证规定应否招致禁止使用自白证据之法律效果,因此,容留相当的解释空间。④ 由此看来,各国对违反律师帮助权所获证据有绝对排除和相对排除两种模式。结合我国立法和司法实践来看,由于犯罪嫌疑人大多不懂法律又身陷囹圄,无法将法律赋予的自行辩护的权利从获得利益的资格转化为现实利益,此时,律师帮助成为犯罪嫌疑人行使辩护权的重要形式,但由于律师帮助权在实践中没有得到真正的落实,律师办案的"三难"问题仍然存在,犯罪嫌疑人的合法权利无法得到切实的保障。鉴于此,为了保持控辩双方力量的平衡,天平应该向弱者倾斜,对于侦查机关恶意侵犯犯罪嫌疑人律师帮助权,如讯问前未告知嫌疑人聘请律师的权利、嫌疑人要求聘请律师而拒绝的、对于特殊的嫌疑人应当通知法律援助机构指派律师而未通知的、无理拒绝律师会见、通信要求、拒绝告知律师嫌疑人涉嫌罪名等而获取的供述无证据能力。当然,如果侦查机关并非基于主观恶

---

① 孙长永:《侦查程序与人权》,中国方正出版社 2000 年版,第 99 页。
② 在女王诉塞缪尔(R. v. Samoel)一案中,上诉法院认为:在讯问时被告人要求律师在场的权利是最重要的和根本的权利,拒绝律师的介入应当有合理的原因,例如:司法官员要说明律师的活动将惊动其他嫌疑人或者会导致盗财产的起获,而在该案中,拒绝律师在场是不公正的。因此上诉法院排除了被告人的口供。而在女王诉爱勒第斯一案中,上诉法院认为,根据非法取消嫌疑人咨询律师的权利所得到的口供无需排除,因为被告人已经很好地认识到了自己的权利。
③ 〔日〕田口守一:《刑事诉讼法》(第五版),张凌、于秀峰译,中国政法大学出版社 2010 年版,第 299 页。
④ 林钰雄:《刑事诉讼法》,中国人民大学出版社 2005 年版,第 143 页。

意侵犯了嫌疑人的律师帮助权,则所获供述之证据能力可以经法官裁量而治愈。

三、后果:违法所得审前供述的排除

"权利的生命不在于列举,而在于救济。"《两个证据规定》针对审前的程序性违法行为确立了程序性制裁机制即非法证据排除,包括强制性的排除、自由裁量的排除、可补正的排除三种方式。由于已有学者从理论上对这三种排除方式进行了详细的阐述,本文将不再赘述①,在此,笔者欲讨论在审前供述的排除问题上所面临的困境。

首先,《两个证据规定》中明确规定采用刑讯逼供等非法手段取得的犯罪嫌疑人、被告人供述属于非法言词证据,经依法确认的非法言词证据,应当适用强制性的排除规则予以排除,不得作为定案的依据。但是,何为"刑讯逼供",应当怎样正确地进行理解与解释呢? 立法却没有给出明确的定义。这样一来,在司法实践中就很难把握到底哪些行为构成刑讯逼供。由于刑讯逼供一词概念不清,可能导致在认定刑讯逼供时走向两个极端:一是对刑讯逼供进行缩小解释,认为只有使用积极暴力手段获取供述的才属于刑讯逼供;二是对刑讯逼供进行扩张解释,将凡是采用了某种不人道或有辱人格方法的不规范审讯都视为刑讯逼供。② 因此,如何理解刑讯逼供的涵义对强制性的排除规则的适用显得尤为重要。根据《禁止酷刑和其他残忍、不人道或有辱人格的待遇或处罚公约》第1条的规定"酷刑是蓄意使某人在肉体上或精神上遭受剧烈疼痛或痛苦的任何行为"。可知,与直接采用暴力手段具有相似效果的"变相刑讯逼供"的行为,如长时间不准吃饭、不准睡觉、利用亲情、传染病逼供等均应认定为刑讯逼供行为,由此而获得的供述适用强制性的排除规则。另外,由于强制性的排除规则的精髓就在于取证手段的非法性和侵权性③,一旦法官发现严重的违法行为,即使该证据有证明力,

---

① 陈瑞华:《非法证据排除规则的中国模式》,载《中国法学》2010年第6期。
② 龙宗智:《两个证据规定的规范与执行若干问题研究》,载《中国法学》2010年第6期。
③ 陈瑞华:《非法证据排除规则的中国模式》,载《中国法学》2010年第6期。

也会否定其证据能力且不可补救,即严重违法、侵权等于排除。结合本文第二部分中所讨论的内容,笔者认为,除刑讯逼供以外,以下几种情况也应适用强制性的排除规则:一是因恶意管辖而获取的供述;二是纪委机关在调查过程中,特别是在"双规"、"双指"时获取的供述;三是过度地采用威胁、利诱、欺骗所获取的供述;四是重复自白的;五是违反录音录像义务事后录音录像的;六是恶意侵犯律师帮助权所获取的供述。因为这几类非法证据的收集严重违背了法治原则,严重损害了司法的程序公正性,明显违背了国际公约中的相关规定,严重侵犯了嫌疑人供述的自愿性。

其次,《非法证据排除规定》也确立了自由裁量的排除规则,但主要是针对非法取得的物证、书证适用。由于非法取证的形式、违法的轻重、造成的后果千差万别,很难用简单的违法即排除来解决,特别是对于那些违法情节不严重、侵害的利益不很重大、造成后果不是特别严重的违法侦查行为,假如一律采用无条件排除的做法,未免过于严厉,容易破坏程序性违法与程序性制裁相均衡的原则。[①] 笔者认为,自由裁量的排除也可延伸至对被告人供述的排除问题上。一是越权管辖所获取之供述。如果越权管辖是在案件本身性质不够明确,或者对案件性质合理地存在某些争议的情况下实施的管辖,由于是正常履行职责的行为,因此,只要在侦查过程中,侦查人员取证方式、程序等符合法律规定,即使在管辖上不符合法律的规定,法官也可综合考虑有关的因素[②],权衡采纳的利益和排除的利益的大小,作出是否排除的决定。二是录音录像效果不清晰时所取得之供述。鉴于上述情况可能因录制技术或特殊原因引起,因此,法官可以要求控诉方作出合理的解释或者进行补正后,再作出是否排除的决定。三是侦查机关非基于主观恶意侵犯嫌疑人的律师帮助权而取得之供述。比如,侦查人员因疏忽没有告知犯罪嫌疑人聘请律师的权利,而犯罪嫌疑人已经熟知该项权利,即使没有告知也不会扩大或加深对嫌疑人的损害,在这种情况下,法官就可以行使自由裁量权,经过综合评估后再作出是否排除的决定。当然,"自由裁量的排除"绝不

---

① 陈瑞华:《非法证据排除规则的中国模式》,载《中国法学》2010 年第 6 期。
② "自由裁量的排除法官应考虑的因素"可参见陈瑞华:《非法证据排除规则的中国模式》,载《中国法学》2010 年第 6 期。

等于简单地"自由裁量的不排除"①,在实施的过程中,需要法官综合考虑各种因素,对多方面的利益加以权衡,凭良心和理性作出决定。

最后,在《两个证据规定》中,创立了一项有别于西方证据法"要么全部,要么没有"(all or nothing)的具有中国特色的第三种排除规则——可补正的排除,其适用对象是"瑕疵证据",即在程序方法、步骤、时间、地点、签名等技术环节上存在轻微违法的证据。由于造成瑕疵的技术性违法取证行为没有严重违反法定程序,没有侵犯公民重大的利益,没有造成严重的后果,司法解释允许公诉方对瑕疵进行补正,经过补正或作出合理的解释、说明后,瑕疵得以洗涤,瑕疵证据得以治愈。但是,可补正规则的设立是在我国目前法制客观条件不完善,法制主观条件质量不高的背景下对现实主义的一种妥协,《两个证据规定》本身对补正的方法、补正的标准没有作出严格的界定,同时将一些明显不属于技术性违法的证据也纳入到补正的范围,在实践中充斥着大量刑事诉讼潜规则的情况下,允许补正不得不让人担心会产生"可补正的不排除"的结果,一方面,在司法实践中,通过最严重的违法取证行为所获取之证据都难以按照强制性的排除规则得以排除,更何况这些因技术性违法而形成的瑕疵证据了,大量的补正、解释、说明会消解本来就难以执行的证据规定的执行效力。另一方面,由于补正是牺牲了程序的合法性来强调结果的真实性,因此,为了追求这一真实性的结果,侦查、控诉机关可能会为补正而弄虚作假,比如:倒填讯问的时间、虚构讯问人数等等,使得补正变为违法行为的庇护所。

四、反思:证据能力规则运行的困境

《两个证据规定》针对非法获取的被告人供述在"书本法律规则"层面确立了具有中国特色的非法证据排除规则,但是,徒法不足以自行,我们还应该关注该规则的实施问题,在目前实施的背景条件和配套措施先天不足的情况下,非法证据排除规则的实施将面临一系列的困境。

---

① 陈瑞华:《非法证据排除规则的中国模式》,载《中国法学》2010 年第 6 期。

（一）口供中心主义依然盛行

从古至今，刑讯逼供总是伴随着人类社会的发展禁而不绝，究其根源实施此项行为的目的就是为了获取口供。作为一种直接证据，它包含了非常丰富的信息，除了能够直接证明犯罪构成要件的成立外，还能够提供大量的线索以满足侦查的需要，如：查找其他的实物证据、查获其他的犯罪嫌疑人、深挖余罪以破获隐案、积案等，由于具有这些独特的功能，口供至今仍然占据着"证据之王"的地位，加之证据的社会、法律以及技术供给的低下，在司法实践中警方能够收集的证据是极其有限的，而且通过发挥主观能动性也很难改变这种状况。① 因此，口供比证据体系中的其他证据更受侦查人员的青睐，侦查通常也习惯性地遵循着"讯问—调查—再讯问—再调查"的模式，以获取口供为中心。某课题组通过从 C 市 J 区 1984 年、1994 年、2004 年审结的刑事案件中，各抽样 50 起进行分析统计，结果显示，1984 年 50 起案件在侦查过程中共获取口供 356 份，与其他证据之比为 1∶2；1994 年 50 起案件中共获取口供 240 份，与其他证据之比为 1∶2.23；2004 年，50 起案件中共获取口供 328 份，与其他证据之比为 1∶2.27。② 从上述数据统计可知，从 1984—2004 这 20 年间，对口供的依赖并没有明显降低，大多数情况下都以口供作为突破口实现案件的侦破，而不惜使用刑讯等侵犯嫌疑人权利的手段。在这样的现实状况下，为了实现控制犯罪，为了完成考核任务，为了防止被害人的申诉上访，法官会轻易地使用排除规则，冒着证据体系崩溃的风险，否定口供的证据能力，将证据体系中起到重要证明作用的口供排除掉吗？

（二）讯问时间、地点容易失控

2012 年《刑事诉讼法》为了防止刑讯逼供行为的发生，在讯问的时间和地点上均作出了相应的修改，比如：拘留、逮捕后 24 小时内送交看守所，犯罪嫌疑人在送看守所羁押后讯问一律在看守所内进行。但是，拘传时间和

---

① 吴纪奎：《口供供需失衡与刑讯逼供》，载《政法论坛》2010 年第 7 期。
② 左卫民等：《中国刑事诉讼运行机制实证研究（二）——以审前程序为重心》，法律出版社 2009 年版，第 223 页。

监视居住条件的变化，使得讯问的时间和地点容易失控，实践中可能会出现变通做法以规避法律的规定。一方面，司法实践中，最关键的讯问阶段实际是在传唤、拘传后的那段时间，按照1996年《刑事诉讼法》的规定，传唤或拘传12小时以后就必须作出是否拘留、逮捕决定，如果12小时之内侦查人员无法获得突破案件的关键证据，没有足够的理由拘留犯罪嫌疑人，就意味着必须放人，而犯罪嫌疑人一旦脱离侦查机关的控制，就存在隐匿、转移证据或收买、威胁证人，与同案人员订立攻守同盟的可能，因此，侦查人员通常会在拘传期间尽可能的获取嫌疑人的供述。2012年《刑事诉讼法》将拘传的时间延长至24小时，加上拘留后24小时内送看守所的时间，也就是说嫌疑人有48小时是在看守所外度过的，完全有可能消解在看守所内讯问的立法初衷。另一方面，监视居住的条件发生变化，其中，符合逮捕条件因为案件的特殊情况或者办理案件的需要，采取监视居住措施更为适宜的，可以监视居住，这无疑使监视居住合法的成为变相的羁押手段，不得不让人担心，为了规避24小时送看守所的规定，大量的案件都会采用监视居住这一强制措施，而刑讯等非法手段也会因此而换一个地点发生。

（三）供述自愿性的保障规则难以实现

对于被告人审前供述的证据能力来说，自愿性规则无疑是极其重要的，通常情况下，只要具有了自愿性，其供述就具备了证据能力。那么，如何保障被告人审前供述的自愿性呢？尤其是在审前的侦查阶段，犯罪嫌疑人处于人身自由被限制被剥夺的状态之下，而侦查活动又具有封闭性和秘密性的特点，在口供中心主义仍然盛行的现实状况下，获取犯罪嫌疑人有罪的供述是侦查活动取得成功的关键，违法取证行为极易发生，因此，为了保障侦查阶段嫌疑人供述的自愿性，一方面必须获得律师的帮助，使侦查行为能够得到来自外部的制约，同时，还应该从程序上对讯问活动进行一系列的限制。比如：限制讯问的时间、地点、次数、讯问过程的录音录像等。2012年《刑事诉讼法》在这两面都作出了相应的努力，比如确认了侦查阶段律师的辩护人身份，可以持三证无障碍会见，扩大了法律援助的范围，设立了同步录音录像制度等。但是，结合立法本身和目前的司法实践来看，这些保障规则真的能够顺利实现吗？一方面，虽然律师可以持三证无障碍会见，但是危害国家安全犯罪案件、恐怖活动犯罪案件、重大贿赂犯罪的共同犯罪案件会见必须经侦查机关批准,批准的时间呢?不批准的如何救济呢?普通案件的会见受到阻碍的如何救济呢?法律没有任何规定,以至于程序性制裁根本无法适用于会见规定的违反,将会严重影响该规定的落实。另外,虽然扩大了法律援助的范围,但是我国法律援助还处于初级阶段,存在很多制度上的问题,辩护效果很差,辩护权形同虚设,影响防御权的有效行使。另一方面,虽然在讯问的时间、地点上作出了一些限制,但如前所述,很容易出现讯问时间和地点失控的情况,侦查人员可以通过拘传、监视居住等方式,将嫌疑人直接控制在自己手中,极易造成讯问的随意性,存在滥用权力、实施暴力的危险,对防御权的行使和供述的自愿性造成威胁。即使是在看守所讯问,由于看守所隶属于公安机关,很难做到基本的中立,对讯问无法做到有效的限制,也同样存在威胁供述自愿性的可能。另外,同步录音录像的规定过于简单,无法有效保证其客观性,而法律对于普通刑事案件规定"可以对讯问过程进行录音或录像",在可录可不录的选择中,后者出现的几率会很大,无法实现立法的初衷。

(四) 未确立沉默权制度,犯罪嫌疑人不能进行角色的选择

令人遗憾的是,2012 年《刑事诉讼法》不仅没有确立沉默权,还继续保留了犯罪嫌疑人对侦查人员的讯问应当如实回答的规定,使得犯罪嫌疑人无法进行角色的选择。从理论上讲,犯罪嫌疑人在讯问过程中具有选择其诉讼角色的权利:一是自证其罪,作出有罪的供述;二是否认有罪,作出无罪的辩解;三是保持沉默,既放弃辩护的权利,也拒绝和警方合作。但这一选择的自由仅仅是停留在应然的层面,因为刑事诉讼法规定了犯罪嫌疑人有如实回答的义务,也就是说嫌疑人在受到羁押的状态下,面对侦查人员秘密实施的讯问,既不具有保持沉默的自由,也不具有任何辩解的选择权,而只能作出符合所谓"客观事实真相"的陈述。[①] 而"客观事实真相"往往就是侦查人员主观上认定的有罪的行为,因此,只要嫌疑人选择进行无罪的辩解,就会被认为是与"客观事实"不相符的,就会违背"如实回答"的义务,当然,

---

① 陈瑞华:《问题与主义之间——刑事诉讼基本问题研究》,中国人民大学出版社 2003 年版,第 392 页。

犯罪嫌疑人也不能选择保持沉默,因为刑事诉讼法根本没有确立嫌疑人的沉默权。如此看来,实际上犯罪嫌疑人只有一条路可走,也就是放弃积极的和消极的辩护权,履行"如实回答"的义务。这样一来,供述的自愿性还能得到保障吗?

防治刑讯逼供立法方案的功效与限度

褚福民*

刑讯逼供问题是我国刑事诉讼中的顽疾,近些年来媒体曝光的大案、要案,大多涉及刑讯逼供,比如杜培武案件、佘祥林案件、赵作海案件,等等。针对1996年刑事诉讼法修改后的执行情况,全国人大常委会在2000年曾经组织过专门针对《刑事诉讼法》实施情况的检查,在检查报告中列举了刑事诉讼法执行中的三大问题,刑讯逼供问题位列其中,并认为"刑讯逼供依然是实施刑诉法中不容忽视的一个问题"[①],由此可见问题之严重。

对于刑讯逼供问题的防治,学界的研讨和分析已经非常深入,还有一些学者开展过改革试验,尝试通过录音录像、律师在场[②]、羁押场所内的定期巡视[③]等方式,为预防、解决刑讯逼供问题提供理论解决方案。各级司法机关不断推出新的改革方案或者制度设计,以达到预防刑

---

* 褚福民,法学博士,中国政法大学证据科学研究院讲师。
① 参见《全国人大常委会执法检查组关于检查〈中华人民共和国刑事诉讼法〉实施情况的报告》,http://www.npc.gov.cn/wxzl/gongbao/2001-03/09/content_5132037.htm,2011年12月29日最后访问。
② 具体介绍参见樊崇义、顾永忠主编:《侦查讯问程序改革实证研究》,中国人民公安大学出版社2007年版。
③ 具体介绍参见陈卫东:《羁押场所巡视制度研究报告》,载《法学研究》2009年第6期。

讯逼供的目标,如最高人民检察院在全国检察系统推行自侦案件讯问中的同步录音录像制度。[①] 在不断掀起的应对刑讯逼供问题的改革大潮中,最高人民法院、最高人民检察院、公安部、国家安全部、司法部在 2010 年颁布的《关于办理刑事案件排除非法证据若干问题的规定》达到了一个顶点,该规定中要求对刑讯逼供手段获得的非法证据予以排除,以此达到解决刑讯逼供的目标。

当然,学界和司法实务界提出的试点方案、制度创新,甚至法律解释,并非最终目标;影响刑事诉讼法修改,在刑事诉讼法中明确规定刑讯逼供的防治方案,是很多研究者和改革者不懈追求的理想。很多研究者认为,将防治刑讯逼供的方案上升到基本法律的层面,能够确保相关规范的法律效力和执行力;通过立法方式确认刑讯逼供的防治方案,是解决刑讯逼供问题的最终路径。因此,2011 年全国人大常委会启动刑事诉讼法第二次修改的进程,其中对刑讯逼供问题的防治提出了一系列解决方案,很多学者对此给予高度评价,并充满期待。那么,2012 年《刑事诉讼法》规定了哪些防治刑讯逼供的方案,能够解决哪些问题,哪些问题尚待解决,防治刑讯逼供的立法方案具有哪些限度,本文将对以上问题进行初步探讨。

一、防治刑讯逼供的立法方案

对于刑讯逼供的防治,2012 年《刑事诉讼法》主要从三个角度加以规范:确立了不得强迫任何人证实自己有罪原则,刑讯逼供得来口供的排除规则,从讯问地点、讯问中的录音、录像等角度规定预防措施。不少学者认为,一项基本原则、三项预防规则、一项排除规则,由此在立法中初步形成了刑讯逼供的防治体系。

[①] 最高人民检察院在 2005、2006 年连续颁布三个相关问题的规范性文件:2005 年 12 月,最高人民检察院发布《讯问职务犯罪嫌疑人实行全程同步录音录像的规定》,2006 年 12 月发布《人民检察院讯问职务犯罪嫌疑人实行全程同步录音录像技术工作流程(试行)》和《人民检察院讯问职务犯罪嫌疑人实行全程同步录音录像系统建设规范(试行)》。

（一）一项基本原则

在基本原则方面，2012年《刑事诉讼法》采取以下方式规定禁止强迫自证其罪问题："审判人员、检察人员、侦查人员必须依照法定程序，收集能够证实犯罪嫌疑人、被告人有罪或者无罪、犯罪情节轻重的各种证据。严禁刑讯逼供和以威胁、引诱、欺骗以及其他非法方法收集证据，不得强迫任何人证实自己有罪……"

从防治刑讯逼供的角度来说，不得强迫任何人证实自己有罪是禁止刑讯逼供的原理性条款。众所周知，该规则并不禁止自证其罪，而是禁止任何人被强迫证实自己有罪。也就是说，如果被追诉人自愿作出有罪供述，法律并不禁止，反而在某种程度上鼓励自愿供认有罪的行为；但是如果犯罪嫌疑人、被告人等被追诉人的有罪供述是强迫所得，则是法律所禁止的。刑讯逼供作为一种严重违法的取证方式，它是强迫自证其罪的最典型代表，应当被法律所禁止。因此，不得强迫任何人证实自己有罪为禁止刑讯逼供提供了法理基础。

从另外一个角度来说，不得强迫任何人证实自己有罪，实际是赋予犯罪嫌疑人、被告人的一项权利，这为犯罪嫌疑人、被告人不被强迫供述、防治刑讯逼供提供了权利基础。根据刑事司法的基本理论，虽然犯罪嫌疑人、被告人在刑事诉讼过程中处于被追诉的地位，其应当忍受侦查机关、检察机关的追诉活动，但其基本权利应当受到法律的保护；不被强迫自证其罪是犯罪嫌疑人、被告人在侦查过程中享有的最基本权利，他们在侦查过程中不能被强迫成为指控自己有罪的工具，这在很多国家被规定为宪法原则。既然如此，犯罪嫌疑人、被告人具有了对抗侦查机关非法讯问的基本权利，不得强迫任何人证实自己有罪原则为刑讯逼供的防治提供了权利基础。

（二）三项预防措施

为防治刑讯逼供、体现不得强迫任何人证实自己有罪原则的要求，2012年《刑事诉讼法》规定了一系列预防措施。在司法实践中，由于对犯罪嫌疑人的刑讯逼供往往发生在侦查讯问阶段，包括犯罪嫌疑人在被采取强制措施后、移送看守所前的讯问阶段，以及看守所内的讯问阶段，2012年《刑事诉讼法》针对这两个阶段分别作出了移送看守所、限定讯问地点、录音录像等规定，从三个角度落实预防刑讯逼供的措施。

第一，对犯罪嫌疑人拘留、逮捕后立即移送看守所。刑讯逼供多发于看守所之外，因此缩短犯罪嫌疑人被羁押后、移送看守所前的间隔，能够减少刑讯逼供发生的空间条件。《刑事诉讼法》规定，"拘留后，应当立即将被拘留人送看守所羁押，至迟不得超过24小时"。"逮捕后，应当立即将被逮捕人送看守所羁押。"

第二，犯罪嫌疑人被移送看守所后，讯问地点限定于看守所内。犯罪嫌疑人被移送看守所后，司法实践中常常发生侦查人员将犯罪嫌疑人提出看守所讯问的情况，在失去看守所制约的情况下，刑讯逼供行为也易发生，2012年《刑事诉讼法》通过限定讯问地点，试图预防看守所外发生的刑讯逼供。《刑事诉讼法》规定，"犯罪嫌疑人被送交看守所羁押以后，侦查人员对其进行讯问，应当在看守所内进行"。这意味着，一旦犯罪嫌疑人被移交看守所羁押，随后的讯问活动应当在看守所内进行，这是对讯问场所作出的明确限定。

第三，讯问中的录音、录像制度。为防止刑讯逼供，2012年《刑事诉讼法》还规定了讯问中的录音录像制度，侦查人员在讯问犯罪嫌疑人的时候，可以对讯问过程进行录音或者录像；对于可能被判处无期徒刑、死刑的案件或者其他重大犯罪案件，应当对讯问过程进行录音或者录像。录音或者录像应当全程进行，保持完整性。通过该项制度设计，可以体现出立法中规范侦查讯问过程，加强监督和制约，从而实现防治刑讯逼供的目标。

（三）一项排除规则

与此同时，2012年《刑事诉讼法》中还规定了非法证据排除规则以及相应的程序，对于通过刑讯逼供所得的口供加以排除，从后果的角度切断刑讯逼供的动力。对于刑讯逼供所得口供的排除与程序，2012年《刑事诉讼法》的规定主要包括以下几方面。

第一，对于刑讯逼供所得的口供应当予以排除。立法草案规定，对于采用刑讯逼供方式取得的犯罪嫌疑人、被告人供述，应当采取绝对排除的方式，未授予决定机关自由裁量权。第二，无论在侦查、审查起诉、审判时发现有通过刑讯逼供所得的证据,都应当依法予以排除,不得作为起诉意见、起诉决定和判决的依据。这意味着,侦查机关、检察机关、审判机关都应当排除刑讯逼供所得的口供。第三,针对刑讯逼供所得口供的审查程序。2012年《刑事诉讼法》规定,法庭审理过程中,审判人员认为可能存在以刑讯逼供的方法收集证据情形的,应当对证据收集的合法性进行法庭调查。不过,该程序应当采取何种方式进行,与原审判程序的关系等问题,2012年《刑事诉讼法》的规定并不明确。第四,刑讯逼供问题的证明责任。2012年《刑事诉讼法》规定,在对证据收集的合法性进行法庭调查过程中,由人民检察院对证据收集的合法性加以证明。因此,对于是否存在刑讯逼供问题,应当由人民检察院承担证明责任。

二、立法方案对于解决刑讯逼供问题的功效

从解决刑讯逼供的角度来说,上述立法规定中提出的方案对于实践中的问题具有一定的针对性,可以预见它们在司法实践中能够在一定程度上发挥防治刑讯逼供的效果。由于不得强迫任何人证实自己有罪主要是一条原则性规定,它为防治刑讯逼供的具体措施提供法理基础和权力基础,因此立法方案的具体功效主要体现在预防措施和排除规则之中。

第一,限制讯问场所,防止看守所外讯问中的刑讯逼供。

对于刑讯逼供的发生场所问题,在立法方案出台之前已经受到很多研究者的关注[1],应当从讯问场所的角度预防刑讯逼供的发生,已经成为研究者的共识。很多研究者认为,我国的看守所隶属于公安机关,导致其必然会配合侦查活动,那么对于刑讯逼供等违法讯问行为的发生,看守所不独立于侦查机关是重要的原因,因此应当将看守所从侦查机关中剥离,构建独立于侦查机关的看守所体制。[2] 构建独立于侦查机关的看守所体制,以此来解决

---

[1] 参见马李芬:《法治视野下讯问场所的规制》,载《山西警官高等专科学校学报》2011年第2期。

[2] 类似的观点参见曲新久:《当刑讯逼供遭遇黑社会》,载《政法论坛》2003年第5期;付立庆:《"躲猫猫事件"发生的根源在于制度性缺陷》,载《法学》2009年第4期。

刑讯逼供问题,这种理论设想的前提是刑讯逼供行为发生在看守所内,通过改变看守所的归属减少刑讯逼供的发生。然而,司法实践中刑讯逼供的发生并不都在看守所内,甚至有学者提出,刑讯逼供的发生大多数不是在看守所内,而是在犯罪嫌疑人进入看守所之前[1],以及犯罪嫌疑人在侦查过程中被提出看守所之外。

对于大多数刑讯逼供发生在看守所之外的原因,有研究者提出两点理由。其一,从侦查实践的规律来看,在犯罪嫌疑人到案初期,公安机关为了满足对犯罪嫌疑人采取进一步的羁押性强制措施(如拘留或者逮捕)的证据条件,在其他证据相对缺乏的情况下,对犯罪嫌疑人的供述存在着较强的依赖性。犯罪嫌疑人的归罪性供述本身即具有证据功能,犯罪嫌疑人的供述同时具有重要的线索功能,成为公安机关获取其他证据的重要渠道,刑讯逼供因此在一些情形下被侦查人员认为有其"必要"。其二,《警察法》第9条规定的继续盘问(留置)在侦查实践中是主要的到案措施,在犯罪嫌疑人被留置之后,根据《警察法》的规定,公安机关对其人身自由的限制最长可以达到48个小时,此时的讯问没有任何外部约束,为一些刑讯逼供行为提供了时间、空间条件的可能。[2] 除此之外,我国司法实践中刑事案件的侦查和羁押虽然都由公安机关负责,但是在公安机关内部分属侦查部门和看守所等不同部门,相互之间具有某种程度的监督和制约。在这种情况下,随着看守所管理体制和设备的不断完善,发生在看守所内的刑讯逼供问题必然减少。

由此可见,从管理体制上对看守所进行彻底改革、使侦查和羁押的权力相分离,固然是减少刑讯逼供问题的重要措施;但是,在刑讯逼供问题多发于看守所以外的现实情况下,尽量减少犯罪嫌疑人羁押在看守所以外的时间,对讯问场所加以限定,是抑制刑讯逼供问题的另外一条有效途径。根据司法实践中的情况,看守所外的讯问主要发生在两种场合:一是犯罪嫌疑人被羁押后、送交看守所前的阶段;二是犯罪嫌疑人在看守所羁押期间被提出看守所以外的讯问阶段。那么,要抑制看守所以外的违法讯问,需要对犯罪嫌疑人被采取强制措施后、送交看守所的时间作出规定,并且对犯罪嫌疑人

---

[1] 参见刘仁文:《改变看守所管辖体制远远不够》,载《检察日报》2006年4月5日。
[2] 参见刘方权、郭松:《也谈"躲猫猫事件"发生的根源》,载《中国刑事法杂志》2009年第10期。

在看守所期间的讯问地点作出严格限制。

2012年《刑事诉讼法》对这两个问题都给予了正面规定。一方面,犯罪嫌疑人被拘留、逮捕后,立法要求立即将其移送看守所。对被采取拘留或者逮捕强制措施的犯罪嫌疑人,2012年《刑事诉讼法》规定的移送看守所时间要求基本相同,都应当"立即"移送看守所。如果犯罪嫌疑人被采取强制措施后能够立即送交看守所,随后的讯问活动都在看守所内进行,这对于预防移送看守所前的刑讯逼供行为具有立竿见影的效果。另一方面,一旦犯罪嫌疑人被羁押在看守所内,所有的讯问活动都应当在看守所内进行。2012年《刑事诉讼法》规定,"犯罪嫌疑人被送交看守所羁押以后,侦查人员对其进行讯问,应当在看守所内进行"。这意味着,在被羁押期间,犯罪嫌疑人可以被提出看守所,比如进行指认犯罪现场等活动,但是侦查人员不得进行讯问;换言之,犯罪嫌疑人被羁押于看守所内,讯问活动不得在看守所外进行,这种限制讯问场所的规定对于抑制发生在看守所外的违法讯问将具有积极功效。

第二,对讯问过程进行录音录像,通过制度设计防治刑讯逼供。

尽管规范讯问场所对于预防刑讯逼供、特别是看守所以外的刑讯逼供行为具有积极的功效,但这仅是预防刑讯逼供的第一步。看守所对于刑讯逼供的发生有一定的抑制作用,但这并未不意味着讯问场所的限定能解决所有问题。必须明确的是,刑讯逼供发生在侦查讯问过程之中,如何有效规范、制约该过程同样是预防刑讯逼供的核心。2012年《刑事诉讼法》通过规定录音录像制度,试图规范侦查讯问过程、防止刑讯逼供。

侦查讯问过程中的录音录像制度最早出现在英国,经过多年的发展已经形成了比较完备的规则。1988年7月,英国议会通过的《警察与刑事证据法守则E》,即《会见嫌疑人录音带操作守则》,正式从立法上确立了讯问录音制度。[①] 根据规定,英国所有警察机关进行讯问,必须同时录音或者录像,制作两盘录音带、录像带,其中一盘供诉讼中使用,而另一盘由被讯问人签名后封存,如果庭审中对口供是否具有自愿性、讯问过程是否合法存在争议,法官根据被封存的录音、录像带进行核对,从而作出判断。

---

① 参见瓮怡洁:《英国的讯问同步录音录像制度及对我国的启示》,载《现代法学》2010年第3期。

录音录像制度在我国刑事诉讼中的引入,最早开始于中国政法大学樊崇义教授主持的科研项目,其将律师在场、录音、录像三项制度引入侦查讯问程序,以推进侦查讯问程序的规范化、预防刑讯逼供。经过近十年的改革试点,该制度形成了比较完善的方案和操作规程,对于规范侦查讯问活动、预防刑讯逼供具有积极的意义。① 2005 年 12 月,最高人民检察院发布了《讯问职务犯罪嫌疑人实行全程同步录音录像的规定》;2006 年 12 月,最高人民检察院发布《人民检察院讯问职务犯罪嫌疑人实行全程同步录音录像技术工作流程(试行)》和《人民检察院讯问职务犯罪嫌疑人实行全程同步录音录像系统建设规范(试行)》。根据这三个规范性文件的要求,检察院自侦案件中讯问犯罪嫌疑人时应当全程同步录音录像。2012 年《刑事诉讼法》将学界和司法实务界的改革成果予以确认,并作为侦查讯问中的一项基本规范加以规定。

在 2010 年出台的《关于办理刑事案件排除非法证据若干问题的规定》和《关于办理死刑案件审查判断证据若干问题的规定》中,对于录音录像制度再次予以确认。其中前者规定,在庭审中对被告人审判前供述取得的合法性有疑问的,公诉人应当向法庭提供原始的讯问过程录音录像,以证明审前口供的合法性。而后者规定,在审查被告人的供述和辩解与同案犯的供述和辩解以及其他证据能否相互印证、有无矛盾时,可以结合侦查机关随案移送的录音录像资料。可见,经过最高人民检察院的规定以及两个刑事证据规定的不断推进,侦查讯问过程中的录音录像制度已经在我国刑事诉讼中初步建立。而根据前面的分析,2012 年《刑事诉讼法》规定了侦查讯问中的录音录像制度,这是我国刑事诉讼的基本法律对该制度的首次认可。

从功能角度而言,侦查讯问过程中的录音录像制度对于规范讯问过程、预防刑讯逼供具有积极作用。其一,在讯问过程中进行录音录像,可以有效防止刑讯逼供的发生。为了有效收集证据、获取口供,侦查讯问活动往往在封闭、秘密的环境中进行,讯问过程中通常只有侦查人员和犯罪嫌疑人双

---

① 关于该项目的详细介绍,参见樊崇义、顾永忠主编:《侦查讯问程序改革实证研究》,中国人民公安大学出版社 2007 年版;樊崇义主编:《刑事审前程序改革实证研究》,中国人民公安大学出版社 2006 年版。

方,这就为违法收集口供,特别是刑讯逼供的发生提供了空间。而讯问过程中录音录像制度的建立和实施,能够通过录音或者录像的方式对整个讯问过程进行记录。这样,侦查讯问活动的封闭性和秘密性问题能够得到某种程度的解决,在录音录像的记录之下,侦查讯问活动将通过录音录像的方式受到法院的审查和监督,那么侦查人员的刑讯逼供行为必然会受到有效抑制。

其二,对讯问过程进行录音录像,可以为庭审举证提供证据前提。在庭审活动中,如果被告人提出在侦查阶段受到过刑讯逼供,侦查讯问活动违法、口供笔录不具有证据能力,那么证明侦查活动合法性将成为一项棘手的任务。最高人民检察院规定实施侦查讯问过程全程同步录音录像制度之前,我国司法实践中没有实行录音录像制度,证明侦查活动的合法性缺乏客观证据,如果被告人在庭审中提出曾受到刑讯逼供,无论法院要求控方或者辩方承担侦查讯问活动合法性的证明责任,都缺乏客观证据。在《关于办理刑事案件排除非法证据若干问题的规定》出台之前,关于刑讯逼供的证明责任问题缺乏规则,司法实践中由各地法院自行决定,做法不一。有些法院要求被告人提出证据证明受到了刑讯逼供,有些法院则要求公诉方就此说明。在公诉方被要求证明侦查行为合法化的情况下,由于缺乏证明侦查讯问活动合法性的客观证据,公诉人通常向法院提交由侦查人员出具的说明,以此证明没有发生刑讯逼供;如果被告人被要求证明刑讯逼供的发生,他们往往无能为力。可见,无论法院要求何方承担证明责任,记录侦查讯问过程的客观证据缺失,都会导致该证明责任难以真正完成。

录音录像制度的规定,能够有效固定侦查讯问过程,为庭审中的举证提供基础和前提。如前所述,在最高人民检察院的规定和 2012 年《刑事诉讼法》中,均对侦查讯问过程的全程录音录像制度作出了规定。如果该制度在司法实践中得到有效实施,将意味着整个侦查讯问过程都有录音或者录像资料予以记录,那么侦查讯问过程是否合法将能够得到客观证据的印证。如果侦查讯问过程中确实存在刑讯逼供,庭审中可以通过播放录音或者录像的方式重现侦查讯问过程,其中的违法讯问问题能够得到直接、客观的证明;如果侦查讯问过程中根本不存在违法取证行为,录音或者录像资料中也会有记录,公诉人可以使用该证据反驳被告人的主张,维护侦查人员的合法权益。

第三,建立相对完整且具有可操作性的刑讯逼供所得口供的排除规则,通过剥夺违法所得的利益抑制刑讯逼供的发生。

刑讯逼供的上述预防措施固然重要,但无论在理论上还是在可以预见的未来实践中,这些措施都不可能完全抑制刑讯逼供的发生,因此一旦出现刑讯逼供行为,从后果的角度进行惩戒也是重要的治理手段。对于刑讯逼供的实施者而言,他们进行刑讯逼供的目的是取得犯罪嫌疑人、被告人的有罪供述,并据此收集更为充分的证据证明案件事实。因此,获得有罪供述是刑讯逼供的直接核心目的,而排除通过刑讯逼供手段获得的有罪供述,切断违法讯问者的利益来源,同样是防治刑讯逼供的重要措施。

针对刑讯逼供行为的非法证据排除规则,目前已经在很多国家的刑事诉讼法中得到确立,在法治比较发达的国家甚至规定在宪法之中。根据学界的通常理解,非法证据排除规则是指,针对在取证手段和搜集程序上违反法律规定的证据,法院将此类不具有证据能力的证据排除于法庭审判之外的制度。对于非法证据排除规则的理论基础,世界各国的立法界、司法实务界和学术研究界存在不同的观点。由于美国的非法证据排除规则发展得最为完善,因此该国讨论该问题的三种理论最为引人注目:宪法权利理论、司法诚实性理论和抑制理论。其中,抑制理论是排除规则最为重要的基础,也是美国联邦最高法院历经数十年坚持的理论。该理论认为,非法证据排除规则是对警察违反宪法行为的最有效的抑制,因为通过排除非法所得的证据会使警察失去非法搜查和非法讯问的动力。① 那么,刑讯逼供作为一种最严重的违法讯问行为,通过排除由此得来的口供同样应当能够起到抑制刑讯逼供的作用。

在我国1996年《刑事诉讼法》第43条中,对刑讯逼供所得口供作出了禁止性规定:"严禁刑讯逼供和以威胁、引诱、欺骗以及其他非法的方法收集证据。"但是,对于由此得来的口供是否予以排除,没有明确的规范。随后出台的最高人民法院《关于执行〈中华人民共和国刑事诉讼法〉若干问题的解释》中第61条中,首次对刑讯逼供得来口供的排除规则作出规定:"严禁以非法方法收集证据,凡经查证属实属于采用刑讯逼供或威胁、引诱、欺骗等

---

① 参见陈瑞华:《问题与主义之间》,中国人民大学出版社2003年版,第53页以下。

非法方法取得的证人证言、被害人陈述、被告人供述,不得作为定案的根据。"然而,该排除规则在实体和程序方面存在很多需要明确的问题。首先,关于刑讯逼供的范围,司法解释中没有作出明确的界定,只是以"刑讯逼供"加以规范;其次,刑讯逼供得来口供的排除效力,司法解释中仅仅规定"不得作为定案的根据",但该规定与证据法的基本原理不符,刑讯逼供所得证据应当不具有证据能力,不具有进入法庭审判的资格,而不仅是不能作为定案的根据;最后,对于刑讯逼供所得口供的排除规则,法律中没有适用程序,这导致该规则无法在司法实践中得到有效实施。由于上述三方面问题,司法解释中的非法证据排除规则无法真正实施,也无法发挥抑制刑讯逼供的作用。

2010年,最高人民法院、最高人民检察院、公安部、国家安全部、司法部发布了《关于办理刑事案件排除非法证据若干问题的规定》和《关于办理死刑案件审查判断证据若干问题的规定》,对于刑讯逼供得来口供的排除规则作出了明确的规定。在实体规范方面,对于刑讯逼供所得口供的审查、"强制性排除"、"自由裁量的排除"、"可补正的排除"等作出了具体的规范;在程序方面,对于程序审查优先、法庭初步审查、程序性裁判、证明责任倒置等问题设置了明确的规范,这为刑讯逼供所得口供排除规则的真正运作奠定了基础,对于刑讯逼供的抑制具有积极作用。[①]

基于以上立法和司法解释的进展,并吸收了司法实践中的改革试验成果[②],2012年《刑事诉讼法》对刑讯逼供所得口供的排除规则作出了进一步规定,在实体和程序方面完善了1996年《刑事诉讼法》的规定,这有助于发挥非法证据排除规则在抑制刑讯逼供中的功效。首先,2012年《刑事诉讼法》对刑讯逼供所得口供的排除效力给予明确,没有再表述为"不得作为定案根据",而是明确规定"应当予以排除",这是对非法证据排除规则效力的

[①] 关于该问题的详细分析,详见陈瑞华:《非法证据排除规则的中国模式》,载《中国法学》2010年第6期。

[②] 不少学者针对非法证据排除规则问题展开试点,为该制度的完善提供实证材料,为治理刑讯逼供问题奠定基础。例如中国政法大学诉讼法学研究院曾与北京市朝阳区人民检察院、江苏省盐城市中级人民法院分别合作开展过非法证据排除规则问题的改革试点,以此推动该制度的建立和完善。参见《"非法证据排除规则试点项目"取得明显成效》,http://www.chinanews.com/fz/2011/02-23/2862464.shtml;《检察院试点非法证据排除规则》,http://news.163.com/09/0326/05/55ABIS350001124J.html。2011年12月29日访问。

规范表述,表明刑讯逼供所得口供不具有进入法庭审判的资格,防止其进入法庭影响法官的心证。其次,对于案件中可能存在刑讯逼供的,由审判人员对搜集证据的合法性进行调查。该规定虽然比较概括,但是明确了在诉讼过程中可能存在刑讯逼供的情形下,对搜集证据合法性的调查程序,使得刑讯逼供所得证据的排除规则具有诉讼程序的保障。最后,在非法证据排除规则的审理程序中,实行举证责任倒置,由检察官承担证据搜集合法性的证明责任。这种举证责任倒置的要求,会促使控诉一方合法取证,并通过各种方式证明没有刑讯逼供等违法取证行为,由此可以在很大程度上推进检控方的自我约束和控制,防止刑讯逼供行为的发生。可以说,《刑事诉讼法》对非法证据排除规则的完善,明确了其效力等实体规则,有利于非法证据排除规则的具体实施,对于抑制刑讯逼供将具有重要的作用。

三、立法方案解决刑讯逼供问题的限度

2012年《刑事诉讼法》对于解决刑讯逼供问题提出了初步的规则体系,其积极功效应当受到充分的肯定,但是我们也应冷静地看到,对于解决刑讯逼供问题而言,上述方案还远远不够。在解决刑讯逼供问题方面,上述规则和制度本身存在不足;目前的规则体系只是初步形成,还有若干规则没有规定在我国刑事诉讼法中;立法方案仅仅规定在纸面之上,在落实中肯定会遇到若干制度障碍和体制羁绊,上述规则能够发挥的作用有待反思。这些问题均影响着立法方案对于解决刑讯逼供问题的效果,它们构成立法方案的限度。

第一,上述三项制度本身存在若干需要反思的问题,制度自身不完善将是立法方案解决刑讯逼供问题的首要障碍。

对于制度自身的问题,既包括法律定位不明确的理论问题,也包括立法规定不完善的技术缺憾。例如对于不得强迫任何人证实自己有罪条款,大多数研究者认为,其应当是对禁止强迫自证其罪原则的确立,应为刑事诉讼法的基本原则之一,是保障犯罪嫌疑人、被告人的诉讼主体地位、维护其合法权益的法律原则,是犯罪嫌疑人、被告人享有的特权。只有将其确定为刑

事诉讼法的基本原则,被追诉人在整个刑事诉讼过程中享有不被强迫自证其罪的特权才能得到确立,犯罪嫌疑人、被告人的诉讼主体地位才能获得必要的保障。由此出发,保障犯罪嫌疑人、被告人诉讼主体地位的一系列规则才能获得理论前提。比如禁止以刑讯逼供等非法手段收集口供,通过非法手段获得的口供应当排除;法律中应赋予犯罪嫌疑人、被告人是否供述的自由选择权,通过保障口供的自愿性维护诉讼主体地位;为确保口供的自愿性、禁止非法取证,法律中应确立讯问犯罪嫌疑人、被告人的程序要求,如限制讯问地点、羁押场所的中立性、同步录音录像、律师在场等;犯罪嫌疑人、被告人如实供述罪行的,可以获得从宽处理。可以说,"不得强迫任何人证实自己有罪"应当是确保犯罪嫌疑人、被告人等被追诉人诉讼主体地位的原则性条款,法律中应以此为基础以设置一系列规则,保障口供的自愿性。

然而在2012年《刑事诉讼法》中,"不得强迫任何人证实自己有罪"被规定在证据收集规则的条款之中,与"严禁刑讯逼供和以其他非法方法收集证据"共同构成收集证据的禁止性规则。从此条文表述来看,"不得强迫任何人证实自己有罪"似乎是对收集证据的制度要求,是对"严禁以非法方法收集证据"的补充规则。这样,不得强迫任何人证实自己有罪只能成为防止非法取证的禁止性制度设计,而不是刑事诉讼法的一项基本原则,与此相关的规则和制度无法获得该条款的理论支撑。可见,立法方案定位的不准确,将直接影响该原则在解决刑讯逼供问题中的作用。

再如解决看守所外违法讯问的方案,2012年《刑事诉讼法》要求犯罪嫌疑人被拘留、逮捕后,必须立即移送看守所羁押,以减少犯罪嫌疑人在看守所外的被羁押时间,从而减少看守所外发生刑讯逼供的时间。然而,由于立法方案不够细致,该规定中存在以下三大漏洞需要弥补。

其一,"立即"的界定。2012年《刑事诉讼法》规定移送的时间要求为"立即",但是法律中对于"立即"没有一个明确的时间范围。虽然对于拘留后的移送,2012年《刑事诉讼法》规定为"24小时以内",但是在拘留的24小时以内,侦查机关仍然有权决定移送的具体时间;而在逮捕措施中,"24小时"的时间限制也未规定,这就为侦查机关提供了较大的决定空间。1个小时、10个小时,还是20个小时能算是立即?这个问题完全由侦查机关自行决定,那么为了侦查的需要,侦查机关可以在一定时间内完全控制犯罪嫌疑人,这就为刑讯逼供的发生留出了时间。需要明确的是,对犯罪嫌疑人采取强制措施后立即移送看守所的制度,就是为了防止犯罪嫌疑人在看守所外受到刑讯逼供,那么移送时间的要求不明确,很可能导致该措施的设计目的无法实现。

其二,留置阶段的违法讯问问题。根据现行的《人民警察法》,公安机关可以对有作案嫌疑的人实行最长可达48小时的留置;由于留置措施并非刑事诉讼中的强制性措施,因此采取该措施羁押犯罪嫌疑人并不受刑事诉讼法的制约,那么在这48小时内,犯罪嫌疑人完全处于公安机关的控制之下,公安机关可以将犯罪嫌疑人带至自己认为合适的地点进行盘问,不会受到来自外部的任何约束。那么在该时间段内,公安机关已经完全控制着犯罪嫌疑人的人身自由,并且不用将其送至看守所,这就为刑讯逼供等违法讯问行为的发生提供了时间和空间条件。

其三,对犯罪嫌疑人监视居住时的违法讯问问题。按照2012年《刑事诉讼法》的规定,在特定案件中犯罪嫌疑人的监视居住可以在指定居所执行。对于指定居所,2012年《刑事诉讼法》中规定不得指定在羁押场所、专门的办案场所。那么,如果在公安机关指定的其他地方执行监视居住措施,公安机关对犯罪嫌疑人的讯问同样是在看守所以外进行;由于这种讯问场所不是羁押场所或者办案场所,这为公安机关提供了更多、更自由的选择。由此指定的场所对于犯罪嫌疑人而言同样是秘密、封闭的讯问场所,而且同样不受看守所的保护,那么其处境会比看守所中更加不利。这种情况下,公安机关实施刑讯逼供等违法讯问行为更加便利,限制讯问地点的预想势必落空。

综合以上分析,要预防看守所外的违法讯问,法律中对于看守所外的讯问限制应当规定得更加严密,以真正达到严密防治刑讯逼供的目的,否则这些不受约束的看守所外讯问,将完全架空2012年《刑事诉讼法》中的制度构想。

第二,2012年《刑事诉讼法》中的三项方案初步形成了防治刑讯逼供的规则体系,但是该体系仅仅是初步规范,距离完整、严密的刑讯逼供防治规则体系还有很大的差距。立法方案中规则体系的不完善,既有制裁后果的缺失导致已规定制度无法发挥作用,也包括重要制度缺失带来的规则体系链条的断裂。

例如预防刑讯逼供的三项措施中缺乏制裁后果和救济程序，可能导致司法实践中该规则被任意违反。移送犯罪嫌疑人至看守所羁押的规定，2012年《刑事诉讼法》要求侦查机关立即移送，那么如果侦查机关不立即移送，会有制裁措施吗？犯罪嫌疑人进入看守所后，对其侦查讯问应当在看守所内进行，那么如果犯罪嫌疑人被侦查机关带出看守所进行讯问，由此得来的口供笔录具有证据效力吗？2012年《刑事诉讼法》对此没有制裁措施。再如录音录像制度是预防刑讯逼供的有效措施，然而侦查人员对犯罪嫌疑人的讯问没有进行录音录像，或者录音录像不符合要求，侦查人员是否要承担由此带来的不利后果呢？

从犯罪嫌疑人、被告人权利的角度来说，2012年《刑事诉讼法》中规定的预防刑讯逼供的三项措施，在某种程度上也是保护犯罪嫌疑人、被告人权利的三项制度，当侦查机关违反上述三项制度时，意味着对犯罪嫌疑人、被告人权利的侵犯。那么2012年《刑事诉讼法》是否应当为犯罪嫌疑人、被告人提供获得权利救济的途径？在审判过程中，能否因自己未被及时移送看守所，以及在看守所外被讯问，而申请排除由此得来的口供笔录？在录音录像不完整、不真实等情况下，是否有权申请法院排除相关的口供笔录？在一审法院对此不予受理，或者不予排除非法口供的情况下，被告人是否有权以此为由上诉，获得二审法院的救济？

可见，对于预防刑讯逼供的三项措施，法律中应当规定制度被违反的制裁后果，并提供救济的途径。如果侦查机关在拘留、逮捕犯罪嫌疑人后没有及时移送看守所，则在此期间获得的证据应当作为非法证据予以排除；一旦犯罪嫌疑人进入看守所，所有的侦查讯问活动必须在看守所内进行，如果犯罪嫌疑人被带出看守所进行讯问，那么由此讯问所得的口供笔录应当不具有证据能力；而对于录音录像制度而言，所有的录音录像带必须时间连贯、没有任何加工处理，而且所有讯问笔录的时间应与录音录像带中的记载时间相一致，在录像带的封存和开封中，犯罪嫌疑人、被告人都应当在场，并且需要其签字确认，庭审中控辩双方有权对上述问题进行审查质证，如果录音录像的制作、保存、使用出现问题，则法院不能将该口供作为定案根据。

与此同时，对于上述三项预防措施在执行过程中可能出现的问题，法律应建立相应的救济程序,赋予被告人申请救济的权利。如三项措施执行过程中已经出现上述问题,被告人在庭审中有权提出排除非法证据的申请,检察机关对三项措施是否合法实施问题承担证明责任,如果公诉人无法证明或者不予证明,法院应将相应证据予以排除。如果一审法院对于上述问题不予处理,或者经审理不予排除相应口供,则被告人可以此为由向二审法院提起上诉,寻求进一步的权利救济。只有真正建立三项预防措施的制裁后果与救济途径,才能保证其得到有效实施,切实发挥预防刑讯逼供发生的功能。

对于解决刑讯逼供问题而言,2012年《刑事诉讼法》中规定的三项预防措施和非法证据排除规则具有积极意义,但这并些措施能否从根本上解决刑讯逼供问题,还值得进一步反思。其实除上述措施外,还有一些应对刑讯逼供问题的重要措施值得关注。例如,对于保障口供自愿性而言最为重要的沉默权规则,在刑事诉讼过程中它给予犯罪嫌疑人、被告人是否供述的自由选择权。通过该权利的行使,能够确保犯罪嫌疑人、被告人自由选择是否供述,自由决定诉讼角色,自由选择诉讼程序,这对于保障口供的自愿性具有重要意义,也是应对刑讯逼供的重要制度。我国刑事诉讼法中尚未规定该制度,与此相反,法律中规定了犯罪嫌疑人、被告人的如实陈述义务,这对于保障口供自愿性、防止刑讯逼供具有负面作用。

侦查讯问过程中的律师在场制度,已经被很多国家所规定,而且在我国已经进行过多年试点。侦查讯问过程中律师在场,能够给犯罪嫌疑人带来心理上的支持,减轻其压力;更为重要的是,侦查讯问过程中的律师在场,打破了讯问活动的封闭性和秘密性,对于抑制刑讯逼供的发生确实具有非常明显的作用。试想一下,律师在讯问过程中在场,侦查人员还会赤裸裸地实施刑讯逼供行为吗?然而,目前为止我国刑事诉讼法中还没有规定这样一项重要的制度,这对于解决刑讯逼供问题无疑是重大缺失。

可以说,解决刑讯逼供问题需要在法律中建立完整的规则体系,通过规则之间的相互补充和衔接,达到预防、治理刑讯逼供问题的目标;如果在法律中仅规定一个或者若干个具体的规则,缺乏其他配套规则的衔接,则往往会留下制度建设的空白点,导致现有规则难以发挥其应有的功能,大大减弱预防刑讯逼供问题的制度效果。因此,不断完善法律规则,建立逻辑严密的防治刑讯逼供规则体系,是解决刑讯逼供问题的必然要求。

第三,即使立法方案能够得到系统完善,其在执行中可能遇到的制度障碍和体制羁绊也会限制其积极功效的发挥,综合考察立法方案在司法实践中的可操作性,是分析其解决刑讯逼供问题限度的重要角度。

例如侦查讯问过程中的录音录像制度对于预防刑讯逼供具有积极的作用,但是该作用的发挥需以可操作的配套措施为前提。从运作机理而言,录音录像制度是对侦查讯问活动的监督,那么制作主体是否客观公正将直接影响录音录像制度能够发挥多大的监督作用;如果由侦查机关自行录音录像,其客观性、真实性会受到质疑。在2012年《刑事诉讼法》中,对录音录像的制作主体没有规定,而在最高人民检察院的《讯问职务犯罪嫌疑人实行全程同步录音录像的规定》中,规定讯问人员与录制人员相分离的原则,讯问由检察人员负责,而录音、录像一般由检察技术人员负责。按照通常理解,检察人员与检察技术人员都是检察院内部人员,而且通常是同一个检察院的同事,这意味着侦查机关自己录音录像,监督自己的侦查行为,那么录音录像能否保障其客观、准确性值得质疑。

由此可见,要使录音录像制度真正发挥抑制刑讯逼供的功效,应当建立独立于侦查人员、公诉人员的录音录像制作主体,由其负责讯问过程录音录像的制作和保存。而在我国现行的司法体制中,公安机关、检察机关担负着侦查职能、公诉职能,从理论上说由其负责录音录像的制作无法保障客观性和准确性;审判机关和司法行政机关不具有追诉职能,对侦查讯问中的刑讯逼供不会由于职业利益而加以偏袒。然而,审判机关在诉讼中负有审判职责,虽然有的国家和地区规定法官负责录音录像的保管,但是由其负责录音录像的制作似乎与其审判者的地位和身份不相符。那么,司法行政机关也许是负责制作录音录像的合适主体。然而,我国的看守所是由公安机关负责管理,司法行政机关与看守所互不隶属,在这种情况下司法行政机关要负责讯问过程的全程录音录像,需要侦查主体的配合和支持,这就会使录音录像的制作主体再次陷入利益关系之中。

再如,非法证据排除规则是抑制刑讯逼供的重要制度,特别是程序规则的完善使其在刑讯逼供的防治体系中具有重要的预期功能。然而,非法证据排除规则在司法实践中能够获得有效实施吗?跳出具体的规则看非法证据排除规则,它实际是要求法院审理、裁判公安、检察机关在取证过程中的刑讯逼供行为,并宣告由此得来的证据无效。然而,在我国现行的司法体制中,法院是与检察院地位平等的司法机关;在政法委的领导体制中,公安机关的领导通常是政法委的领导,法院院长与检察院检察长要受公安局长的领导。在这种体制之下,公安机关具有强势地位,作为法律监督机关的检察院对法院的审判活动具有监督职权,法院要受到公安机关、检察机关的制约。那么,根据非法证据排除规则的要求,法院要对侦查机关取证行为的合法性进行审查,法院具有如此的权威吗?非法证据排除规则有可能运行吗?可见,司法体制的障碍使得非法证据排除规则在我国司法实践中的运行面临重重障碍,防治刑讯逼供的制度设想能否实现,也必然会受到质疑。

四、结语

通过对 2012 年《刑事诉讼法》中不得强迫任何人证实自己有罪、刑讯逼供的预防措施、非法证据排除规则的分析,本文中对防治刑讯逼供的立法方案进行了剖析,在充分肯定立法方案对于解决刑讯逼供问题具有积极功效的同时,反思了立法方案存在的三方面问题,阐释了立法方案解决刑讯逼供问题的限度。对于防治刑讯逼供问题的未来课题,立法方案的完善固然重要,同时还需要反思司法体制、诉讼制度对于刑讯逼供立法方案功效的影响,从法律生命有机体的角度通盘考虑制度设计与配套制度改革,只有这样才能真正推动刑讯逼供问题的逐步解决。

非法口供缘何难以排除

——非法证据排除规则实施的困境分析

高 咏*

一、问题的提出

在中国多年的司法实践中，控辩双方关于非法证据排除的争议已经大量出现在刑事法庭审判之中，最常见的是被告人及其辩护人以侦查人员在讯问过程中对嫌疑人刑讯逼供为由要求排除被告人的庭前有罪供述。但是，非法证据排除规则没有得到很好的运用。从近年来新闻媒体所披露的一些相关案例以及学者们的实证研究报告中显示的情况来看，当被告人或其辩护人对证据合法性提出异议后，法庭要么对辩方的申请置之不理、拒绝审查，要么要求被告人对违法取证行为承担证明责任，有时控方也会向法庭提交侦查人员书写的"情况说明"来证明取证行为的合法性，最终的结果大都是，被告方提出的排除非法证据请求得不到法庭的认可。① 在以"非法

---

* 高咏，北京第二外国语学院法政学院讲师，北京大学法学院博士研究生。
① 李奋飞：《司法解释中的"非法证据排除规则"被"虚置"的成因分析》，载《国家检察官学院学报》2006年第1期。

证据排除规则的适用困境与出路"为主题的"齐鲁刑事法论坛"中,一位从事了19年审判工作的中级法院副院长这样评说非法证据排除规则:"我从事了这么长时间的刑事审判却从来没有适用过这个规则。"①一位资深法官在论文中坦言:"应当说,司法实践中非法证据是客观存在的。但是,非法证据排除规则却没有得到很好的运用,甚至可以说基本没有运用。笔者从事刑事审判工作多年,虽然遇到非法证据,但是都没有予以排除。据笔者了解,十余年来,本院刑事审判人员从未适用非法证据排除规则。"②

《关于办理刑事案件排除非法证据若干问题的规定》(以下简称《非法证据排除规定》)的颁行为排除非法证据、遏制刑讯逼供带来了新的契机。由于非法证据排除程序的启动、证明责任的分配、证明标准的设置以及裁判程序有了具体、明确的法律依据,曾经被认为是"可望而不可即"非法证据排除规则终于有了生存发展的新空间。第一,相对独立的针对非法证据排除问题的听证程序得到确立,辩护方提出被告人审判前供述是非法取得的,法庭应当"先行当庭调查"。第二,公诉方应承担庭前供述合法性的证明责任,而且要达到证据确实、充分的最高证明标准。第三,讯问人员出庭作证有了法律依据,辩护方有了与警察当庭对质的机会。第四,辩护方可以在二审程序中继续就非法言词证据的排除问题提起申请,要求法庭审查。

2012年《刑事诉讼法》确立了非法证据排除规则③,再次为非法证据排除规则的切实施行点燃了希望之光。值得一提的是,2012年《刑事诉讼法》在《非法证据排除规定》的基础上,补充增设了较为具体的讯问过程录音录像制度,即"侦查人员在讯问犯罪嫌疑人的时候,可以对讯问过程进行录音或者录像;对于可能判处无期徒刑、死刑的案件或者其他重大犯罪案件,应当对讯问过程进行录音或者录像。录音或者录像应当全程进行,保持完整性"。④可以预期,在刑事诉讼法修改之后,非法证据排除规则的适用会有

---

① 见山东省日照市中级人民法院副院长王玮在该论坛上的发言,载 http://www.jpkc.sdu.edu.cn/xsf/qilu/6.htm,最后访问日期2011年3月13日。
② 潘伟明:《刑事非法证据排除的困境与出路——以〈"两高三部"刑事非法证据排除规定〉为视角》,载《全国法院系统第二十二届学术讨论会论文集(2011年)》。
③ 参见《刑事诉讼法修正案(草案)》第17条至第21条。
④ 参见《刑事诉讼法修正案(草案)》第49条。

更加明晰、有力的法律支撑,必然会获得生存发展的新空间。

但是,"知易行难",规则的制定与规则的实施之间似乎总是存在一道难以逾越的沟壑,在《非法证据排除规定》实施一年多来,非法证据排除规则的实施并没有达到理想中的效果。据1月9日中央人民广播电台中国之声《新闻和报纸摘要》报道:"8日,在全国律协刑事专业委员会年会上,最高人民法院副院长张军表示,《关于办理刑事案件排除非法证据若干问题的规定》在司法实践中没有得到严格执行。张军举例说,'刑讯逼供实践当中肯定有,所以我们才有这个罪名,但是在法庭上有关侦查人员出庭至少有一两千件了,律师在法庭上提出被告人有刑讯逼供,因此此前的供述不能作为证据使用,不知道几千件了。但是法庭上有一起从证据上能够认定是刑讯逼供的吗?没有'。"①最高人民法院副院长的此番表态,印证了排除非法证据面临的现实困境。

鉴于此,本文以非法口供的排除问题为切入点,就非法证据排除规则实施中面临的现实难题作一初步分析:第一,辩护方启动非法证据的调查程序面临重重困难,被告人事实上处于一种举证不能的状态,无法提供证明存在非法取证的证据线索,难以使法官产生合理怀疑;第二,法庭不对控方证据的证据能力进行审查,控方出具的代替侦讯人员出庭作证的书面"情况说明"和不完整的录音录像资料都被用作支撑控方理由的依据;第三,法律规定的证明责任分配机制在实践中被架空,公诉方并没有真正承担口供合法性的证明责任;第四,在法院很少作出无罪判决的情况下,关键的定罪证据更加难以被排除;第五,救济机制的缺失成为制约非法证据排除规则发挥效力的"瓶颈"。

二、艰难的程序启动

就庭前供述合法性的争议,《非法证据排除规定》设立了一种分阶段、层次性的证明责任分配规则,这一规则是以非法证据排除问题的法庭初步审

---

① 《非法证据排除规则为何不能严格执行》,载《检察日报》2011年1月11日。

查与正式裁判程序分离的机制为依据确立的。法庭对非法证据排除问题的初步审查相当于程序性裁判程序的立案阶段,此时要解决应否受理被告方排除非法证据的申请的问题。① 在这一阶段,辩方有义务向法庭提出非法取证的相关证据或者线索,主要包括涉嫌非法取证的人员、时间、地点、方式、内容等信息。

辩护方在提出被告人审判前供述为非法取得时,为说服法庭受理申请、开启排除程序,需要承担初步的证明责任。如果被告方不提供相关线索或证据,法庭也就不会对被告人供述取得的合法性产生疑问,那么,法庭将拒绝受理被告方的申请,不仅不会作出排除证据的裁判,而且根本就不启动审查程序,排除程序将无法往前推进。也就是说,被告人只笼统地说"被刑讯"了,而不提供刑讯的具体情况作为线索,则会产生法庭不启动非法取证的审查程序之后果。这说明被告方提供线索或证据的行为是承担举证责任的要求,这种举证责任的性质属于推进责任或行为责任,而非最终的结果责任。

非法口供证明责任的分配原则是"辩方建立争点(第6条)、控方证明争点不存在(第7条)"。辩方履行建立争点的责任的标志,是"提供涉嫌非法取证的人员、时间、地点、方式、内容等相关线索或者证据",使"法庭对被告人审判前供述取得的合法性有疑问"。从"怀疑"的信度来讲,辩方为完成提出证据责任,只需要法官形成"具有较大可能性"的心证即可。

在"被告人是否要就非法证据承担举证责任"问题上,《非法证据排除规定》要求被告方承担提供证据线索的责任,并确立了相应的后果和风险,即如果被告人及其辩护人未提供非法取证的相关线索或者证据,非法证据排除程序不会被法庭开启,被告人审判前供述可以当庭宣读、质证。被告人是否应就非法证据承担举证责任,"被告方提供线索或证据"是什么性质的行为,是否属于应当承担的证明责任问题,到底是辩方还是控方承担非法证据的举证责任,这些问题在法律文本的规则中没有给出明晰的答案,而在规则的实施中,对这些问题,理论界和实务界有不同的理解,影响了有关规则的有效适用。

---

① 陈瑞华:《非法证据排除规则的中国模式》,载《中国法学》2011年第6期。

不可否认,从实践的角度看,由于被告人处于弱势地位,要求被告人及其辩护人"提供涉嫌非法取证的人员、时间、地点、方式、内容等相关线索或者证据"在大多情况下是件不太容易的事。比如,实施刑讯的人是谁不得而知,因为警察不会告诉被告人自己姓甚名谁;讯问时间也说不清楚,很多案件中犯罪嫌疑人被长期羁押,被告人的时间概念很差;甚至是讯问地点被告人也无法说清,因为被告人经常是被关押在暗室,地点不明;不少刑讯手段,有痛苦而无痕迹,被告人和律师无法找到线索或证据。然而,辩方如果没有提出初步证据,就无法把举证责任转移给控方。①

在被告人承担启动取证合法性调查程序的初步举证责任时,其证明标准是什么成为值得探讨的关键问题。学界较为一致的声音是:"被告人申请排除非法证据时所承担的疑点形成责任的证明只需达到使法官对侦查行为的合法性存疑的程度即可。"但是,如果再进一步讨论,怎么理解"证据取得合法性的疑问"? 对此,不同的法官可能有不同的理解,在不同的案件中又可能出现不同的裁判。实际上,"怀疑"、"疑问"这些字眼很难用数字量化,作为嫌疑人提供的线索应达到何种程度才足以使法官生疑,似乎完全要依赖于法官的自由裁量。

于是,实践中就可能出现这样的情况:在一些情况下,法官会认真思考是否存在刑讯逼供的可能,经过理性判断决定是否开启证据合法性的调查程序;而相反,如果法官在权衡利弊后不愿启动排除非法证据的程序,就以"毫不怀疑"为借口驳回辩方的申请,很明显,此时被告方承担证明责任的程度就会高于让法官"存疑"的标准。问题原因可以总结为两点:

第一,法律关于被告人提供相关线索或证据的规定不够详尽和准确,难以操作,客观上使得法庭是否启动调查程序的自由裁量权过大。实践中,难免出现法官滥用或者误用自由裁量权的情况,压制被告方申请权的行使,对被告方提供的比较可信的刑讯线索或者证据不予理会。被告方提出的"相关线索或者证据"要达到什么样的标准才算卸去了责任,由法庭把握和判断,如果法庭把标准定得高,非法证据调查程序就不能启动,这就使被告人维护自己的权利变得十分困难,也为《排除非法证据规定》的实施设置了障碍。

---

① 房保国:《非法证据排除规则的实证分析》,载《中国司法》2011年第6期。

第二，法官对法律的理解与接受程度也是一个不可忽视的因素。如果法官内心有偏袒控方、抵触被告人翻供的情绪，就会有意或无意地加重辩方的举证责任，过于严格地对辩方提出举证要求，从而使得非法证据调查程序的准入门槛变得很高。所以，即使法律对被告人证明责任、证明标准作出合理、明晰的规定，如果法官不能"秉公执法"，不能站在公允的立场上解释和适用法律，恐怕被告方启动非法证据的难题还是难以得到彻底的解决。

三、缺失的证据能力审查规则

在非法证据排除规则适用的实践中，法庭对控方用以证明程序合法的证据不进行任何审查而直接确认其具有证据能力，这个问题突出体现在侦查机关的书面说明材料、侦查讯问录音录像资料和侦查讯问笔录这三种证据上。

1. 办案情况说明

在程序性裁判的证据中，最具争议的是侦查人员制作的证明材料。在过去的司法实践中，面对辩方有关刑讯逼供的质疑，公诉方惯用的证明方式就是向法庭提交侦查机关加盖公章的"情况说明"，而法院对此一般都是"照单全收"，将其作为否定辩方排除非法证据申请的依据。《非法证据排除规定》对"情况说明"的制作形式提出了"严格的要求"——有关讯问人员签名或盖章。[①] 也就是说，有讯问人员签名或者盖章的说明材料是可以作为证据使用的。

按照证据的性质，关于未刑讯逼供的"情况说明"应归于书面证人证言，是一种传闻证据，此时应以传闻证据规则的要求约束侦查人员的证人证言，即未出庭证人的庭外证言笔录原则上不具有证据能力。公安机关作为追诉机关，与案件的处理结果有密切的利害关系，将其作出的"说明"直接作为证据采纳显然是不合情理的，正确的做法应是侦查人员出庭作证，当庭陈述自己的"工作说明"，并接受对方质证，经此程序后，这种"说明"才有作为证据

[①] 《非法证据排除规定》第7条第3款规定，公诉人提交加盖的说明材料，未经有关讯问人员签名或盖章的，不能作为证明取证合法性的证据。

被采纳的资格。这是学术界和律师界的主流观点,但是,这种观点并没有被《非法证据排除规定》采纳。讯问人员不出庭没有任何负面的法律后果,反倒书面说明材料的证据能力得到认可,其结果是公诉方常常以书面"情况说明"代替侦查人员出庭作证。在《非法证据排除规定》实施一年多来的司法实践中,"情况说明"在法庭上仍然同以前一样"大行其道",充当着证明控方证据合法性的重要角色。遇有辩方申请排除控方证据的情况,公诉机关就会拿出一份侦查机关出具的证明材料,由于有了明确的法律依据,法庭可以堂而皇之地采纳这种证据。在很多案件中,法庭就以"情况说明"来认定控方证据有效,长期以来的司法惯例被完好无缺地保留下来。这里饱含着对公权力机关依法行使职权的充分信任,只要有负责人签章,说明材料就有证据能力,进一步也就被推定为真实可靠,再进一步的话,说明材料用以证明的程序问题也是"没有问题"的。

2. 录音录像资料

讯问录音录像要被允许进入诉讼程序,必须对其作出相应的证据能力方面的要求,取证程序或者形式上违法的录音录像资料不具备证据能力,应被排除于法庭之外。公诉方向法庭提供并提请法庭播放的应当是原始的全程录音录像,而不是部分的或经过剪辑、改编的录音录像片段。同步、全程的完整录音录像即被视为在合法性要求上无异议,可为法庭采纳,具有证据能力。①《非法证据排除规定》用"原始"来概括对录音录像的要求,2012年《刑事诉讼法》进一步明晰了对录音录像的要求,即全程进行、保持完整性和连续性。

案例 1

王九川介绍,他代理的一起影响很大的杀人案中,讯问人员因为顶不住上级要求全程录音录像的压力,将犯罪嫌疑人带到分局的特讯室,完整仔细地开始录像。"从第一句问话开始,到签字、按手印过程都有,似乎看不出问题。但犯罪嫌疑人告诉我,录像前他被下令,双手向下搂抱座椅,这样铐了半小时。"②

---

① 陈瑞华:《程序性裁判中的证据规则》,载《法学家》2011年第3期。
② 《"非法证据排除"蹒跚起步》,载《瞭望东方周刊》2010年11月29日。

在司法实践中,录音录像这种证据的运用效果并不尽如人意,向法庭提交全程的、完整的录音录像并当庭播放以接受辩方质证,这对于检控方来说似乎是一项不可完成的艰巨任务。在法庭上,常见的情况是:控方以时间有限、没有必要等为借口,只播放部分录音录像;控方提交的录音录像资料是经过剪辑、截取的、有利于己方的部分,含有刑讯逼供内容的录音录像已被事先摘除;录音录像不是"全程的",开始审讯时不录像,在突破犯罪嫌疑人心理防线获得有罪供述之后才录像;录像之前,事先演练,做好嫌疑人的思想工作,指示嫌疑人好好配合,甚至要求其提前"学习"资料,把需要录制的内容背熟后再依葫芦画瓢地照着"剧本""演戏",等等,不胜枚举。总之,法庭上"所见所闻"的、可以对其质证的一定是经过精心挑选的、合法有效的讯问程序,违法取证的场景绝不会出现。

面对控方出具的漏洞百出的录音录像,辩方通常会对其合法性提出质疑,但结果是检察官坦然自诺,法官充耳不闻。看来,录音录像资料能够出现在法庭上被认为本身就已经是一种进步,即使是被改造了也可以容忍,所以录音录像资料通常都不会受到证据能力方面的考察。

3. 侦查讯问笔录

讯问笔录是公诉方常用的证据材料。在刑事侦查中,讯问犯罪嫌疑人的时间、地点、过程、内容等均以笔录的方式来固定,笔录在制作完成后交由犯罪嫌疑人阅读、签名和按指印以示认同。《非法证据排除规定》第7条对讯问笔录的证明作用高度认可,将其列为几种证明方式的首位。[①] 在涉及非法证据的程序性裁判中,讯问笔录是一种"顺手拈来"的证据,使用率极高。

重要的问题是对讯问笔录证据能力的规范和约束,只有具备一定条件的讯问笔录才能被采纳为认定争议事实的依据。讯问笔录能否作为证据使用、有无证据能力取决于讯问笔录的内容与形式是否符合法律规定,讯问笔录须由法定人员依照法定的程序、方法,以法定的形式完整地记录讯问过程,否则,讯问笔录不具有证据能力。以下这个案例中的讯问笔录就存在证

---

① 《非法证据排除规定》第7条第1款规定:"法庭对被告人审判前供述取得的合法性有疑问的,公诉人应当向法庭提供讯问笔录、原始的讯问过程录音录像或者其他证据,提请法庭通知讯问时其他在场人员或者其他证人出庭作证,仍不能排除刑讯逼供嫌疑的,提请法庭通知讯问人员出庭作证,对该供述取得的合法性予以证明。"

据能力方面的问题。

案例 2

陈然的辩护律师,北京尚权律师事务所律师毛立新为陈然作无罪辩护,他指出,该案的关键在于,公诉机关指控陈然受贿的全部庭前有罪供述来源均是非法的,因此此案开庭时,他们向法院申请启动非法证据排除程序。毛律师当庭指出,1月20日的这份讯问笔录堪称神奇,侦查人员制作了48页笔录,最少在24000字以上,居然能在30分钟不到的时间内全部完成!正如检察院自己在庭审中提供的《情况说明》中所承认的,这是直接'复制—粘贴'、弄虚作假的产物。①

关于对讯问笔录证据能力的规范和约束,我们只能在《关于办理死刑案件审查判断证据若干问题的规定》中找到些许依据:"对被告人供述和辩解应当着重审查以下内容:……(五)……被告人的所有供述和辩解是否均已收集入卷;应当入卷的供述和辩解没有入卷的,是否出具了相关说明。……对于上述内容,侦查机关随案移送有录音录像资料的,应当结合相关录音录像资料进行审查。"②这其实是要求被告人的讯问笔录全部入卷、完整保存,并在有条件的情况下,结合录音录像对其审查。

实践中,当被告人在法庭上以受到刑讯逼供为由翻供时,讯问笔录的证据效力经常受到质疑。与上诉陈然受贿案显示的"神奇笔录"类似的情况并不鲜见,以电脑打印代替多份手写笔录、用"复制—粘贴"的方式制作讯问过程等等的笔录违法现象时有发生。法庭对这种明显"有诈"的笔录也"并不介意",拿来就用,一般都不会明确表示要将其排除于定案根据之外。

四、虚置的证明机制

《非法证据排除规定》为非法供述的证明问题确立了较为完整和明确的

---

① 《安徽霍邱:派出所长疑遭刑讯逼供庭审过程疑点迷雾重重》,载沃华传媒网,http://www.wowa.cn/Reporter/Article/191906.html,最后访问时间为2011年6月9日。
② 详见《关于办理死刑案件审查判断证据若干问题的规定》第18条。

证明责任分配规则。辩护方向法庭申请排除非法口供时应承担初步的举证责任,即提供非法取证的线索或证据,以防止随意启动证据合法性的审查程序。口供合法性的证明责任由控方承担,即实行证明责任倒置原则,由控方举证证明其取证程序合法。确立这样的证明责任分配规则,一方面是考虑到辩护方举证困难、控方举证相对便利的实际情况,另一方面也是为了强化控方依法取证的政策导向。除此之外,《非法证据排除规定》还明确了控方的证明标准,控方对被告人审前供述合法性的证明应达到证据确实充分的最高证明标准,否则就要承担供述不能作为定案根据的败诉后果。

口供合法性证明责任分配规则的确立被认为是非法证据排除规则立法的重大突破、重要成果,并被公认势必会对非法证据排除规则的实施起到促进、保障作用。但是,在被告人满怀希望地申请排除非法口供之后,发现证明责任并没有实质性地倒置给公诉方,公诉方在何种程度上承担证明责任,在什么情况下卸除证明责任、达到证明标准,这些问题在理论上很容易找到答案,但到了具体操作层面就成了一个难以解读的命题。

被告方在非法证据排除程序中遇到的一个重大难题是质证困难。一方面,由于缺乏配套制度,有质证空间的录音录像资料和侦查人员出庭作证往往在法庭上"难觅踪影";另一方面,控方提交的证据都出自办案机关,用以证明侦讯合法缺乏有效性和说服力,让检控方"自证其罪",显然不符合常理。于是,辩方处于无力辩驳的境地,据理力争以求排除非法证据成为一个不可能实现的目标。

《非法证据排除规则》为控方证明侦讯合法预设了五种证据:讯问笔录、同步录音录像、在场人员或者其他证人出庭作证、讯问人员出庭作证和办案说明。

首先,公诉方可以提供两种证据材料以证明侦讯行为的合法性:一是侦查人员制作的讯问笔录,二是原始的讯问过程录音录像资料。

讯问笔录是侦查人员制作的,其中的程序违法问题一般都会被最大化地掩盖,刑讯逼供等违法取证行为不会出现在由讯问人员制作的讯问笔录中,甚至有的讯问笔录还会写明:"讯问人员没有对我刑讯逼供,一切都是我自愿说的。"然后让嫌疑人签字,用以增强其证明力。

讯问时全程录音录像制度只在检察机关自侦案件中适用,而负责绝大多数刑事侦查的公安机关而,一般情况下不对讯问过程进行录音录像,所以多数侦查机关无法提供此种证据来证明讯问程序合法,被告人没有机会对这种证据辩驳。而且,在检察院侦查的职务犯罪案件中,提交录音录像用以法庭质证的实际状况也不尽如人意。检察机关向法庭要提交全程录音录像并不是法律的强制性义务,法院和辩护方都无权要求检控方提供录音录像。实践中,如果控方不愿提供录音录像资料,法院也不会强制其提供,辩护方更是无能为力。

案例 3

《法制日报》记者与近百名群众旁听了慈溪市法院在此审理的一起涉嫌受贿的职务犯罪案件。该案于 2009 年 12 月 24 日第一次开庭审理后,公诉机关以本案事实、证据有变为由,于 2010 年 3 月 23 日撤回起诉。案件在退回侦查部门重新侦查后,公诉机关于 2010 年 6 月 7 日再次起诉。

当被告人华某开始供述时,这起看似普通的案件却骤然"错综复杂"起来——华某否认自己曾经作出的有罪供述,称是因为被逼无奈。

法官又问:"重新侦查提审时有没有监控?"

被告人华某回答:"有的,同步不同步不清楚,他们让我签的字,都没有封口,有的是没时间的,有的是空壳里面没东西的,有的是后补签的……"

公诉人当庭表示,这起案件从侦查阶段开始,检察机关是有全程录音录像的,这符合最高人民检察院的相关规定。因为法律也没有规定检察机关要把全程录音录像提交给法庭,法庭可以在庭后向检察机关调取相关的全程录音录像。

进入法庭辩护阶段,田文昌及另一位辩护人梁雅丽律师多次强调,在第一次起诉审理过程中,辩护人就已多次向法庭提出申请,要求责令公诉机关提供被告人从第一次讯问到最后一次讯问的全程录音录像。

辩护人在法庭上回述了本案第一次庭审时的辩护情形:2009 年 12 月 22 日,田文昌和梁雅丽在第一次开庭的前两天,向法庭提交辩方证据时,口头提出播放被告人华某提审讯问全部全程录音录像的申请要求。庭审及庭后,两位律师再次向法庭提出申请。

田文昌和梁雅丽两位律师清楚地记得,第一次庭审中,当审判长问公诉人有没有被告人讯问的全程同步录音录像时,公诉人回答说当庭不能提供,被告人回答说有录音录像,自己还在上面签了字。

据此,两位律师当庭辩称,如果有讯问被告人的全程同步录音录像不提供,那么公诉机关隐匿证据要承担责任;如果没有,公诉机关违反了最高人民检察院的明确规定,不做全程同步录音录像是违法的。

"为了澄清事实,辩护人郑重向法庭提出:应当对被告人供述的记录当庭播放同步的录音录像。否则,所有的笔录都不能作为定案的依据。"梁雅丽在庭上这样表示。①

这个案例中显示的情况并非个例,知名律师田文昌在总结自己的实践经验时这样评述:"如果要排除非法证据,录音、录像就必须全程同步,不间断录制并播放,否则不能证明任何问题。但至今为止,我代理过的职务犯罪案件中,没有一起案件录音、录像资料作为证据提交给了法院,更不会当庭播放。个别情况下,也是断章取义地播放,不能说明问题。"②

其次,公诉方还可以提请讯问时其他在场的人员、其他证人和讯问人员这三类人出庭作证。侦查讯问时很少见有侦查人员之外的其他人员在场,即使有,一般也是侦查机关的工作人员,他们不会证明"自己人"违法。至于"其他证人"更是难以界定,实践中也很罕见有这类人出庭作证。"讯问人员出庭"是《非法证据排除规则》中的一个亮点。讯问人员走上法庭,就能接受控辩双方和法官的询问,就是否存在违法取证行为作出说明,当然,警察出庭更大的意义在于辩护方有了当庭向警察发问的机会。但是,《非法证据排除规则》在确立侦查人员出庭作证制度的同时,又使这一制度形同虚设。一方面,仅是公诉方有权申请讯问人员出庭,法官和辩护方都没有这种主动权。而且,讯问人员被列为"候补队员",公诉方只有在提供讯问笔录、录音录像资料和其他证人出庭作证后仍不能排除刑讯逼供嫌疑时,才会提请法庭通知讯问人员出庭作证。另一方面,法律并未规定讯问人员不出庭的法律后果,反倒认可了书面说明材料的证据能力,其结果是公诉方常常以书面"情况说明"代替侦查人员出庭作证。虽然说即使警方人员出庭作证也

---

① 《受贿案被告人称遭刑讯逼供当庭翻供控辩双方激辩引出新问题:职务犯罪案如何提交全程同步录音录像》,载《法制日报》2010年7月7日。
② 《知名律师田文昌谈〈刑事诉讼法〉修改——草案仍未赋予公民"沉默权"》,载《中国青年报》2011年9月1日。

会谎称不存在违法行为,辩护方对其进行质证加以检验的效果并不一定理想,但是,在侦查人员不出庭的情况下,被告方就没有机会与侦讯人员当庭对质,质疑侦查讯问的合法性,辩护的力量无从发挥,而对于书面的"办案说明",被告方是无法展开有效的质证的。实践中,侦查人员很少出庭作证,辩护方质疑庭前口供的合法性时,没有与侦查人员当庭对质的机会,法庭也就无法听取控辩双方对侦查人员的交叉询问,于是,法官在裁判侦查行为的合法性时,只能以侦查人员出具的书面说明材料为依据,这种以被审查者的一面之词为依据作出的裁决有多大的公信力就可想而知了。

被告方申请排除非法口供时遇到的另外一个难解之题来自于法官对控方履行证明责任、达到证明标准的判定。《非法证据排除规定》要求对公诉人承担证明责任时适用"排除合理怀疑"而并非"优势证据"的证明标准,这种要求体现了对公权力的制约和对公民权利的保障,但如何在实际中执行该证明标准就显得相当复杂。在缺失完整反映讯问过程的证据的情况下,法庭往往是根据不完整的讯问录像、侦查部门所作的情况说明等证据进行辨析与判断。毫无疑问,法庭应当严格执行该证明标准,但实际情况并不乐观,"立法高标准、实践低执行"问题是被告人不得不面对的一个现实难题。

案例 4

新疆北方律师事务所律师曹宏代理了一起职务犯罪案件,对于案件是否存在刑讯逼供,当地法院一路开绿灯,当庭要求公诉部门作出解释。"但是检察机关出具了一份加盖公章的文件,称没有进行刑讯逼供,最后判决也就直接按照没有刑讯逼供判了。"①

案例 5

德恒律师事务所王兆峰律师以其代理的一个涉黑案件为例,说明证据新规落实起来极其困难。2010 年 9 月 27 日至 9 月 30 日间开庭的吉林省松原市张家强涉黑案中,当王兆峰律师拿出张家强的前任代理律师吉祥生的证人证言,要求法庭对刑讯逼供问题进行调查时,法庭仅凭公诉方出具的"情况说明",就认定非法证据已经排除。②

---

① 《"非法证据排除"蹒跚起步》,载《瞭望东方周刊》2010 年 11 月 29 日。
② 《刑事辩护制度之困》,载《财经网》2010 年 10 月 18 日。

法庭受理辩护方提出的排除非法证据的申请后，面临的是控辩双方各执一词，被告人声称受到刑讯逼供或者变相逼供，违心地作出讯问笔录中记载的陈述，而公诉方则会以《非法证据排除规则》第7条要求的五种证据中的一种或几种来来否认辩护方的主张，证实讯问笔录的真实性、合法性。这样，被告人一方无力举证，公诉人一方又不能提供合理的、具有说服力的证据，非法证据排除程序的庭审调查无法深入进行，基本以走形式的方式完成，法官被置于排除不合适、不排除也不合理的两难境地。本来，按照证明责任分配的原理，检控方应对侦讯合法性承担证明责任，其证据不能说服法官的，就应认为没有履行证明责任，受到质疑的证据就是非法证据。但在司法实践中，法庭排除非法证据的个案极其少见，法官在综合衡量各种利害得失后，一般还是会将争议证据作为定案的依据。法院常用的处理方式有两种：一是，只要控方提供一种或几种证据，就采纳控方意见，当庭驳回辩护方的申请；二是，当庭不对非法证据排除的问题作出结论，留待庭后结合案件具体情况综合评判，其结局也往往是不认可辩护方的排除申请，将争议证据作为定案依据。

五、罕见的无罪判决

　　在我国刑事司法实践中，因为排除违法获得的证据，从而使被告人被宣告无罪予以释放，不能说是闻所未闻，但也是极为罕见的。甚至有时在侦查人员的取证行为明显违法的情况下，法庭最终也不会排除非法证据。于是，一方面，非法取证现象客观存在着，大家对此已见怪不怪了，而另一方面，这些非法取证行为又极难在后续的法庭审理中受到制裁，在审判实践中，法院排除非法证据的个案绝对是凤毛麟角，特别是对于以非法手段收集的影响定罪结果的证据，即便法官"深信"该证据系侦查人员违反取得，也不会作出该证据属非法证据并予以排除的裁判。

　　很多法官认为，非法证据排除规则没有实际意义，因为排除非法证据不仅不能产生积极效果，反而可能带来消极后果，即因为证据不足而无法定案以至于放纵犯罪，这会对审判工作产生巨大的压力。法庭对于侦查人员以刑讯逼供等非法等手段获取的口供，通常的做法都是采纳该证据并将其作为定案的根据，这样做的原因很多情况下并不是因为检控方的证据充足，而是出于定罪判刑的需要。

中国的法官对关键的定罪证据有极大的包容度。在是否排除非法证据这一问题上，法官的主要"参考资料"不是双方提供的证据，也不是法律文本中的非法证据排除规则，在法官内心里隐藏着一个重要的衡量因素——非法证据对定罪的作用。也就是说，非法证据对定罪的价值是法官裁判排除证据与否的关键考量因素，非法证据最终是否会被排除取决于争议的证据对证明被告人有罪的作用。这是一种微妙的、"只可意会不可言传"的价值判断。如果排除证据会带来无法对被告人定罪的结果，则该证据一般不会被排除而是被采纳为定案依据。此时，法官会优先满足对被告人定罪的需求而容忍、肯定、接纳非法证据，对非法证据视而不见、睁一只眼闭一只眼。如果辩方申请排除的证据对定罪无关紧要，也许法官会"网开一面"，排除争议的证据，当然，最终对被告人的定罪也不受影响。可以看出，法官在裁量证据排除问题时的态度是现实的和功利的，其心理底线是实现对被告人定罪的目标，超越这一限度的"要求"是不能被允许的。

作为一种针对公权力的程序性制裁措施，排除非法证据不是对侦查机关一般意义上的谴责，它是一种实实在在的法律制裁，会影响检控方的追诉目标的实现，在有些情况还存在帮助"真凶"逃脱法网以至于使国家刑罚权无法实现的"危险"。刑讯得到的口供并非全是嫌疑人的"违心招供"，很多时候都是"确有其事"，而排除证据就意味着证据不能作为定案的依据，如果排除的是支持控方定罪主张的关键证据，进一步就可能会发生控方败诉、被告人被宣判无罪的后果。如果有足够的证据怀疑有罪，仅仅因为侦查人员取证手段违法就作出宣告无罪的裁决，这对现行的体制是一个承受不了的重担。程序正义看起来很美，但却又是看得见、摸不着的，以牺牲实体正义而换取程序正义的彰显似乎是一个不可能实现的神话。

法官们很纠结。一方面，他们赞同程序性制裁的理念，尊重程序正义，但另一方面，在中国法官的观念中，如果仅仅因为侦查取证的手段非法就导致案件定不了而放纵"罪犯"，这是不能容忍的，因此法官们并不希望非法证据排除的步子走得太远、太快。当对被告人定罪和维护程序正义二者之间产生矛盾时,在如何取舍的问题上,法官总是会作出倾向于定罪需要的选择。

确立非法证据排除规则的目的是,遏制警察违法、弘扬程序正义,这是一个可以公开宣言的"真理",但让法官们内心接受并在实践中贯彻实施却又是另外一回事。在多数法官看来,建立排除规则的主要目的是为了避免冤假错案。在一次研讨会上,一位法官甚至明确主张,对于那些刑讯逼供获得的"有罪供述",如果经查证确实"属实"的话,就不应当予以排除,但是可以追究违法者的法律责任。① 重实体轻程序是中国刑事审判中一种顽固的传统观念,法官们已经习惯于漠视辩护方对侵犯人权的非法取证的抗议,虽然《非法证据排除规定》鼓舞了辩护方"为权利而斗争"的勇气,但保守的传统观念是一股强大的力量,它不会马上销声匿迹,而是会常常伸出手来控制局面。

除了法官自身的价值判断外,我们也不能忽视来自法院外部的若干变量。法官在审判中不仅要"以事实为依据、以法律为准绳",还要全面考虑到可能涉及的各个方面的利益。比如,法院要顾及案件审理结果对公安机关和检察机关的影响,认定证据非法是对侦查、起诉工作的否定,尤其是在排除控方关键证据导致无罪判决的情况下,法院能否抵制压力和干扰,独立行使职权,这是不无疑问的。另外,一个更为难解的题目是:如果排除证据导致了使有罪者逃脱的"恶果",社会公众会有什么反应?如果案件破不了、"罪犯"被释放,法院又如何面对政府"维稳"的压力?还有,如何"满足"受害方复仇的心理需求?以实现程序公正为由适用排除规则,在可能与打击犯罪冲突的情况下,必然遭遇各方面的重重阻力。

可以看到,因为程序违法而判决无罪,在中国目前强调发现事实真相、有罪必罚的情况下行不通,指望法院排除"真实可靠"的所谓非法证据,以至于影响打击犯罪,这恐怕不太现实。

---

① 《司法解释中的"非法证据排除规则"被"虚置"的成因分析》,载《国家检察官学院学报》2006年第1期。

六、无力的二审救济

与一审类似,被告人在二审中排除非法证据的申请同样难获成功。在一审的排除证据申请失败后,如果被告人在上诉程序中继续提出排除非法证据问题,二审法院最常见的态度是坚决与一审保持一致,依旧对排除非法证据的辩护主张置之不理,不积极审查证据的合法性,也不会对辩方的申请作出明确的回复。加之二审法院以不开庭审理为常态,而是采用一种"案卷笔录中心主义"①的方式来处理案件,这样的体制之下,寄希望于二审法院维护程序正义、顶着压力排除一审法院不置可否的非法证据,这显然是不现实的。另外一种并不多见的情况是,被告人指出控方非法取证,二审法院发现一审法院采纳的非法证据很可能是刑讯逼供获得的虚假证据,但如果该证据被排除就无法对被告人定罪,这样一审判决就会变成"错案",为了不给一审法院"找麻烦",二审法院解除困境的方法就是将案件交一审法官处理。此时,二审法院的裁判并不会直接排除非法获得的证据,而是以事实不清、证据不足为由发回重审。

不可否认,法律规定的缺失是排除非法证据申请得不到救济的主要症结所在。《非法证据排除规定》明确了二审阶段非法言词证据的审查和排除,确立了非法言词证据排除的救济程序。根据有关规定,被告人一方在一审程序中提出审前供述是非法取得的意见,一审人民法院没有审查,并以被告人审前供述作为定案根据的,在二审程序中,法院应当应被告人的要求或主动对被告人审前供述取得的合法性进行审查,如果审查后认为控诉机关取证的程序是合法的,证据可以作为定案的根据,反之,则应排除该证据。

《非法证据排除规定》规定的非法言词证据在二审中的审查和排除规则为一审法院未启动非法证据排除程序的程序错误设置了补救措施,一审时被告人提出排除非法证据的申请后,法院没有审查就以该证据作为定案依据的情况,属于程序违法,可以引起二审法院的重新审查,这种救济途径能

---

① "案卷笔录中心主义"是陈瑞华教授对我国现行刑事审判模式特点的一种概括。参见陈瑞华:《刑事诉讼的中国模式》,法律出版社 2008 年版,第三章、第四章。

够部分地解决一审法院处理非法证据不够尽职的问题,对于保障被告人的权利、排除非法证据增加了一个渠道。这是我国法律首次明确上诉审中对非法证据排除问题的审查机制,无疑,该规则有重大意义。

结合刑事诉讼法关于二审裁判的有关规定可以推知,《非法证据排除规定》中的救济程序是按照一审事实认定和适用法律错误的情况来设置的。根据2012年《刑事诉讼法》第225条和第227条的规定,原判决认定事实没有错误,但适用法律有错误,或者量刑不当的,应当改判;原判决事实不清楚或者证据不足的,可以在查清事实后改判,也可以裁定撤销原判,发回原审人民法院重新审判;一审法院有程序违法行为的,二审法院则一律应作出撤销原判、发回重审的裁定。《非法证据排除规定》对于一审法院应当审查而未审查的证据可采性问题,采用的是由二审法院进行审查、重新适用非法证据排除规则的救济方式,显然,依照这一规则,一审法院没有审查非法证据的行为是按照认定事实和适用法律有错误来对待的。这种救济的方式虽然在查明事实方面可能会有一定裨益,但对于维护被个人权利、监督一审法院程序性违法却无法发挥作用。

首先,被告人排除非法证据的申请接受的是"一审终审"的裁判,二审法院对证据合法性问题的直接裁判剥夺了被告人向上一级司法机关请求救济的权利,与我国"两审终审"的刑事审判原则相悖,被告人的审级利益被剥夺。在一审法院疏于审查的情况之下,由二审法院对辩护方排除非法证据的申请进行首次的审理并作出是否排除证据的决定,表面上看似乎并无不妥,因为如果二审法院审查后决定排除非法证据,被告人的权利的确能够得到保障。但如果相反,二审法院经过审查认为证据不应排除,驳回了辩方的请求,此时辩方就再无救济途径。这里的问题是,如何界定二审法院此时对非法证据的审查?这是上诉审查还是初次的审查?《非法证据排除规定》显然是要求二审法院继续进行一审没有完成的工作,适用非法证据排除规则审查证据,如果审查后认为侦查机关取证程序违法,二审法院可以直接排除非法证据,被告人审前供述就不能作为定案的。当然,实践中常见的情况是,二审法院审查后认为证据系合法取得,因而可以作为定案的根据。可以发现,由于辩方提出的证据合法性异议没有享受到一审法院有确切结论的刚性审查,在二审法院驳回被告人请求后,被告人排除非法证据的申请实际上只是享有了一个审级的利益,二审法院代替一审法院进行的初审审查使得被告人失去了向上一级法院请求救济的权利。

其次,一审法院的程序性违法没有受到任何制裁,纵容了法院对辩方请求的无理拒绝的行为。如果一审法院对辩护方排除非法证据的申请不合法地拒绝、干脆"充耳不闻"、置之不理或者是作出不公正的裁决,二审法院只会就证据是否排除问题独立地作出自己的判决,而不是审查一审法院的程序性行为,也就是说,二审法院并不对一审法院的在非法证据排除问题上的作为或不作为作任何评价和裁判。二审法院这样处理程序性争议的后果是,一审法院的程序性违法在二审时无法受到实质性的制裁。既然如此,在决定是否启动非法证据排除程序以及如何审查、裁判时,一审法院完全可以十分随意地行使程序裁判权,法律规定、被告人的权利都可能被法官忽视,缺失制裁机制的二审制度设计为一审法院的程序性违法行为提供了生存的土壤。中国司法体制的现实状况是,公检法三机关"制约不足、配合有余",甚至很多法官都有一定的"追诉情结",而一旦出现社会敏感案件、大案要案,政法委就会出来协调案件,媒体和社会公众也要发表言论,再加上法官缺乏必要的独立性,此种情况下,一审法官通常都会在权衡利弊得失、综合考量各种因素后,不去理睬辩护方的非法证据排除申请,或者"假意"开启排除程序,但根本不会排除证据,因为法官知道,消极应对辩护方排除证据的主张是不会对其自身带来不利后果的。

最后,二审法院代替一审法院审查证据合法性的做法与上诉程序的监督功能不符,违反了法院上下级关系监督关系的一般原理。虽然二审程序同一审一样,也要实现发现真相、解决纠纷等目的,但二审的重要功能在于监督一审的审判。上诉制度之功能,不仅在于为当事人提供了由更高一级法院审查案件的机会,还在于监督下级法院的审判程序。[1] 上诉制度的存在使得下级法院的法官处于一种隐性的被审判状态,法官的审判行为受到了的约束,法官因此会认真行使权力,严格依法判案,从而最大限度地减少错判误判。[2]《非法证据排除规定》中关于二审中适用非法证据排除规则的规定,并非是对一审法院不履行审查职责的程序性违法行为的监督与纠正,而

---

[1] 尹丽华:《刑事上诉制度研究》,西南政法大学 2005 年博士论文,第 50 页。
[2] 顾永忠:《刑事上诉程序研究》,中国政法大学 2003 年博士论文,第 13—14 页。

是一种以查明案情为目的的重新审查,这种审查行为的实质上是在代替一审法院履行审判职权,是二审全面审查原则在非法证据排除程序中的体现。① 这种违背二审监督职能的重新审查行为危害甚大,一审法院违法而不受制裁,这会对一审法官产生错误的导向,使他们认为任意行使自由裁量权并不会被改判或发回重审,从而增加一审错误裁判发生的概率。用二审来监督一审,督促一审法官认真对待非法证据排除程序,这一功效似乎是看不见摸不着的,却是十分必要和迫切的,因为实践表明,在没有上诉程序对初审裁判加以制约的情况下,很多法官的确是在十分消极地对待辩护方的排除非法证据的请求。

对于非法证据排除规则的有效实施,二审的司法救济是一个不能回避的制约因素。《非法证据排除规则》实施两年多来,实践经验表明,二审法院对待非法证据排除问题仍然保留着之前的"传统",一审法院的程序性违法不会在二审受到任何实质性的审查,被告人权利依旧面临无法救济的局面。

《非法证据排除规则》第 12 条涉及的一审法院的不作为行为,即被告人及其辩护人提出的被告人审判前供述是非法取得的意见,第一审人民法院没有审查,并以被告人审判前供述作为定案根据的,当属典型的程序性违法行为,对此本应有相应的程序性制裁措施,规定一审法院消极或者不公正对待非法证据排除申请的法律后果,辩护方也应有权提出程序性上诉,由上级法院对下级法院裁判进行一种监督式的审查,这既是对辩方程序性权利的救济,也是对一审法院程序性违法的惩戒。此时,二审法院的监督功能应有所体现,一审法院在非法证据排除问题上的无理不受理、不裁决或违法裁决,本应能被纳入《刑事诉讼法》第 227 条,作为"违反法律程序,影响公正审判"的行为,由二审法院"撤销原判、发回重审"。但遗憾的是,这样的程序性裁判机制并没有法律依据,二审法院不对一审中非法证据排除程序的适用进行刚性的审查和监督。于是,非法证据排除规则在得不到二审救济的情况下名存实亡也就不足为怪了。

---

① 郭华、王进喜主编:《办理死刑案件证据规定与非法证据排除规定的释义与适用》,中国人民公安大学出版社 2010 年版,第 264 页。